织锦产业平台商业模式新论

黄晓红 著

东南大学出版社
SOUTHEAST UNIVERSITY PRESS
·南京·

图书在版编目(CIP)数据

织锦产业平台商业模式新论 / 黄晓红著. — 南京：
东南大学出版社，2020.4
ISBN 978-7-5641-8039-3

Ⅰ.①织… Ⅱ.①黄… Ⅲ.①织锦缎—棉纺织工业—
工业产业—商业模式—研究—中国 Ⅳ.①F426.81

中国版本图书馆 CIP 数据核字(2020)第 234931 号

织锦产业平台商业模式新论

出版发行：东南大学出版社
社　　　址：南京市四牌楼 2 号　邮编:210096
出　版　人：江建中
责任编辑：韩小亮
网　　　址：http://www.seupress.com
电子邮箱：press@seupress.com
经　　　销：全国各地新华书店
印　　　刷：江苏凤凰数码印务有限公司
开　　　本：700 mm×1000 mm　1/16
印　　　张：12.75
字　　　数：310 千字
版　　　次：2020 年 4 月第 1 版
印　　　次：2020 年 4 月第 1 次印刷
书　　　号：ISBN 978-7-5641-8039-3
定　　　价：53.00 元

(本社图书若有印装质量问题,请直接与营销部联系。电话:025 - 83791830)

非遗传承和保护的困境与出路

——代序

　　黄晓红博士的著作《织锦产业平台商业模式新论》即将出版,本书既是黄博士的博士论文,也是科技部重大支撑项目"织锦文化旅游服务全产业链构建"(项目号:2012BAH69F03)的重要成果之一。本人是该课题的负责人,黄博士全程参与了本项目的研究过程,为最终完成做出了重要贡献。尽管项目完成过程中多有反复,也颇为坎坷,但每个参与者通过此项目研究也各有收获。而最值得欣慰的是黄博士通过项目研究,完成了自己的博士论文,并顺利通过答辩,这也算是本项目的意外惊喜。

　　在黄博士的著作即将出版之际,邀我为本书写序。作为多年同事和朋友,又是太太闺蜜和本项目合作者,本人自然责无旁贷。并借此机会向参与项目的所有老师和同学表示衷心感谢。以短文代序,简单评述黄博士著作的贡献和本人的想法,不当之处请黄博士和各位读者批评指正。

　　一、什么是传承?

　　最近中央电视台在播一部纪录片,名字就叫《传承》,看了其中的几集后,比较以前热播的《舌尖上的中国》,除了内容比较粗糙,个人认为他们对传承二字的理解存在偏差。传是传统还是传递,还是两者兼而有之;承是承担还是承继,两者差异很大。

　　中国是有五千多年历史的文明古国,在历史的发展中会产生许多与文明发展过程相关的产业和产品,其中大部分都湮没在历史的长河中。少数幸存产业和产品都是生命力极其顽强,而且具有深刻文化积淀的历史遗存。作为历史传统,它应该根植于我们生活的方方面面,一旦脱离,它将与我们渐行渐远。谁有责任把这个历史传统传递下去? 或者说,谁应该承担这个历史责任,而不是把它简单地承继下来,变成一个历史符号,或者成为博物馆中的一个藏品。实事求是地说,这种传承所包含的历史文化责任是一般人难以接受的。一方面受个人历史文化水平的局限,另一方面传承是个费工费力的活,非一般小康人家可以轻而言之。

　　个人认为传承有三个层面的含义:第一个层面是简单的符号传递,第二个层面是以符号为代表的产品在人们生活中的普遍使用,第三个层面是它所表现的文化精髓成为民族的价值观和精神指向。

很明显在第一个层面上的东西很多,而现在所谈的传承大部分也停留在这个层面,国内绝大多数非遗产业都处在这个水平。第二个层面就比较难了,在大部分保持本族特色的民族中随处可见,也是我们容易彼此分辨的主要因素,但我们汉民族地区这方面的遗存已经不多,而在少数民族地区随处可见,在国外做得不错的是日本和服。在第三个层面上每个民族能保持任何一种都非常不易了,文字和语言是其中最重要的,它们的消亡就意味着一个民族的消亡,这样的例子也不在少数。

同样,中国饮食是传承中最符合上述条件的,这是最成功的传承。它代表了我们的价值观和精神指向,民以食为天,这也是《舌尖上的中国》这一类饮食节目如此红火的传承基础。

二、为什么要保护?

我理解保护是保留和护卫的意思,对非遗产业为什么要保护? 简单来说,历史是一个轮回,更严格的理论逻辑的建立在历史上惊人的相似,只要历史假设重现,历史也会再现。"回望长安,长安就在眼前。"

要尊重历史,必须要保留历史,首先要保留住历史的符号。皮之不存,毛将焉附? 历史就是由一系列符号所构成的,而这些符号依附在各个产品或者产业中,离开了这些产品或者产业,历史就是一些空洞的说教。

仅仅留下这些产业或者产品最终还是会被历史遗忘的,护卫这些产品就变成一个必然的过程。这种过程是极其困难的。首先,随着历史的演化,产业和产品都发生了巨大的变化,没有一个历史过程研究的追溯,我们很难理解这些产品或者产业是如何走到今天的,没有这种理解,那只能是做简单的守墓人。其次,任何产业和产品都需要足够的需求者,能够形成产业的分工需要最小规模,才能留住足够多的工匠,才能传承技艺。过去产业的衰亡,就是它最主要的需求者消失了,工匠们熬过自己的生命周期,一切就结束了。再次,就是我上面说的历史是一个轮回,没有永恒的需求和供给,人们就是在不同的轮回中反复地看到自己,甚至我们不见得比几百年或者几千年前的人更能真实地感受自己,这就像我们今天许多人回到民宿一样。传承需要一个长久的守护,守护到下一个守护神出现。最后,只能是一种崇拜了。为什么有许多东西会传承下来? 是因为有许多坚定不移的人守护着它们,这些人不计成本,不问东西,有信念或者无信念的守护,仅仅是为了对得起自己的良心,为了给祖上一个交代,这种近似自残式的守护,让我们看到信仰的力量,却走进了保护的困境。

三、困境是自然形成的吗?

所有的文明都有自己的困境,它不仅受限于人们对世界的认知,更多的是人与自然之间的矛盾。我们在寻访不同文明的过程中,看到了许多非遗文化和产业在时代的变迁中逐渐消亡,真正的经历者往往熟视无睹,常常是一些旁观者痛心疾首。从非遗文化和产业的困境来看,至少是三个方面的问题。

第一,非遗文化和产业的困境是一个历史过程。任何文化和产业有兴盛的日子,也必然有衰落的时光,这是不以人们意志为转移的。我们所研究的云锦产业也是如此,它在唐宋时期初起,明清时达到历史的顶峰,民国时开始衰落,基本失去了其使用价值,作为一个历史符号也在新中国成立以后逐渐被人们遗忘。所以云锦之类的历史符号性的产业陷入今天的困境也是自然而然的事情。

第二,非遗文化和产业的困境是一个产业演化的过程。产业演化受到供求双方的影响,从需求、供给、管理和财务四个方面影响着相关产业中企业的发展,而产业在生产、交换、分配、消费中逐渐被相关替代品所取代,消费者无法接受舒适度、美观度和性价比不高的这类产品。它们在竞争中逐渐失去优势,在没有相应的保护下很难靠自身的力量生存。

第三,非遗文化和产业困境是一个文化失落过程。我们是一个不断求新求异的民族,在我们的周边国家能够看到我们自己民族文化遗存的痕迹。日本人的和服和寿司、韩国人的裙装和冷食,这些曾经是我们文化中的主流形式,但在我们的文化演化中逐渐失落了,现在我们又没有找到属于我们文化的基本符号。

可以看出,失落与困境是我们无法找到真正代表我们特征的民族符号。我们试图从过去的历史中回望我们的未来,历史又离我们久远了,如何走出这种困境,就是我们必须解决的问题。

四、平台是出路吗?

在看到本课题任务书时,直觉利用平台解决上述困境也许是唯一的出路。2014年我去湘西调查土家锦的发展状况,看到国家级和省级大师的发展窘境,基本明确了研究的方向,这也是黄博士研究的主要领域和研究思路。为什么可以借助平台解决上述问题呢?

首先,云锦之类的非遗产业在近几十年中,已经完全脱离原有的市场,很难在原有市场体系中保证其传承和发展。但是并非这个市场不存在,而是因为市场的信息沟通成本过高,特别是市场中充斥着大量的假冒伪劣商品,形成劣货驱逐良货的局面。这就需要一个独立的第三方维持这个平台的运行。平台是一个具有公信力的企业或者组织。而这次和我们合作的南京云锦,就具备了这方面的条件。黄博士的研究将独立的第三方当作保证非遗产业发展的一个重要基石,从理论和实践上做了富有创造性的研究。

其实中国目前有30多种具有非遗产业性质的各种锦类,比较著名的有南京云锦、土家锦、壮锦和宋锦。它们虽然各具特色,但从整个产业的纵向链中又有许多相似之处。无论是上游的原材料和生产设备，还是完全相同的中间投入品，如果它们各自为战，产业规模较小，就难以形成产业的规模经济，无法提升自己的产业品质。如果将它们集中在同一平台上，实现相同产品的规模发展和相似产品的互补发展，就可以满足产业生存和发展的要求。黄博士在这方面的研究成果，不仅解决了锦产业自身发展的问题，而且为相似的非遗产业的发展提供了研究思路。

其次，平台可以解决非遗产业的融资问题。我们知道财务约束是制约企业发展的最重要的约束之一。在非遗锦产业中除了少数几个大企业具有一定的融资能力以外，大多数的企业都属于中小企业，基本失去了正常的融资渠道。相当部分是以销定产，无法完成对历史的传承，更没有精力去发展和完善。将所有的锦产业企业集聚到一个平台上，形成产业链融资，成为产业内企业的相互依赖，是这一产业得以发展和完善的必然趋势。这方面的研究还需要进一步深入，也是未来非遗产业发展的一个重要方向。

最后就是非遗产业中最迫切的人才问题，这方面存在两个问题。一是专业技术人才的聚集。非遗产业比如云锦，其专业技术人才非常缺乏而且难以培养，专业化程度非常高，培养时间很长。如果缺少一个平台，这些人难以得到长期的保障，无法尽心为一个产业钻研，就难以形成产业大师，没有大师级的人才，传承就是一句空话。二是专业管理人才的培养。非遗产业的专业管理人才，除了具有一般管理人才的特征外，还必须熟悉非遗产业的产业特征和管理特性，平台可为这些人提供发展的舞台和空间。这方面的研究将是一个重要的课题，寄希望于后来者对这方面做更深入的研究。

总之，非遗产业是中华民族历史文明的象征，如何传承和发展，是摆在我们这代人以及后来人面前不可回避的问题。从这个意义上说，我们的课题研究以及黄博士的专著为这一领域的发展做出了应有的贡献。

在黄博士的专著出版之际，以上述短文表达自己的想法，并顺致予祝贺。

东南大学经济管理学院　周勤教授
2018 年 9 月 4 日于南京江宁江南文枢苑

前言

　　织锦产业是我国"非物质文化遗产"的传统产业,在传承和保护的基础上进行现代化改造以使其重新焕发产业的生机是十分重要的。中国织锦产业存在以下具体问题:一是传统技艺工艺繁杂不统一,难以实现现代化改造;二是传统工匠行业缺乏规范,难以形成统一的传承模式,影响了市场的扩张和技艺的发挥;三是传统产品无法与现代市场相连接,缺乏现代工艺品的基本标准。现有研究主要集中在三个方面:一是产业分析,偏重产业现状与产业规模的简单描述,缺少系统的认识和全方位的认识分析;二是产品分析,偏重于相关产品的技术性描述,缺乏产品长期的跟踪分析;三是具体技法的分析,特别是集中于一些特殊技法分析,对技法的未来运用上的研究难以深入。现有研究缺乏产业与现代技术相连接的路径,与最新商业模式完全脱节。织锦网络平台作为一种新的商业模式,连接交易双方,为他们提供了互动机制,平台改变了传统产业的经济构架,对企业的管理理念、运行方式、治理机制和绩效评价等会产生深刻的影响,能够帮助织锦产业完成现代化改造,提升产业的竞争力。

　　本书基于纵向一体化、双边市场、平台经济、私序治理和网络绩效等理论对传统产业现代化改造的原因和平台商业模式的出现提供分析框架和解决方案。具体研究内容如下:①纵向链整合与垂直型平台理论模型构建。针对市场竞争环境下传统产业商业模式的问题和网络环境下双边市场特征平台商业模式的出现,分析纵向一体化模型的缺陷,构建了垂直型平台模型,诠释存在网络外部性条件下的企业纵向一体化的动因、平台定价和福利分析。该模型是织锦产业链重构和商业模式改造的理论依据。②织锦产业的产品竞争分析与产业链重构。运用产业经济的SCP范式,分析织锦产业的结构和竞争格局,运用产业链分析的方法剖析了织锦产业链各个环节存在的问题以及各个环节利益主体的纵向协作关系。由于织锦产业存在过度竞争,根据垂直型平台理论模型,提出网络经济背景下织锦产业链重构的思路。③织锦产业网络平台商业模式的提出和具体方案设计。运用商业模式理论,对织锦产业网络平台进行系统研究,全方位地刻画平台商业模式架构、要素、实现方式、定价策略和核心竞争力。从理论层面通过平台商业模式理论来进一步细化垂直型平台理论模型的内在思想;从现实层面通过平台商业模式设计来进一步实现织锦产业重构的外在要求。④通过织锦网络平台治理研究,提出网络平台治理的方式,即非正式第三方治理模式。通过构建博弈模型考察非正式第三方治理机制产生的原因、条件及作用,认为该方式可以有效缓解信息不对称问题以及提高信息搜索成本的稳定性。并进一步研究了织锦网平台的治理机制和定价实践,解决了织锦网平台"陌生人"间的信任问题,研究了如何利用平台的定价机制以吸引平台连接的多边群体,从而更好地发挥平台网络效应。⑤通过平台治理的效率研究,提出网络平台绩效指标和评价方法。基于平台的治理绩效理论,构建网络平台的治理绩效分析体系。根据中国纺织企业电商化后的数据以及四个典型平台交易的增长态势,仿真模拟评价网络平台绩效,分析中国织锦网的现代化改造植入平台的绩效,并在此基础上提出织锦产业链重构的政策支持和路径选择。

研究发现:①将产业链整合和平台经济相结合,通过分析织锦产业链和构建织锦商业模式,可以在挽救和保存"非遗"的基础上实现织锦传统产业的改造。②中国织锦网是织锦产业文化展示和产品交易的服务平台,是织锦产业进行现代化改造适宜选择的商业模式。③织锦产业平台的性质是专业垄断平台,一方面其治理机制需要围绕平台参与各方的信任关系展开,可以通过"信号机制"和"声誉机制"遏制买卖双方的机会主义倾向;另一方面其定价机制能够吸引平台连接的多边群体,捕捉并激发网络效应。④织锦产业平台使得传统的制造加工转变为从产业需求与供给之间的连接点寻找到赢利的契机,能够实现规模发展的正向循环,提高织锦产业的绩效,提升织锦产业的竞争力。

黄晓红
2017. 11.17

目　　录

第一章

为什么要研究织锦产业的平台商业模式

一、从产业链和平台角度研究织锦产业的必要性

（一）织锦产业的特点和属性

织锦产业是中国最古老的传统产业之一。"锦"即"美好的事物",它来源于一类丝织物的名称,是我国丝绸产品重要大类之一①,也是显示我国传统文化和织造艺术的杰出代表。织锦起源于中国,已有3 000多年的历史②,千百年来,世世代代的织锦艺人依靠自己的勤劳和智慧,创造了灿烂的织锦文化。随着"特供专供"封建体制的瓦解,自给自足的家庭作坊开始向工业化转型,织锦业不断地接受着各种考验。如今,中国的织锦业正在经历着"商品化""数字化"的洗礼,织锦行业面临传统行业现代化改造的契机和困难。

首先,我国是世界上最大的纺织品服装生产和出口国。随着汽车配件、电子信息、精密机械和家用电器等新兴产业的逐步发展和壮大,我国纺织品产品销售收入占工业企业产品销售收入的比例逐年降低③,我国织锦产业的产业结构也正在逐步进行调整,织锦产业开始从劳动密集型产业向资本密集型产业转变。其次,我国织锦行业存在产品过度竞争的现象。在中小企业融资环境未得到实质性改善的情况下,很多织锦企业的生存难以维系。织锦产业存在生产分散、亏损企业难以退出

---

① 按照国民经济行业分类标准(GB/T 4754—2011),纺织行业包括棉纺织及印染精加工、毛纺织及染整精加工、麻纺织及染整精加工、丝绢纺织及印染精加工、化纤织造及印染精加工、针织或钩针编织物及其制品制造、家用纺织制成品制造、非家用纺织制成品制造8个子行业。

② 在孔子编撰的《尚书·禹贡》中就提到扬州"厥篚织贝"。据汉代学者郑玄解释:织贝是一种锦的名称,用预先染好的丝,按贝的色彩花纹织成的。说明在商周时代就有锦的丝织物,可见"锦"的历史悠久。唐宋时期织锦工艺技术发展飞快,花色品种繁多。到了元代,则是织锦技术的鼎盛时期,用金银线作纬线,织成富丽堂皇的织金锦。

③ 见附录图1。

而又有新企业不断地进入的现象,许多学者称之为过度竞争。国内外的实证性研究揭示出竞争在体制转轨过程中有推动产业进步的作用。在市场经济中,织锦产业的生产规模不断增加,企业规模不断扩大,织锦产业间的竞争以及织锦产品间的竞争也越演越烈,这对产业发展具有一定的促进作用。然而,由于全球经济增长乏力,在劳动力等要素价格上涨、原材料价格波动、人民币升值的影响下,织锦产业成本不断攀升①,产业发展增速总体缓慢。再次,从产业链来看,目前织锦产业的生产商和消费者之间仅仅是上下游单纯的交易关系,产业链结构非常简单。在网络经济迅速发展的数据业务时代,单纯的交易发展模式已经不能适应织锦产业的发展,织锦产业面临着销售渠道狭窄、交易成本过高、信息不对称等多方面的问题。最后,尽管市场化给织锦产业带来了生机,口传心授的传统织锦依旧面临生存困境。传统织锦工艺随着文化变迁已经成为"古董",这些依附于个人存在的、身口相传的稀缺工艺,由于其商业价值难以开发,只能依靠被指定为"非物质文化遗产"加以保护②。

综上所述,织锦产业是我国"非物质文化遗产"的传统产业,在传承和保护的基础上进行现代化改造,使其重新焕发产业的生机十分重要。随着信息技术的发展,特别是互联网技术的广泛应用,在现实生活中将网络平台植入产业链,平台与产业链结合,打造平台商业模式,已经广泛运用在包括社交网络、电子商务、信用卡等领域中。平台商业模式是连接两个或多个特定群体,为他们提供互动机制,满足所有群体的需求,并从中研究赢利的商业模式。本书希望通过织锦网络平台的商业模式的研究,来分析其背后经济学理论基础和管理学思路方法,进一步完善织锦产业平台商业模式的管理模式、运行方式、治理机制和绩效评价,提升我国织锦产业的竞争力。

当今世界处在超竞争(Hypercompetition)时代③。随着经济体制改革的深入,经济自由化提升,民营资本的崛起,中国企业面临越来越激烈的市场竞争。面对越来越激烈的市场竞争,传统企业通常采取两种策略来提高自己的竞争力:一是个性化和差异化;二是提高产品质量。然而,信息时代企业之间的联系和交流逐步增强,单个企业通过进行个性化、产品差异化和提高产品质量来试图实现产业的发展已经不再现实,企业和企业间相互联系的产业链之间的竞争已经成为企业竞争的

---

① 见附录图2。

② 如南京云锦 2006 年被国务院列为中国首批非物质文化遗产,2009 年被联合国教科文组织列入人类非物质文化遗产代表作名录。

③ D'Aveni R, Gunther R. Hypercompetition: managing the dynamics of strategic manoeuvring[M]. Long Range Planning, 1995, 28(2):132.

核心,产业竞争模式已经从单个企业间的竞争逐渐演化为产业链间的竞争。普拉哈拉德和哈梅尔(Prahalad,Hamel,1990)[1]为代表的企业能力理论认为,产业链重构就是打造产业的核心能力来获取可持续的竞争优势。

产业链重构是一个动态的不断调整完善的过程。网络化发展使得产业链在网络环境下得以进一步地分解,传统的契约与产权已无法完全解释这一方面的问题。形成所谓的分工网络效应,每个人的生产力是随着参加网络的人数增加而上升,每一个人的决策依赖于他人的决策。分工组织是典型的网络[2],将这一思想延伸可以看到,以产品链构成的产业中,企业也会面临相同的问题,产品的分工越细,专业化程度越高,依赖其他企业的网络化程度也越高,也就是企业的产出水平随着网络化的程度而提高。同时,连接在网络上的企业决策也依赖于其他企业的决策,纵向关系上的企业也就构成了一个网络。

随着网络技术的发展和服务技术的提高,以及社会分工的细化,双边市场理论逐步完善。罗切特和梯若尔(Rochet,Tirole,2003)、阿姆斯特朗(Armstrong,2004)、卡约和朱利安(Caillaud,Jullien,2003)对双边市场的研究做出了开创性工作,其理论形成的主要标志是2004年在法国图卢兹召开的双边市场经济学会议。罗切特和梯若尔(Rochet,Tirole,2006)[3]提出了一个双边市场的定义:如果平台能够通过提高对市场一边的收费,同时使另一边的价格降低同等程度的数量,从而影响交易量,则称这一市场是双边市场。即在双边市场中,价格结构影响交易量,平台应该设计合理的价格结构来吸引两边的参与者。Tirole等学者的研究将视角从市场两边的经济行为转为对双边市场中平台企业的行为和策略的关注。

具有双边市场特征的网络型平台是一种中间型商业组织形态,其产生的理论根源在于无法通过市场交易方式或一体化组织来消除网络外部性。基于这种逻辑,罗切特和梯若尔(Rochet,Tirole,2006)认为科斯定理失效是双边市场存在的必要前提,因为如果科斯定理有效,双边用户只要通过讨价还价就能实现网络外部性的内部化,网络型,平台就没有存在的必要。瑞斯曼(Rysman,2009)[4]更为具体地指出,双边市场存在的必要前提是一方用户(如卖方)能够通过网络型平台与另一边用户(买方)互动而受益。

---

①　Prahalad C K,Hamel G. 企业的核心竞争力[J].哈佛商业评论,1990:5-6.

②　周勤.企业纵向关系论[M].北京:经济科学出版社,2004:2.

③　Rochet J C, Tirole J. Two-sided markets:a progress report[J]. The RAND Journal of Economics,2006,37(3):645-667.

④　Rysman M. The economics of two-sided markets[J]. The Journal of Economic Perspectives,2009,23(3):125-143.

网络平台企业另一个重要特征是吸引交易双方参与交易。平台提供的市场在代理人之间引入了竞争机制,对代理人产生了约束、监督和激励的作用,可以大大减少代理人的道德风险行为。此外双边市场理论也提供了平台治理的相关制度安排。一方面,平台企业需要建立一种平台运营的规则秩序,交易双方都要在遵循这种规则的前提下行动。这种规则的关键是对市场交易中的"逆向选择""道德风险"行为进行监控并给以奖惩,并能对各种商品服务确定合理价格。另一方面,平台企业能对参与各方的各种行为进行评价监督,并及时披露相关信息,使得相关信息成为一种公共知识信息,为平台群内成员共享。武志伟、陈莹等学者认为由于网络平台中高水平的整合能力有效地遏制了机会主义行为,则各种由机会主义问题而产生的讨价还价行为可以在很大程度上得到避免,从而大大减少交易成本。因此整合能力越强,交易或合作的期望目标越容易实现,从而以平台合作来代替纵向一体化,以达到资源共享、避免科层官僚成本、缓解企业自身资源瓶颈的战略初衷越容易实现。

基于上述背景,本书主要研究以织锦为代表的传统产业的现代化改造理论和方法,重点关注纵向产业链现状、整合和重构原理,探讨构建产业链网络平台的可能性,以实现第三方治理构建新的商业模式——织锦网络平台,提高织锦产业的全产业链绩效,最终达到对传统产业现代化改造的目标。

目前亟待解决的问题如下:①以织锦为代表的"非物质文化遗产"传统产业,在市场化过程中面对"市场失败"无所适从,使得我们必须解决在传承和保护的基础上实现其现代化改造的问题。②对织锦产业进行产品竞争分析和产业链分析是探讨传统产业链重构的动因和寻找新的商业模式的基础,特别是在信息技术迅猛发展、新的经济组织和商业模式层出不穷的时代,传统产业应该如何审时度势才能抓住时机重获生机?我们需要构建网络环境下的纵向一体化模型作为织锦传统产业链整合和重构的理论依据,探讨能够解决信息不对称问题和提高信息搜索成本稳定性为目标的商业模式。③互联网发展为平台提供了前所未有的契机,区别于传统的垂直竞争战略,平台的双边市场的核心竞争力在于实现"网络效应",网络型平台是一种新型商业组织形态,治理机制有别于传统企业科层组织,我们需要研究平台企业运营的规则秩序,探讨平台商业模式运行的规律和实现的路径。针对织锦产业"文化"和"传统"的特点,研究织锦网络平台的组织要素、机制设计、成长过程。④信息技术的成熟对平台的网络效应起到了推动作用,构建织锦网络平台的目标是提高产业效率。平台是网络组织的一种新形态,评价和衡量以网络外部性为特征的平台组织的绩效是一个棘手的问题。在此基础上,思考平台绩效与产业垄断的关系和政府如何进行有效管制,也是本书需要解决的问题。

（二）研究织锦产业平台商业模式的意义

本书研究的理论意义表现为两个方面:第一,改进纵向一体化理论模型。针对市场竞争环境下传统产业商业模式问题和网络化下双边市场特征平台商业模式的兴起,需要拓展纵向一体化理论来解释网络分工效应问题。本书构建了垂直型垄断平台模型,期望能够反映网络外部性下的纵向一体化的动因、定价策略和社会福利,丰富和扩展纵向一体化理论的研究内容。第二,探索网络经济环境下平台商业模式运行机理。网络平台作为一种新型商业模式,连接着平台交易双方,为他们提供互动机制,改变了传统产业的经济构架,对企业的管理理念、运行方式、治理机制和绩效评价等产生了深刻影响。本书构建博弈模型考察非正式第三方治理机制产生的原因、条件及作用,期望达到平台有效缓解信息不对称、提高信息搜索成本稳定性的目标,有效激励平台经济主体行为,规制交易者的机会主义行为,达到丰富和扩展平台治理理论的研究目的。

本书研究的现实意义表现为两个方面:第一,网络经济环境下织锦传统产业链的重构。本书将纵向一体化网络理论应用于织锦产业,研究和分析织锦产业链的重构和商业模式的选择,提出中国织锦网络平台的构想,改造后的织锦网络平台作为一种新的商业模式,既是织锦产业文化的展示平台,也是织锦产品交易的服务平台,能够实现织锦产业的现代化改造,提升产业的竞争力,本书研究对于其他传统产业的现代化改造也会具有借鉴意义。第二,网络平台治理和绩效评价内容与方法。本书在第三方治理博弈模型框架下分析织锦平台治理,在公司治理和网络绩效理论基础上研究织锦网络平台的绩效,对织锦以及类似平台的建设和发展具有现实指导意义。

二、本书的研究思路与研究方法

（一）研究思路

本书从理论层面给出传统产业现代化改造的原因和方法的统一分析框架,具体研究纵向链整合与垂直型垄断平台模型、"非正式第三方治理"模型,探讨织锦产业链重构的动因,平台经济对织锦商业模式改造的影响以及织锦作为第三方平台治理的原因、条件及治理绩效的变化;在经验研究层面,分析织锦产业链的整合和织锦平台商业模式的构建,并对织锦平台治理和治理绩效进行深入的系统研究。具体的研究思路如下:

（1）分析织锦产业的生存环境，明确本书研究的问题是传统产业的现代化改造。织锦是属于我国"非物质文化遗产"的传统产业，在互联网和移动技术高度发展的背景下，亟须探讨其产业链重构的动因、平台经济对其商业模式的改造、平台治理的方式和作用以及如何整合织锦产业链对其进行织锦平台商业模式的改造等问题。

（2）通过文献综述，明确本书的研究方向和视角。运用文献检索方法梳理产品竞争、产业链重构、双边市场和平台理论等相关文献，并追踪网络经济背景下纵向一体化的动因和运行机理。研究发现随着全球经济信息化及市场全球化程度的加深，新古典经济学框架下的厂商之间的竞争逐渐转向厂商群体之间的竞争乃至商业模式的竞争。随着信息技术的发展，平台商业模式是服务方式的改变以及社会分工细化的结果，是建立在双边市场发展起来的新型商业模式。现有文献鲜有将纵向链整合与平台经济学相结合的研究，更缺乏对平台商业模式运行机理和治理方式的研究。本书试图在网络经济背景下以纵向一体化模型为基础，拓展研究纵向链整合与平台经济学相结合的现代化商业模式。

（3）分析纵向一体化理论模型局限性，提出修正模型——垂直型垄断平台理论模型。由于织锦产业环境发生了变化，从产业链均衡到双边市场均衡，传统纵向一体化理论模型存在局限性，本书提出修正模型——垂直型垄断平台模型。它可以很好诠释网络外部性条件下的企业纵向一体化的动因、平台的定价和福利分析。首先通过双加成模型分析企业选择纵向一体化的原因以及纵向一体化下企业的产量、价格和利润的变化，然后基于双边市场理论，针对网络下纵向一体化结构从线型到星型的改变，构建了垂直型垄断平台模型作为织锦产业链重构和商业模式改造的理论依据。

（4）织锦产业的产品竞争分析与产业链重构。运用产业组织理论中 SCP 范式，分析织锦产业的结构和竞争格局，运用全产业链分析的方法剖析织锦产业链各个环节存在的问题以及各个环节利益主体纵向协作关系。现实中织锦产业存在过度竞争，根据修正模型，提出网络经济背景下织锦产业链重构的思路。

（5）提出织锦产业网络平台商业模式理论和具体方案设计。运用商业模式理论，对织锦产业网络平台进行系统研究，全方位地刻画平台商业模式架构、要素、实现方式、定价策略和核心竞争力。从理论层面通过平台商业模式理论来进一步细化垂直型垄断平台理论模型的内在思想；从现实层面通过平台商业模式设计来进一步实现织锦产业重构的外在要求。

（6）织锦产业网络平台治理和平台绩效。本书系统地提出了平台商业模式理论，在此基础上，设计出织锦产业平台商业模式的具体方案。此商业模式的载体不是单个企业，而是以网络外部性为特征的平台组织，表现为产业链上企业的集合体和平台生态圈。平台研究涉及买方、卖方和第三方（平台方），因此平台的治理和绩效是两个非常值得深入研究的领域。本书从以下两个方面拓展和延伸平台商业模式的研究：一是通过构建博弈模型考察非正式第三方治理机制产生的原因、条件及作用，提出网络平台治理的方式即非正式第三方治理模式，该模式以缓解信息不对称问题以及提高信息搜索成本稳定性为目标。二是构建网络平台的治理绩效分析体系研究平台治理的效率，并根据中国纺织企业电商化后数据以及四个典型平台交易的增长态势，进行仿真模拟评价网络平台绩效。

（7）最后归纳和总结全文的主要研究结论，并提出进一步研究的方向。

论文的技术路线如图 1-1 所示：

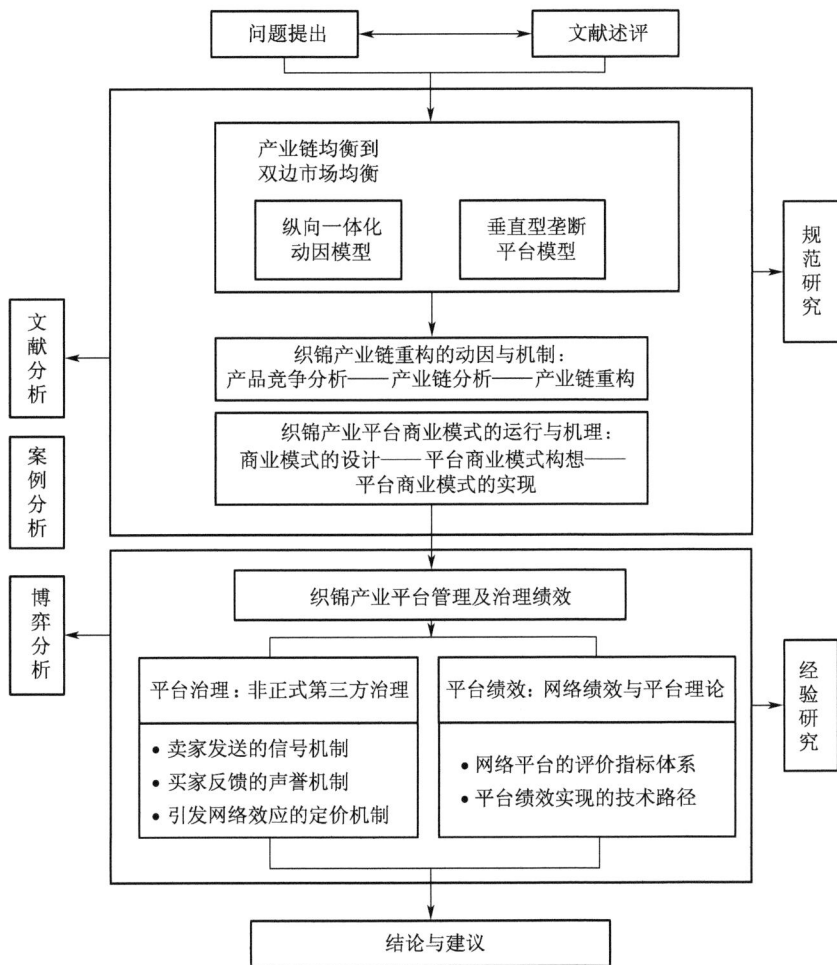

图 1-1　本研究技术路线图

（二）研究方法

本书采用以下方法进行研究：

（1）文献研究方法。查阅产品竞争、过度竞争、双边市场、私序治理、网络绩效等相关文献，重点关注纵向一体化动因和垄断平台以及"非正式第三方治理"的研究内容。通过大量的文献研究，界定了相关概念，形成了产业链与平台结合、平台治理与平台绩效评价的基本研究框架思路，并以此提出经验研究的思路。

（2）博弈分析方法。以博弈论为工具的产业组织理论改变了传统主流经济学对市场主体间相互作用模式的基本假设，研究理性个体之间的相互冲突和合作，针对处于各种信息结构中的相关个体间的互动关系，提供了一套完整的分析方法。本研究第六章理论部分运用了博弈论的工具，研究了平台企业"信息中介"和"执行中介"发挥作用的条件；基于"信任治理"理论，从信号传递和声誉两方面对平台克服交易者机会主义倾向进行了机制设计。

（3）经验研究方法。在理论建构的基础上，首先，运用抽样的方法，本书选取纺织行业的 15 家上市公司 2006—2012 年的数据进行绩效对比分析，给出了利用多层次模糊综合评判法研究平台绩效的算例。其次，通过仿真，就平台绩效的变化进行了实证研究。

（4）案例分析方法。案例研究保留了现实生活有意义的特征。本书选择了淘宝、京东、当当、苏宁等平台企业研究平台绩效增长的态势，从而用于织锦平台绩效的仿真研究。

三、本书的创新与不足之处

（一）本书的创新之处

创新之处表现为三个方面：

（1）本书建立了符合双边市场均衡和网络运营环境的垂直型垄断平台理论模型，修正了产业链均衡下纵向一体化理论模型。针对市场竞争环境下传统产业商业模式的问题和网络环境下双边市场特征平台商业模式的兴起，原有的纵向一体化研究缺乏对网络外部性因素的分析，本书理论研究着眼于网络经济下企业纵向一体化动因和机制，力图寻找产业纵向整合的均衡到多边市场的均衡。同时借助韦尔（Weyl，2010）的研究，对网络平台的定价策略和福利进行分析，丰富和扩展了纵向一体化理论的研究内容。以垂直型垄断平台模型为理论依据构建的平台商业模式,不仅可以在保护"非遗"的基础上实现织锦传统产业的改造,也是双边市场和平台经济理论"本土化"研究的新尝试。这有别于国内其他学者的研究思路和研究视角。

(2)提出织锦产业平台商业模式理论,进一步刻画具有平台特征的虚拟组织的商业模式结构。为了进一步探索具有双边市场特征的平台商业模式的特点和运行方式,为织锦产业选择平台商业模式提供可行性分析,本书借助产业分析和商业模式研究的成果,研究织锦产业平台商业模式的运行机理,从而提出纵向链整合与平台经济结合的中国织锦网构想。

(3)着重研究平台商业模式的两个关键要素(平台治理与绩效),保证平台模式的有效运行。由于具有双边市场性特征的网络型平台是一种新型商业组织形态,其治理机制和绩效评价有别于传统企业科层组织,需要进行深入研究。本书部分修正了新古典理论的内在缺陷,新古典理论假设不存在交易成本,假设制度外生,这些都难以解释双边市场中治理机制发挥作用的机理。本书以制度的博弈均衡观为分析工具,分析了网络平台在存在"逆向选择"和"道德风险"问题时,内生出交易者规范和非正式第三方治理机制产生的内在逻辑、发挥作用的前提条件等。围绕平台参与各方的信任关系,一方面通过"信号"和"声誉"治理来遏制买卖双方的机会主义倾向;另一方面通过定价机制分析如何吸引平台连接的多边群体,"捕捉"并激发网络效应。平台的绩效不同于传统企业组织中的经营绩效,平台绩效也不同于平台福利,本书从全社会资源配置优化的角度去考量平台共享模式的治理绩效。平台绩效应该是平台参与各方协同效应的结果,它包括平台规模的扩大、平台企业盈利能力的增强、平台评估价值的提高和融资能力的提升等。本书在平台绩效评价和仿真上的分析为研究平台的效率提供了新的视角和补充。

(二)本书的不足之处

不足之处表现为两个方面:

(1)在织锦平台的绩效评价方面,由于缺乏完整的平台绩效评价指标的具体数据,运用多层次模糊评价方法进行平台绩效评价的严密性和系统性有待提高。后续研究将通过与平台管理单位的科研项目合作方式来系统收集平台建设之后的各项指标的数据,以更好地衡量平台运营的绩效。

(2)在对平台属性的认识上存在局限性。本书对平台绩效的研究囿于现有理论和实务对平台属性的认识。平台包括买方、卖方和平台方,但是确定平台的边界却十分困难,由此带来的是边界不明确的组织绩效衡量的准确性问题。如何确定平台属性,以此作为网络组织绩效评价基础,其问题本身十分有趣但解决问题却是任重道远。

四、本书涉及的主要概念界定

为后续研究需要,首先对本书涉及的主要概念做一个明确的界定。

(一)产品竞争

产品竞争的研究源于产业组织理论,马歇尔在新古典经济学中假定企业都在一个完全竞争的市场中活动,其特征表现为"市场中的厂商数目非常多,企业可以自由进入和退出该市场,市场价格是给定的,每个参与者都是价格的接受者,企业的行为不会相互影响"。产品竞争是提供相似可替代产品的竞争者之间为争取产品市场需求而发生的行为。经济学将竞争理解为不同主体(企业、产业、城市、国家等)的异质性,产品市场竞争构成了市场结构的主要内容。

国内文献主要集中于对企业、产业、城市、区域等单个主体的产品竞争的研究。产业是相同性质产品的集合,芮明杰和刘明宇(2006)认为产业竞争力的源泉应该是产业知识吸收与创新能力,说明产业竞争力的提高依赖合理的产业链结构。本书所研究的产品竞争是指产业链上的产品竞争,是产业链整合重构的原因。

(二)产业链重构

产业链的研究始于分工①,产业链(Industrial Chain)概念由赫希曼(Hirschman,1958)②在《经济发展战略》中提出。综合国内外专家学者的研究并结合现实成功的产业链案例,可以认为:产业链是在一定地域范围内,具有竞争优势的同一产业的企业,以产品为纽带,以价值增值为导向,为满足客户需求,按照一定的逻辑关系和时空关系,联结成的具有价值增值功能的链网式企业战略联盟。产业链重构是为了使产业链重获竞争优势,寻找新的增值空间,对产业链战略环节重新定位调整、更换的过程;是通过把产业链中的各个相关环节进行重新排列和组合的过程;是不断地在全球范围内寻求资源配置的最佳模式的过程。

---

① 以亚当·斯密为代表的古典经济学家从微观层面分析劳动分工和专业化对提高企业劳动生产率的作用,新古典理论和新古典学派经济学代表人物马歇尔将分工扩展到企业之间,强调企业之间分工协作的重要性,从而开启了对产业链的研究。

② Hirschman A O. The strategy of development[M]. New Haven, CN: Yale University Press, 1958.

本书所研究的是传统产业产业链重构问题,经济学关于分工的理论认为,需求强度决定分工程度,缺乏需求方的规模经济,缺乏对需求方的分析研究。现有的织锦产业的产业链非常简单,相应的传统商业模式已不能满足产业生存和发展的需要,为此,需要对织锦产业链进行重构。

(三)平台商业模式

商业模式是指展开一项有利可图的业务时涉及的流程、客户、供应商、渠道、资源和能力的总体构造(Thomas,2001);商业模式规定了公司在价值链中的位置,并指导公司如何赢利(Rappa,2004)。商业模式"描述了企业如何创造价值、传递价值和获取价值的基本原理。"[①]平台经济所指的"平台",是指面向多边市场的交易平台,该平台既可以是现实的,也可以是虚拟的。网络交叉外部性是平台经济独有的和最显著的特点,具体来说,一边终端用户的规模会显著影响另一边终端用户的效用或价值。这种交叉外部性吸引了各种终端的大量用户。平台式商业模式的核心是打造足够大的平台,产品更为多元化和多样化,更加重视用户体验和产品的闭环设计(郭全中等,2013)[②]。

本书所研究的平台商业模式,是连接两边用户或多边用户,并为用户提供互动机制,满足各边需求并利用平台从中赢利的商业模式。平台商业模式不仅具有传统商业模式"赢利"的特征,更重要的是具有平台双边市场的特征,即交叉网络外部性和价格非中性。

(四)平台治理

平台是网络组织的一种形态,它提供双边市场的交易途径和方法。平台组织是以关系型契约为主的一系列契约的组合,关系型契约的性质使得关系治理成为其重要的治理机制。关系型契约通常因交易双方自己无法解决合同中的各种纠纷,需要依赖非正式第三方治理。平台交易在时间和空间上不断扩展,交易的对象从"熟人"转向"陌生人",交易者自身无法事先识别潜在交易伙伴,这时仅靠交易双方建立在个人信任基础上的自我约束不足以激励交易双方信守承诺。因此,第三方有必要代替直接交易伙伴成为非人格化交易的治理手段(吴晓露,史晋川,2011)。

本书提出通过非正式第三方治理来解决平台关系治理的观点。平台治理的目

---

①　伊夫·皮尼厄.商业模式新生代(设计篇·上)[J].商界:评论,2011(9):98-103.

②　郭全中,郭凤娟.新媒体背景下传统媒体的战略转型[J].青年记者,2013(5):30-31.

标是传递信息和监督参与人。平台治理机制包括两个方面,一是围绕平台参与各方的信任关系展开,通过"信号机制"和"声誉机制"遏制买卖双方的机会主义倾向;二是通过定价机制吸引平台连接的多边群体,捕捉并激发网络效应。

(五)治理绩效

平台治理的根本目的是促进平台提高效率。平台的绩效不同于传统企业组织中的经营绩效,平台绩效也不同于平台福利,本书从全社会资源配置优化的角度去考量平台共享模式的治理绩效。平台绩效应该是平台参与各方协同效应的结果,其本质是平台组织的良性成长,包括平台规模的扩大、平台企业盈利能力的增强、平台评估价值的提高和融资能力的提升等。

鉴于织锦平台尚未开放的现实,本书对于织锦平台绩效的分析考虑从两个方面着手:一是构建织锦平台绩效的评价指标体系;二是分析平台绩效实现的技术路径,并用相似平台的数据加以仿真。

五、本书的结构安排

本书分为四篇八章:

第一部分是基础篇,由第一章和第二章组成。在第一章,从产品竞争、平台经济的理论背景和传统产业现代化改造需求的现实背景出发,提出了本书研究的问题。在修正新古典经济理论和关注中国社会现状两个层面分析了本书研究的意义,建立了全书的研究框架。在第二章,界定了产品竞争与过度竞争、产业链与产业链重构、商业模式与平台经济、平台治理与治理绩效等研究概念,回顾了近十年来双边市场、平台经济和平台治理的相关文献,提出了织锦产业的垂直型平台商业模式的研究思路。

第二部分是理论和应用篇。第三章通过双加成模型分析了企业选择纵向一体化的原因以及纵向一体化下企业的产量、价格和利润的变化,基于双边市场理论,针对网络下纵向一体化结构从线型到星型的改变,构建了垂直型垄断平台模型,作为织锦产业链重构和商业模式改造的理论依据。第四章在第三章理论模型的基础上,研究中国织锦产业链重构的动因和整合的过程与机制。首先从产品竞争入手,利用产业经济的 SCP 范式,研究了织锦产业的结构和竞争格局,说明为什么要对织锦产业进行产业链分析和产业链重构;其次对织锦产业进行全产业链分析,剖析中国织锦产业链各个环节的基本情况及存在的问题;再次,研究织锦上下游行业对织锦产业的影响,分析织锦产业链各个环节利益主体纵向协作关系;最后,根据网络经济背景下织锦产业的特点,提出多边平台网络下织锦产业链重构的思路。第五章首先分析了我国织锦产业经营模式的历史演化过程,总结目前织锦产业存在的问题,提出织锦产业商业模式的探索是新经济和技术环境下的创新性革命,商业模式的改造是织锦产业发展的核心问题。沿着第三章和第四章分析的逻辑,第五章在对平台和商业模式进行综述的基础上,从织锦产业价值链入手分析织锦产业商业模式的诉求。在分析织锦产业商业模式的设计时,按照商业模式的六要素原则,研究各要素之间的关联结构性、系统性和织锦产业商业模式的运行机理。提出织锦产业应在不同细分市场中找到合适的产品定位,对低价产品、普通产品、中高档产品和艺术型产品采取不同的定价策略。

　　第三部分是拓展篇,由第六章和第七章组成。第六章研究织锦产业的平台治理问题,首先提出平台治理的核心是解决平台各方之间的信任问题,非正式第三方治理最匹配平台解决信息不对称和提高信息搜索成本稳定性的目标;其次在新制度经济学研究框架下,考察非正式第三方治理机制产生的原因、条件及可能导致有效激励的范围;最后在关于平台治理的逻辑基础上研究织锦网平台的治理机制和定价实践,回答了织锦平台如何建立"陌生人"之间的信任关系的问题。第七章首先研究了平台绩效的特点,分析了影响平台治理绩效的因素并提出平台绩效评价的指标和方法,最后采用仿真的方法预测了中国织锦网的现代化改造植入平台后绩效发生的变化。

　　第四部分是结论篇,即第八章。第八章对全书的研究观点进行总结,提出了有效的治理机制应该是正式的和非正式治理机制的互补。一方面,我国建立市场经济的时间不长,保护市场有效运行的许多基础性的制度尚不完善。另一方面,即便是我们拥有了完备、详尽的法律制度,由于某些交易所产生的专业性信息难以被正式法律机构所验证,或者运用法律系统的成本很高,或者效率太低,因此完全依靠正式的制度治理几乎不可能。而且单方面提高正式的第三方治理程度会在一定程度上挤出(Crowding-out)非正式第三方治理的作用;同时,如果片面强调非正式第三方治理,也可能使交易参与人由于来自正式制度治理的威慑力不足以抵消投机性收益而选择欺骗,进而引起整体市场治理的不稳定。最后提出国家对"非遗"产业改造给予扶持的政策建议。

第二章 织锦产业商业模式现代化
改造的方法:将纵向链整合与平台经济结合

本章在综述相关文献的基础上提炼本文的研究视角。本章共分为四节:第一节是对产品竞争和产业链重构的国内外文献综述,着重辨析国内外学者对相关问题研究视角的差异;第二节以商业模式的发展为脉络,梳理了产品竞争逐渐转向商业模式的竞争转变的过程中、"商业模式""全产业链商业模式"以及"平台商业模式"相关文献的研究成果;第三节进一步总结了科层治理、网络治理和产业链纵向关系治理的研究成果,发现已有文献缺乏对平台的治理和绩效评价的研究;第四节在评述前三节文献的基础上提出本书的研究视角。

一、产品竞争与产业链重构

(一)产品竞争与过度竞争

目前学术界有关竞争力的研究进展较大,竞争力研究的层面也从国家竞争力一直到产品竞争力。竞争力就是两个对象在争夺有限的资源能力的强弱,竞争力强的能争夺更多的资源,竞争力弱的只能取得较少的资源。产品竞争问题的研究源于产业组织理论,最早的马歇尔新古典经济学假定企业都在一个完全竞争的市场中活动,其特征是市场中的厂商数目非常多,企业可以自由进入和退出该市场,市场价格是给定的,每个参与者都是价格的接受者,企业的行为不会相互影响。强化竞争可以增进经济效率和社会福利施蒂格利茨(Stiglitz,1981)[1]似乎已经成为经济学界的一种普遍且根深蒂固的信念且是一个不可争辩的定论。从亚当·斯密的"看不见的手"理论,到"帕累托效率"标准,乃至"阿罗-德布鲁一般均衡模型",等等,经济学家们倾心于"完全竞争及其效率标准"理论体系的精心构筑,推崇自由竞

---

[1] Stiglitz J E, Weiss A. Credit rationing in markets with imperfect information[J]. The American Economic Review,1981,7(3):393-410.

争的这种信念使得他们无法忍受限制竞争的做法,即使是在一国以及世界主要产业出现了严重的延续性生产能力过剩或过度供给的过度竞争情形。

然而在市场经济环境下,大多数商品市场都不是完全竞争市场。20 世纪 30 年代,以美国哈佛大学的梅森(Mason)和贝恩(Bain)为主要代表提出了产品竞争的 SCP(即结构-行为-绩效)范式,经济理论模型则明显被冷落了。这种经验研究方法一度成为研究产业组织理论的主流方法,但缺乏对回归结果因果关系的逻辑解释。20 世纪 70 年代以后,非合作博弈论的引入,全新产业组织理论应运而生。在方法和工具上运用大量的现代数学分析工具,博弈论"使产业组织学成为 70 年代中期以来经济学中最富生机、最激动人心的领域"[①]。从研究方向看,新产业组织理论更强调在不完全市场结构条件(即在寡占、垄断和垄断竞争的市场)下企业的组织、行为和绩效的研究,并在理论假定上增加了交易成本和信息对称性程度等维度。

博弈论对产业组织理论的重要贡献在于,它为解释和分析不完全竞争条件下的产品市场竞争提供了很好的行为分析工具,并且提出了一些寡头垄断市场结构下企业相互关系的模型。而在各种竞争模型中,古诺模型(1838)和伯川德模型(1820)是企业产品市场竞争的两个基本类型。在此之后,许多产业经济学家通过对这两个模型进行改进,逐步放宽模型的假设条件,提出了其他一系列关于产品竞争的理论模型,如斯塔克尔博格(Stackelberg,1974)[②]放宽了古诺模型中的"企业同时行动"的假设,豪泰林(Hotelling,1929)[③]和萨洛普(Salop,1979)[④]则放宽了产品同质化假设,引入产品差异化的概念,分别提出了线性城市模型和环形城市模型。这些研究极大地丰富了产品市场竞争的研究成果,对现代产业组织理论的发展具有重大意义,为过度竞争及其理论提供了新的分析工具。国内学者李钢(2004)[⑤]研究了产品关系与产品竞争,他认为虽然同质品、替代品、独立品之间均存在竞争关系,但竞争关系在三类商品之间的竞争表现又是不同的。

----

① J.卡布尔,导论与概览:产业经济学的发展近况[M]//J.卡布尔主编,《产业经济学前沿问题》,第 2 页,英文版见 Cable John(ed.),1994,Current Issues in Industrial Economics, London: Palgrave.

② Stackelberg J R. The politics of self-congratulation: a critique of "vöelkisch" idealism in the works of Stein, Lienhard, and Chamberlain. [D]. UMass Amherst, 1974.

③ Working H, Hotelling H. Applications of the theory of error to the interpretation of trends[J]. Journal of the American Statistical Association, 1929, 24(165A): 73-85.

④ Salop S C. Monopolistic competition with outside goods[J]. The Bell Journal of Economics, 1979, 10(1): 141-156.

⑤ 李钢. 产品关系与产品竞争研究[J]. 中国工业经济, 2004(2): 107-112.

1959年，贝恩在《产业组织》一书中最早提出"过度竞争"。他认为过度竞争是一种低集中度、持续性供给过度或生产能力过剩、经济绩效较差的市场结构。过度竞争是指这样一种状态：某个产业由于进入的企业过多，已经使许多企业甚至全行业处于低利润率甚至负利润率的状态，但生产要素和企业仍不从这个行业中退出，使全行业的低利润率或负利润率的状态持续下去（小宫隆太郎，1988）。我国学者曹建海（2000）①认为过度竞争是指由于竞争过程内生或外部因素的作用，主要发生于非集中型或固定成本较高的寡头垄断等退出壁垒较高的产业。

对于"过度竞争"的成因，一些学者从结构性角度加以分析，认为中国煤炭产业缺乏能够起主导和稳定作用的大企业，产业内资金与技术投入分散化，是煤炭产业过度竞争的根源。有些学者从利润率等绩效角度来界定"过度竞争"概念，认为中国煤炭、纺织等产业存在长期亏损的现象，因此是比经济利润为零的完全竞争市场更加激烈的"过度竞争"产业。更有甚者，于立、吴绪亮（2007）认为过度竞争本身就是个伪命题，它要么可以归结于竞争充分，要么归结于竞争不足（即垄断）。他提出把"过度竞争"称为"无效竞争"可能更为妥当。

（二）产业链与产业链重构

从20世纪90年代以来，随着知识经济的迅猛发展，社会分工的加剧，企业纵向一体化的分解，企业比任何时候都更注重彼此之间的合作。企业的竞争优势已经从单个企业扩展到纵向产业链，企业更多的是利用产业链所赋予的竞争优势与产业链外的企业进行竞争，这实际上体现的是产业链与产业链之间的竞争。随着产业链在增强企业可持续发展、提高地区间的产业竞争力以及优化产业结构等方面的作用越来越明显，国内外对产业链展开了广泛研究。

20世纪初新古典学派经济学代表人物马歇尔将斯密的个人分工思想扩展到企业之间，强调企业之间分工协作的重要性，从此开启了对产业链的研究。而真正系统研究产业链及其理论则始于20世纪中期，赫希曼（Hirschman，1958）②从产业的前向和后向联系的角度解释了产业链的概念。20世纪80年代兴起的新产业组织理论对产业链进行了比较深入的研究，揭示了产业链上厂商实施纵向控制，扩张市场势力的策略行为（Wlliamson，1981，1985；Nathan，2001）。目前，在西方的学术

---

① 曹建海. 过度竞争论[M]. 北京：中国人民大学出版社，2000.

② Hirschman A O. The strategy of development[M]. New Haven, CN：Yale University Press，1958.

文献中,产业链研究的重点已经开始转移(李想,芮明杰,2008)①。

西方学者的研究重心局限于产业链的具体表现形式(邵昶,李健,2007;程宏伟等,2008)。国内学者对产业链的研究,主要有产业链的内涵、形成机制以及产业链整合和重构。在产业链的内涵方面,郁义鸿(2005)②提出产业链是从最初的自然资源到最终产品到达消费者手中这一过程所包含的各个环节所构成的整个生产链条;邵昶等(2007)③将产业链描述为介于企业和产业之间的"夹层",是兼有产业和企业特征的组织,并提出产业链结构的"玻尔原子"模型;在产业链的形成、演进与运行机制方面,吴金明等(2006)④提出产业链形成机制的"4+4+4"模型,将产业链的形成看成是由四维对接机制、四维调控机制和四种具体模式共同作用的结果;杜龙政等(2010)⑤将产业链驱动模式概括为"资源驱动型""市场主导型"和"技术主导型",其中扮演关键驱动角色的要素分别是"资源""市场"和"技术",而"协调"作为第四种关键要素对于其他要素作用的发挥具有基础性作用;在产业链整合方面,芮明杰等(2006)⑥提出以演化视角、知识基础观和顾客价值导向为基本逻辑起点的新的产业整合理论。

龚勤林(2004)⑦认为构建产业链包括接通产业链和延伸产业链,构建产业链的目的是接通断环和孤环,以及衍生新的产业链环,通过产业迂回增加产业链附加价值;刘贵富(2007)⑧认为产业链重构就是按照产业价值链的分析,重新构建一种有别于竞争对手的新的生产交易流程。通过对产业链战略环节重新定位、调整、更换,使得产业链拥有独特的竞争优势,从而带来产业链价值增值的新的生产经营模式,并认为产业链重构的核心策略就是顾客价值最大化,也就是为顾客提供最大、最多、最好的价值,为顾客提供有更多的实际用处、更好的使用功能、满足更大利益

---

① 李想,芮明杰.模块化分工条件下的网络状产业链研究综述[J].外国经济与管理,2008,30(8):1-7.

② 郁义鸿.产业链类型与产业链效率基准[J].中国工业经济,2006(11):35-42.

③ 邵昶,李健.产业链"波粒二象性"研究——论产业链的特性、结构及其整合[J].中国工业经济,2007(9):5-13.

④ 吴金明,邵昶.产业链形成机制研究——"4+4+4"模型[J].中国工业经济,2006(4):36-43.

⑤ 杜龙政,汪延明,李石.产业链治理架构及其基本模式研究[J].中国工业经济,2010(3):108-117.

⑥ 李想,芮明杰.模块化分工条件下的网络状产业链研究综述[J].外国经济与管理,2008,30(8):1-7.

⑦ 龚勤林.论产业链构建与城乡统筹发展[J].经济学家,2004,3(5):121-123.

⑧ 刘贵富.产业链的重构、打造与整合[J].集团经济研究,2007(06X):146-149.

追求的产品。

产业链重构是一个复杂的不断调整完善的动态过程,需要涉及企业的内外部等诸多因素。核心企业要根据自己的定位,在分析现有产业价值链的基础上,根据链内链外因素的变化动态地重构产业价值链。产业链重构的目标就是保持产业链的独特竞争优势,提高产业链的持续竞争优势,实现产业链价值最大化。在产业具体分析层面,国内对产业链重构的研究并不多。主要从农业产业化经营的目标、宗旨、实现方式、经营绩效四个方面研究了农业产业链重构(赵绪福、王雅鹏,2004)。其中,陈福民(1995)[①]对玉米产业链进行了详细研究,并提出了延伸玉米产业链的具体途径和方法。此外,还有一些学者探析了传媒创意产业价值链的重构(谷娜米,2009)、三网融合的产业链重构(肖叶飞,2012)、对网络环境下的出版产业链重构(沈立军,2012)。

二、网络平台商业模式

(一)商业模式

随着全球经济信息化及市场全球化程度的加深,企业间的竞争从产品、品牌、服务等逐渐转向商业模式的竞争。商业模式的重要性日益受到社会各界的高度重视,著名管理学大师彼得·德鲁克说:"当今企业之间的竞争,不是产品之间的竞争,而是商业模式之间的竞争。"孔切尔和多托雷在讨论数据和流程的建模时,首先使用了 Business Models(商业模式)一词。20 世纪 80 年代,商业模式的概念开始出现在反映 IT 行业的文献中。20 世纪 90 年代中期互联网成为企业的电子商务平台之后,使得构想企业如何运作这一新"理论"在技术上有了可能性。但直到2000 年,商业模式研究才开始飞速发展,我国学术界对商业模式的研究从 2005 年开始。目前,有关商业模式的研究主要集中在商业模式概念、商业模式要素和商业模式类型三个方面。

国外学者对商业模式的研究在近几年得到了较大的发展,托马斯(Thomas,2001)[②]认为商业模式是展开一项"有利可图的业务"而涉及的流程、客户、供应商、

---

① 陈福民.加长产业链,变自然优势为经济优势[J].经济纵横.1995(9):19-21.

② Thomas R C. Business value analysis:coping with unruly uncertainty[J]. Strategy & Leadership,2001,29(2):16-24.

渠道、资源和能力的总体构造。拉帕（Rappa，2004）[1]认为，商业模式规定了公司在价值链中的位置，并指导公司如何赢利。我国近年来也有越来越多的学者关注到商业模式这一领域，一般对商业模式的理解有三种不同的表述：商业模式的组成部分、企业的运营机制、运营机制的扩展与利用，事实上只有后两者才算得上是真正的商业模式（王波，彭亚利，2002）。罗珉（2003）[2]研究"商业模式"的理论架构，认为企业的商业模式是一个企业建立及运作的那些基础假设条件以及经营行为手段和措施。

在商业模式的构成要素方面，迈克尔·莫里斯（Michael Morris，2003）[3]通过文献整理统计发现，商业模式的构成要素研究结果有极大的差异，一共有 25 个不同的项目被提及，其中经济模式、价值提供、伙伴关系、顾客界面关系等被多次提到。比如加里·哈默尔（Gary Hamel，2000）[4]认为，商业模式应包括客户界面、核心战略、战略资源、价值网络四大要素。伽斯伯和罗森布卢姆（Chesbrough，Rosenbloom，2002）[5]将商业模式看作是目标市场、价值主张、内部价值链结构、成本与利润、价值网络、竞争战略六个方面的组合。

在商业模式的分类研究方面，国外学者主要集中于分析互联网企业。奥佛尔和图奇（Afuah，Tucci，2000）[6]提出应当把商业模式看成是企业为自己、供应商、合作伙伴及客户创造价值的决定性来源。阿来特和佐特（Amit，Zott，2000）[7]则认为，商业模式更是企业创新的焦点。哈梅尔（Hamel，2000）提出商业模式应分为四大要素：核心战略、战略性资源、顾客界面和价值网络。王伟毅、李乾文（2005）分析了商业模式的要素结构组成，结果显示可以分为横向列举式和网状式两种基本类

———————————

①　Rappa M A. The utility business model and the future of computing services[J]. IBM Systems Journal，2004，43(1)：32-42.

②　罗珉. 管理理论新发展[M]. 成都：西南财经大学出版社，2003.

③　Morris M，Schindehutte M，Allen J. The entrepreneur's business model：toward a unified perspective[J]. Journal of Business Research，2005，58(6)：726-735.

④　Hamel G. Waking up IBM：How a gang of unlikely rebels transformed Big Blue[J]. Harvard Business Review，2000，78(4)：137-146.

⑤　Chesbrough H，Rosenbloom R S. The role of the business model in capturing value from innovation：evidence from Xerox Corporation's technology spin-off companies[J]. Industrial and Corporate Change，2002，11(3)：529-555.

⑥　Afuah A，Tucci C L. Internet business models and strategies：text and cases[M]. McGraw-Hill Higher Education，2000.

⑦　Amit R，Zott C. Value drivers of e-commerce business models[M]. INSEAD，2000.

型。原磊(2007)①提出"3－4－8"构成体系的商业模式分类方法。相比较国外对同领域的研究而言,国内研究尚处于跟踪阶段,理论界对商业模式研究远落后于国外,在这一领域还需要多借鉴国外现有的理论,并探讨出适合我国企业发展的商业模式。

(二)全产业链商业模式

企业实施商业模式变革是对自身价值模型进行解构和重构的过程(Gordijn,2003)②。其实,商业变革既可以由供应链(如通过运用新科技、新方法)来创造新价值驱动,也可以由需求链(如新的顾客需求)驱动。在价值系统中,企业可以通过改变价值主张、价值结构、核心能力、目标顾客、顾客关系、分销渠道、伙伴承诺、收入流和成本结构等因素来促进商业模式的变革,因为企业所处价值系统的顾客需求、技术变革、竞争压力变化、社会环境和法律制度等面临着各种各样的变化,企业必须不断对自身所处的价值系统的不同环节进行整合创新,以实现商业模式变革,使企业能够在市场中始终处于领先和有利地位。

在对全产业链战略的研究中,国外学者多倾向于对现象的解释,国内学者多是对问题和政策的分析,缺乏全面的动态的研究视角,并且研究多以概念、产业链中的一个或者两个环节居多,而对产业链的演进以及全产业链的研究较少。全产业链概念在国内始于2009年研究中粮集团的产业模式,其实质就是企业通过纵向一体化向产业链上下游延伸,将原料供应、生产和产品销售等各环节纳入同一企业组织内部的经济行为。通过对国内外商业模式研究成果的总结,可以看出很少有学者就某一种具体产业的战略形态来详细研究其商业模式的内在规律。而织锦产业具有自身独特的产业链体系,涉及桑葚种植商、蚕茧养殖商、丝织品加工商、批发零售商等,涵盖了农业、轻工业和服务业三大产业,是一个多因素构成的复杂系统,需要将产业链上各方主体作为一个完整的体系来研究其商业模式。

结合全产业链的性质以及商业模式的特点,中国人民大学商学院产业研究中心(2014)将全产业链商业模式定义为:一个大企业建立一个大的平台,然后根据自己的战略目标和利益需求,有选择地参股、并购或收购其他企业,实现产业链上游原材料自给、下游销售渠道可控,以增大企业利润空间,提高企业抗风险能力的商业模式。全产业链商业模式是让企业做大做强的手段,而不应该是为了构建全产

---

① 原磊. 商业模式体系重构[J]. 中国工业经济,2007(6):70-79.

② Gordijn J. Why visualization of e-business models matters[C]. 16th Bled Electronic Commerce Conference eTransformation,Slovenia,2003.

业链而刻意追求。全产业链商业模式有利于降低交易成本,有利于形成品牌效应和抗风险能力,有利于增加企业的利润点,还有利于资源的整合,让企业更自主、更贴近市场。

在产业链商业模式应用方面,劳本信(2010)[①]针对 ERP 系统应用普及率和成功率偏低的现状,提出 ERP 产业链商业模式,他认为只有 ERP 构件技术和产业链商业模式共同发展,才能促进 ERP 普及率和成功率的迅速提升。张立波、陈少峰(2011)探讨了文化产业的全产业链商业模式;陈福(2011)研究了文具产业链商业模式;祝小江(2011)从云计算产业链中探讨中国云计算的商业模式;赵琼(2012)基于中粮屯河案例对农林产业全产业链商业模式的构成体系与组成要素进行了提炼和梳理;此外,还有很多学者对物联网产业链商业模式进行了研究(左超,2011;侯庆,2013)。

(三)网络平台商业模式

平台有广义和狭义之分。广义上的平台产业在经济中比比皆是,最典型的就是系统操作平台,如 Windows。此外还有电信业、银行卡、超市商场、门户网站和媒体广告等,几乎涵盖了日常生活中的所有重要环节和关键领域。这里我们研究的平台经济特指 B2B、B2C、C2C 等电子商务平台,或者称为商务交易中介平台。电子商务平台又进一步分为大型企业自建的电子商务网站和面向交易市场的第三方电子商务平台,后者又细分为阿里巴巴、淘宝、天猫为代表的综合性平台和以中国化工网、中国纺织网等为代表的行业垂直型平台。

国内平台经济学的研究始于徐晋和张祥建(2006),他们认为平台是一种虚拟或真实的交易场所,平台本身不一定生产产品,但可以促成双方或多方客户之间的交易,通过收取恰当的费用或赚取差价而获得收益。平台式商业模式的核心是打造足够大的平台,产品更为多元化和多样化,更加重视用户体验和产品的闭环设计(郭全中等,2013)[②]。平台经济是基于多边市场的平台,平台经济所指的“平台”,是指面向多边市场的交易平台。它既可以是现实的,如中央电视台等各类传统媒体平台;也可以是虚拟的,如亚马逊等新媒体平台。交叉外部性是平台经济独有和最显著的特点。具体来说,一边终端用户的规模会显著影响另一边终端用户的效用或价值。这种交叉外部性吸引了各种终端的大量用户。

韩廷进(2009)认为 B2B 电子商务平台经受行业内外的双重压力,需要深度开发现行的商业模式。赵冉(2009)以淘宝网为例,详细分析了淘宝网是如何将传统

① 劳本信. ERP 环境下的动态目标成本管理[J]. 中国管理信息化,2010(1):70-72.
② 郭全中,郭凤娟. 新媒体背景下传统媒体的战略转型[J]. 青年记者,2013(5):30-31.

的零售业 C2C 电子商务模式不断发展创新,从而走向成功的。著名电子商务专家雷兵认为:盈利模式、信用模式、支付模式和配送模式四个方面构成 C2C 的商业模式。赵洪虎等(2011)通过对 C2C 平台的商业模式创新规律进行研究,结合大卫·波维特价值网理论将平台商业模式定义为:企业以顾客为中心进行价值创造活动,这种价值创造活动发生在物流、信息流、资金流的流动过程中,同时企业以及其他价值网参与者也能够从价值创造活动中获取利益的一种价值网络。

在案例分析方面,吴勇等(2013)从六个角度对我国四个典型物流公共信息平台的商业模式进行了比较研究,总结了不同类型平台的商业模式。研究表明,平台类型是其选择商业模式的基础,只有那些与平台自身类型相适应的商业模式才能保证平台的可持续发展。鲁佳雯(2013)通过对阿里金融的案例分析,认为网络金融的出现促使电子商务企业的商业模式创新,并以产业价值链为基础,探讨了网络平台商业模式对传统金融行业的影响。

三、平台治理与绩效

(一)科层治理到网络治理

在科斯开创的现代企业理论中,"企业和市场被看作是资源配置的两种主要的制度安排。企业强调权威机制的协调方式,而市场强调价格机制的协调方式,企业被看作是以非市场方式——科层组织对市场进行替代。因此,市场治理(Market Governance)与科层治理(Hierarchical Governance)是两种基本的治理形式。科层治理以节约组织成本,特别是代理成本为要约,而市场治理则是以节约交易成本为原则"(任志安,2006)。科层治理以"股东利益至上"为原则,以层级组织的权威为依托,属于企业内部制度安排。其行为是激励和约束两大重要机制,其目标是保护股东或委托人的权益并使其最大化。

在经济全球化浪潮下,企业的行为活动同时受到全球化力量和地方化力量的共同作用(马丽等,2004)。网络经济的发展,使得企业的竞争环境发生了巨大变化,这种变化集中体现在由新古典经济学框架下的厂商之间的竞争逐渐转向厂商群体或企业联盟之间的竞争(李维安,2001)[①]。而这种竞争态势的改变自然催生

---

① 李维安.中国公司治理原则与国际比较[M].北京:中国财政经济出版社,2001.

着创建企业最佳实践市场行为的公司治理范式的改变(李维安,周建,2002)①。企业只有不断融入全球生产企业网络,才能获取更大的利益和更强的竞争优势,从而有力推动着组织创新的步伐,呈现出"网络化"或"联盟化"态势。而这种组织形态的改变必然会导致"以单个企业组织为中心的治理"向"对作为一个组织的企业网络的治理"转变(金裕吉,2004)。

网络治理(Network Governance)的概念首先由美国学者斯蒂芬·戈德史密斯和威廉·D.埃格斯在《网络化治理:公共部门的新形态》一书中提出。网络治理是指"一种全新的通过公私部门合作,非营利组织、营利组织等多主体广泛参与提供公共服务的治理模式"。因此,网络治理是指个人和组织(包括正式或非正式的)通过经济合约的缔结与社会关系的嵌入所形成的以单位间的制度安排为核心的参与者之间的契约安排。网络治理不仅包括企业间(市场与企业之间)网络组织的治理,而且包括企业(集团公司部门)内部网络组织的治理。

网络经济组织中,治理环境的变化使得治理任务所依赖的路径方法发生改变,从而引发治理形式的转变,由以股东会、董事会与经理层为主体的等级组织结构为基础的科层治理向以中间组织状态为基础的网络治理形式的方向演化。科层治理是建立在威廉姆森的三重维度(确定性、资产专用性与交易频率)的交易环境中,而在网络治理的条件下,琼斯等(Jones,et al,1997)②引入任务复杂性这一维度从而扩展了交易费用经济学理论,也使得网络治理建立在包括定制交易中的人力资产专用性、供给稳定状态下需求的不确定性、时间紧迫下的任务复杂性和网络团体间的交易频率四重维度的交易环境中。

网络的治理模式认为,在一个复杂和动态的环境中,科层的协调方式已经开始不适应,而缘于市场的失败,放松管制的可能性也受到限制。治理只有在政策网络中才显得可行,因为网络提供了一个相互依赖行动者的互动及利益的水平协调的框架。在网络治理条件下,社会结构嵌入是网络治理机制的基础,利益相关者共同参与是网络治理机制的核心。孟韬(2006)③在阐释了网络治理内涵的基础上,提出集群治理具有以网络治理为主,市场治理、层级治理为辅的多元治理模式;产业

①　李维安,周建.面向新经济的企业战略转型:网络治理的视角[J].当代财经,2002(10):61-64.
②　Jones C, Hesterly W S, Borgatti S P. A general theory of network governance: exchange conditions and social mechanisms[J]. Academy of Management Review,1997,22(4):911-945.
③　孟韬.网络治理与集群治理[J].产业经济评论,2006,5(1):80-90.

集群组织内部存在经济网络和社会网络,此"双网络"引致"互嵌"机制。任志安(2008)[①]对网络治理的新进展进行了深入分析,指出知识治理维度将是网络治理研究的未来方向。针对治理理论在公共管理研究实践中的互动,刘波等(2011)从不同角度比较了整体性治理(Holistic Governance)与网络治理的异同。

(二)产业链纵向关系治理

全球化的发展使得竞争由企业(集团)之间的竞争演进到产业链之间的竞争,产业链在全球化背景下往往表现为全球产品链、全球价值链或全球生产网络等。通过对格里芬(Gereffi)、汉弗莱(Humphrey)和施米茨(Schmitz)等学者的文献进行总结分析,大致可归纳为生产技术视角和价值创造视角两大类。从产业链治理模式的研究看,主要包括汉弗莱和施米茨(Humphrey,Schmitz,2000,2003)[②]所提出的四种治理模式(即市场式、网络式、准等级制、等级制),以及格里芬(Gereffi,2005)提出的五种治理模式(即市场式、模块式、关系式、领导式和等级制)等。对比这两种分类的内容,两者提出的市场式和等级制内容相同,后者的领导式与前者的准等级制存在类似,后者提出的模块式、关系式两种模式类似于前者的网络式。这些研究虽然涉及了产业链的外部治理、共同治理的问题,但主要还是针对管理模式的研究,尚未涉及产业链内部治理问题。而李维安等(2005)[③]的企业集团治理部分涉及了产业链的治理,但未以产业链为具体研究对象,深入研究其治理关系。

产业链纵向关系治理,简单地说是指在某一产业链中为完成上下游之间的交易而在纵向环节之间所形成的组织关系或制度安排。一个经济系统中的生产是由许多基本的活动组成,通过一定的相互联结的方式进行运作而实施的,这种基于产业链的基本活动之间的联结方式,就是对产业链纵向关系的治理(Richardson,1972)。格里芬等(2005)[④]进一步提出,产业链(价值链)治理是指在一个连续的网络经济系统之中,介于完全市场和等级市场关系之间各行为主体对价值链上所从事的经济活动进行的非市场性的协调性管理,主要表现为企业设置和实施的供产

---

① 任志安.网络治理理论及其新进展:一个演化的观点[J].中大管理研究,2008(2):94-106.

② Humphrey J,Mansell R,Paré D,et al. The reality of e-commerce with developing countries[J]. London School of Economics,2003.

③ 李维安,曹廷求.股权结构、治理机制与城市银行绩效——来自山东、河南两省的调查证据[J].经济研究,2005(12):4-15.

④ Gereffi G,Humphrey J,Sturgeon T. The governance of global value chains[J]. Review of International Political Economy,2005,12(1):78-104.

业链（价值链）中其他参与方遵守的规则和条件。

总而言之，纵向关系治理是一种关于纵向交易的组织形式设计或制度安排，主要包括治理主体、治理客体、治理内容和治理机制设计四个要素。对于纵向关系的治理，一个最为基本的决策就是"由企业自己生产，还是由外部企业供应？"由此得出产业链纵向关系治理的基本模型："买或做"。而在现实经济生活中，对产业链上下游部门之间的纵向关系治理，并不仅仅停留在现货市场交易，或者是一体化两种形式上，还有许多既具有市场交易的竞争性特征，又有科层式治理的协调性特征的中间型治理模式。进一步，张雷（2007）[①]按交易复杂程度、交易信息可编码程度以及供应商的供给能力将产业链纵向关系治理模式分为：模块化治理、领导型治理、关系型治理、科层式治理和市场化治理。

实证方面，文娉等（2008）[②]以全球移动通信产业为研究对象，分别分析了GSM、CDMA两种技术标准，得出"价值链当中技术标准的专利分布状况，很大程度上影响了其价值链治理的模式"的结论。具体而言，技术标准中专利分布越均衡、分散，则价值链越趋近于"网络型"，甚至"市场型"治理；反之，技术标准中专利分布越不均衡、集中，则趋近于"半层级型"，甚至"层级型"治理。杜龙政等（2010）基于大食品安全的全产业链分析，认为食品安全中的资源驱动型、市场主导型、技术主导型三种产业链由低到高构成产业链金字塔，其关键点分别为优质原产地、渠道品牌、技术，并分别以资源董事、市场董事、技术董事为核心，构建相应产业链治理模式。

在平台经济发展的今天，张小蒂、曾可昕（2012）[③]通过对浙江绍兴纺织集群的分析，提出以共享要素平台构建为核心的产业链治理，可促进群内各相关主体之间交易费用的降低和共生利益的形成，从而化解市场失灵，实现外部经济的由降转升。产业链治理包括：在上游研发环节构建以"企企"间"激励相容"为特征的共享技术平台，从研发成果的形成、流转到应用层次使集群研发效率提升，技术共享面扩大；在下游销售环节构建共享市场平台，通过传统网下业态向新型网上业态的延伸及适度利润率的定价策略可实现销售规模内生性扩大，以及促进上下游环节间的协同互动。

---

① 张雷.产业链纵向关系治理模式研究[D].上海：复旦大学，2007.

② 文娉,赵艳.全球价值链治理中的技术标准研究——以移动通信产业为例[J].地域研究与开发，2008，26（6）：6-12.

③ 张小蒂,曾可昕.基于产业链治理的集群外部经济增进研究——以浙江绍兴纺织集群为例[J].中国工业经济，2012（10）：148-160.

（三）网络平台治理与绩效

传统的公司治理问题历来是我国学者重点研究的课题。迄今为止，国内外学者已经围绕公司治理和公司绩效展开了卓有成效的研究，大量文献资料表明好的公司治理可以减少股东和管理者之间的利益冲突以提高公司价值。国内外大多研究指出公司治理与公司绩效呈正相关关系。其中某些治理维度，例如股东持股比例、董事会规模、管理层激励等与公司治理又呈显著相关关系。从已有文献可以看出，研究的结果均表明公司治理实践对公司绩效有着明显的指导作用。在公司治理范畴中，股权结构、董事会治理和高管激励三个方面对公司绩效的影响的研究结论也呈现多元化态势（秦兴俊等，2012）。

网络平台的治理，与传统意义上的企业治理（Fama，Jensen，1983）①和公共管理（Hill，Lynn，2005）②存在明显的不同，治理在这些部门中的关键作用主要是对受雇负责日常运转活动的管理层的行为进行监控和控制（Eisenhardt，1989）③。而网络平台需要确保平台成员致力于合作创新和资源整合，因此它的治理所关注的是对平台本身及其成员的协调和管理活动。平台网络组织治理的核心问题是治理机制（承诺、契约和信任），包括从任务特征、组织结构与绩效之间的关系入手，定量地研究虚拟组织的绩效问题（Ahuja，Carley，2003）④。在平台网络交易这种复杂的关系中，治理机制的存在可抑制机会主义行为，如果缺乏有效的治理机制，不同利益参与者的激励问题会扭曲合作行为并使协调失效（Robinson，Stuart，2000）⑤。

平台治理模式可以分为内部治理和外部治理模式。其中，外部治理模式是指平台成员不直接参与产业创新平台的运行和管理工作，而是由平台成员之外的其他机构代表平台成员的利益对产业创新平台及其活动进行运行和管理。在这种模

---

① Fama E F, Jensen M C. Agency problems and residual claims[J]. The Journal of Law and Economics，1983，26(2)：327-349.

② Hill C J, Lynn L E, Proeller I, et al. Introduction to a symposium on public governance [J]. Policy Studies Journal，2005，33(2)：203-211.

③ Eisenhardt K M. Agency theory：An assessment and review[J]. Academy of Management Review，1989，14(1)：57-74.

④ Ahuja M K, Galletta D F, Carley K M. Individual centrality and performance in virtual R&D groups：An empirical study[J]. Management Science，2003，49(1)：21-38.

⑤ Robinson D, Stuart T. Network effects in the governance of strategic alliances in biotechnology[J]. Ssm Electronic Journal，2000，23(1)：242-273.

式下，平台的组织和协调工作都高度集中于成员之外的第三方机构，我们也称之为"第三方治理"。

萨拉蒙的第三方管理理论将非营利组织界定为"第三方"，不仅为我们深入探索第三方治理提供了理论前提，也用美国联邦政府的治理模式为我们倡导第三方治理进行了现实可行性的论证。陈潭（2013）提出高水平的社会资本是第三方参与治理的必要条件，而社会的开放性是政府与第三方对话合作、共同治理的前提。为保证第三方治理的有效性，政府必须承认治理第三方的合法地位，明确其权利与义务，在和第三方合作治理中扮演好决策者、支持者和监督者的角色。而网络平台的发展将社会的"开放性"推到了史无前例的高度，所以第三方通过网络参与公共服务的供给和监督政府行使公权力已势不可挡。此外，平台治理相关的理论主要有赫尔维茨 1960 年和 1972 年研究社会目标和机制设计时提出的机制设计理论、委托代理理论、可竞争市场理论以及声誉理论。

平台网络中高水平的治理能力可以有效地遏制机会主义行为，可以在很大程度上避免一些由机会主义问题而产生的讨价还价行为，从而减少许多交易成本（武志伟等，2005）。因此平台治理能力越强，交易双方的期望目标越容易实现，就可以参与平台合作来代替纵向一体化，以达到资源共享、缓解企业自身资源瓶颈的目标。如果平台缺乏强大的治理能力，交易双方会时常误解并产生信任危机，引致机会主义行为的泛滥，导致额外的交易成本产生（Wageman，Baker，1997）。平台治理能力提高可以降低交易成本而提高平台治理的绩效。企业可以通过声誉机制减少交易成本（青木昌彦等，2001）。同时，由于交易性知识的创造，企业可以获得更多的合作机会，从而提高自身获取利润的可能性。

综上所述，本书认为平台治理有利于提高平台绩效。不过，现有关于平台绩效的研究集中于平台绩效的评价指标体系与评价方法两个方面，对于参与网络平台的评价主体、平台绩效的内涵的研究匮乏，主要原因在于现有关于平台的研究缺乏对平台属性的认识，平台是企业还是隶属于企业的资产？它的边界在哪里？一个边界不明确的组织绩效如何衡量？本书认为平台绩效应该从全社会资源配置优化的角度去考量，平台绩效应该是平台参与各方协同效应的结果，它包括平台规模的扩大、平台企业盈利能力的增强、平台评估价值的提高和融资能力的提升等。

四、织锦产业链的具体应用分析

（一）织锦的定义及分类

织锦简称锦，是所有丝织物中结构最复杂、工艺最精湛、纹色最丰富的一种类别。古代文献对锦的解释有多种多样，东汉刘熙《释名·释彩帛》："锦，金也。作之用功重，于其价如金，故其制字帛与金也。"东汉许慎《说文解字》："锦，襄邑织文，从帛金声。"所以，古代织锦的定义可用八个字来概括："织采为文，其价如金。"

现今对织锦的定义也极为丰富，《辞源》定义织锦为"用彩色经纬丝织出各种图案花纹的丝织品"；《中国工艺美术大辞典》定义织锦是"具有多种彩色花纹的丝织物"；《纺织辞典》对织锦的定义是"丝织物大类名。以染色长丝为主纯织或交织，多采用缎纹、斜纹的立体多层重经重纬大提花机织物"。本书依照当代学术和专业术语提出织锦的概念：凡应用两组或两组以上的染色丝线，并应用二重或二重以上的重组织所形成的多彩提花丝织物，即"多彩的提花丝织物"。

织锦按历史朝代分，可分为古代织锦、近代织锦和现代织锦；按织物结构分可分为经锦、纬锦和经纬显花锦。其中，经锦中又有二重经锦、三重经锦和多重经锦；纬锦中亦有二重纬锦、三重纬锦和多重纬锦；经纬显花锦是指宋代以后的蜀锦、宋锦、云锦、少数民族织锦以及近现代的各种织锦。织锦按照民族属性又可以分为汉族织锦和少数民族织锦。

随着国家工业化、信息化等发展战略的深入落实，织锦产业技术的革新以及社会消费观念的转变，织锦产业应用范围拓展到日用工艺品、商务礼品、家庭装饰、工程装饰、家纺系列、男女服饰及仿古艺术品等众多领域。按照国民经济行业分类标准（GB/T 4754—2017），纺织行业包括棉纺织及印染精加工、毛纺织及染整精加工、麻纺织及染整精加工、丝绢纺织及印染精加工、化纤织造及印染精加工、针织或钩针编织物及其制品制造、家用纺织制成品制造、产业用纺织制成品制造 8 个子行业。目前，纺织工业已经是我国的传统支柱产业，是劳动密集程度较高、对外依存度较大的产业。织锦来源于一类丝织物的名称，是我国丝绸产品重要大类之一，是显示我国传统文化和织造艺术的杰出代表。从原料构成看，我国把织锦产业分类在纺织行业中；考虑到织锦的文化特性，织锦产业还具有文化产业的特性。

（二）织锦产业的纵向链分析

目前，织锦产业的产业链结构非常简单，织锦的生产商和消费者之间只是单纯的交易关系。随着网络经济的迅速发展，单纯的交易发展模式已经不能适应织锦产业的发展，织锦产业面临着销售渠道狭窄、交易成本过高、信息不对称等多方面的问题。织锦产业的产业链结构必须重构，原材料供应商、织锦织造商、服务提供商、终端运营商以及消费者等构成产业链上中下游的多元主体。虽然，终端运营商和服务提供商在利润分配和合作伙伴选择方面存在一定程度的竞争关系，但是各主体成员在追求自身利润最大化时，表现出了合作共生的关系。

网络经济条件下,产业链上下游企业间的纵向关系变得复杂且变幻莫测。网络经济时代,人们利用发达的互联网技术,实现信息的快速传递和资源共享,充分利用各种信息资源为生产经营决策服务,并大大加快了高新技术向现实生产力转化的速度,把信息资源转化为现实的经济资源。传统产业正是借助于网络平台对其自身进行全方位的改造,降低成本,实现产业链的增值。借助于网络平台,通过对产业链各个节点问题的有效处理,最终实现织锦产业链的重构。而这就是所谓的网络经济对织锦产业,或者说对传统产业的最大贡献。

织锦产业以生产和经营织锦产品和服务为主要业务,同其他传统产业一样,需要创造经济利润。但是,织锦产品不仅有经济价值,更重要的是它对文化的传承价值,所以它又与其他产业有本质区别。在明确外部条件和内部资源的前提下,在市场竞争与政府干预的双重调节下,织锦产业的商业模式如何创造价值、传递价值和获取价值是产业发展面临的关键问题,它们构成了织锦产业的基本价值链。织锦产业的商业模式是其在新经济环境下,顺应社会经济状况的发展要求呈现的,织锦产业每个企业的商业模式都有其独特的构成和内在联系,通过对要素的分析我们可以找到充分利用产业自身的资源优势,发挥核心竞争力,创造、传递和获取更多价值的途径,从而实现经济价值与社会价值的统一①。

在研究织锦产业商业模式的过程中,商业模式的六要素(定位、业务系统、关键资源能力、盈利模式、自由现金流结构和企业价值)需要具体化,在价值层面上将它们分为价值对象、价值主张、价值实现方式、核心竞争力四个部分。其中,价值对象包括目标客户和合作伙伴;价值主张包括经济价值主张和社会价值主张;价值实现方式包括渠道通路与重要合作,还包括资本运作;核心竞争力包括关键能力与核心资源。织锦产业商业模式的四个方面(价值对象、价值主张、价值实现方式、核心竞争力)包括了目标客户、合作伙伴、渠道通路和重要合作、资本运作和关键能力、核心资源五种要素,这些要素涵盖了企业发展中包括客户、产品/服务、基础设施和财务生存能力在内的所有内容。在实际操作中,这些要素之间相互影响、相互作用,具有关联结构性和系统性,构成了一个统一的价值创造体系。商业模式在运行过程中,通过对客户、产品或服务、基础设施、财务生存能力等方面的影响,来帮助企业实现最终价值。

(三)多边平台的织锦网模式

随着信息技术的发展和服务方式的改变,以及社会分工的细化,双边市场理论

---

① 陈鑫.文化产业商业模式研究[D].长沙:中南大学,2012.

逐渐被用于产业分析,尤其是多边平台的广泛应用。从双边平台角度,埃文斯和施马兰西(Evans,Schmalensee,2005)①等拓展了罗切特和梯若尔(Rochet,Tirole,2004)②的定义,他们认为双边平台的核心业务是为两个不同的客户群体提供一个真实的或虚拟的交易场所,使得交易双方能够在平台上达成交易,降低交易成本。徐晋和张祥建(2006)③认为平台是一种虚拟或真实的交易场所,平台本身不一定生产产品,但可以促成双方或多方客户之间的交易,通过收取恰当的费用或赚取差价而获得收益。而平台经济学是研究平台之间的竞争关系,强调市场结构的作用,通过交易成本和合约理论,分析各类型平台的发展模式与竞争机制,并提出相应政策建议的新经济学科。

韦尔(Weyl,2010)④还进一步推导了多边市场的一般性模型,并且探讨了平台追求利润最大化、福利最大化和约束条件下的定价策略。这也表明随着行业分工精细化与参与主体的多元化发展必然促使双边盈利模式逐渐蜕化,从而被多方向产业发展、多元主体参与、多平台嵌入的盈利模式所取代。作为多边市场的平台企业,其最终目的是在多期范围内实现企业的利润最大化,其利润之一需要通过对平台参与各方收费来实现,同时,收费也可以对平台各方的利润分成形成作用。多边市场的定价策略不仅需要考虑产品的价量关系,还需要考虑相联系的多方定价结构问题。

综上所述,与电子商务相结合是织锦产业模式变革的必由之路。中国织锦网的目标是成为一个织锦产业文化展示和产品交易的服务平台。作为一个文化展示平台,它是一个网络多媒体信息资源中心,提供对织锦各类多媒体信息资源进行组织、整合、控制、划分,并进行有效管理的平台,通过展示中国织锦文化的灿烂历史而更好地保护这一非物质文化的有效传承。作为一个产品(包括有形和无形产品)交易平台,织锦消费者可以通过织锦类型、织锦卖家、织锦价格等各种筛选方式在商城上进行购买、收藏或预约符合心意的织锦商品。对于织锦卖家,则只需要通过商城的卖家验证即被允许入驻,入驻后的卖家可以对本卖家的商品进行新增、修改和出售,同时也可以通过消费者留言以及店家订单交易统计对不同类型的织锦商

---

① Evans D,Schmalensee R. The economics of interchange fees and their regulation:an overview[R]. MIT Sloan Working Paper No. 4548-05,2005.

② Rochet J C,Tirole J. Two-sided markets:an overview[R]. IDEI University of Toulouse,Working Paper,2004.

③ 徐晋,张祥建.平台经济学初探[J].中国工业经济,2006(5):40-47.

④ Weyl E G. A price theory of multi-sided platforms[J]. The American Economic Review,2010,100(4):1642-1672.

品进行市场投入调整。织锦网平台商业模式主要致力于打造一个让"买家放心、卖家省心"的织锦贸易服务平台。

　　本章可以归纳为：①"产品竞争和过度竞争"是产业组织理论研究中被长期关注并取得丰富研究成果的领域，"产业链与产业链重构"的研究始于"分工"，文献多集中于对产业链的内涵、形成机制以及产业链整合重构的研究。在产业具体分析层面，过度竞争的研究对象主要集中于钢铁、煤炭、纺织等长期亏损的行业，产业链的重构则集中于农业、传媒和出版业。本书从产品竞争和产业链的视角研究传统织锦产业改造商业模式的原因。②随着全球经济信息化及市场全球化程度的加深，企业间的产品竞争逐渐转向商业模式的竞争。管理学对于"商业模式"和"全产业链商业模式"的研究成果斐然，而平台商业模式是随着信息技术的发展、服务方式的改变以及社会分工的细化，建立于双边市场在产业分析的应用而发展起来的新的商业模式，也是本书研究织锦产业商业模式现代化改造的方法：将纵向链整合与平台经济结合，将小规模的线下公司整合到开放的网络平台，以形成竞争、互补的生态。③平台的作用是减少信息不对称和提高信息搜索的稳定性，围绕"激励传统产业经济主体行为，规制交易者的机会主义行为"的目标，借鉴科层治理、网络治理和产业链纵向关系治理的研究成果，本书聚焦于平台采用"非正式第三方治理"，指出平台治理能够有助于降低交易成本、增强协调能力、获取声誉和创造交易性知识，从而有效地提高平台的绩效。④为了更加清晰本书的研究对象，本章就织锦产业具体分析了织锦产业链的产品竞争、商业模式以及治理绩效，明确通过产业链重构构建新的商业模式为织锦产业寻求新的出路的研究目标。

第三章
纵向链整合与垂直型平台理论模型

本章根据双边市场均衡和网络运营环境变迁,提出支持织锦产业网络平台经济的垂直型平台理论模型,它是对传统纵向一体化理论模型的修正。从对传统产业链结构进行重构出发,将上中下游企业有效整合,资源信息共享,以实现产业链上的纵向一体化。在此基础上构建双加成模型,得出纵向一体化下垄断利润提高,上下游企业都有纵向一体化的动机。然而在网络经济时代,纵向一体化结构由传统的线型结构转变为网络下的星型结构,进一步考虑了存在网络外部性情况下的纵向一体化,构建垂直型垄断的平台模型,分析多边平台的定价策略以及社会福利。最后讨论了纵向一体化网络中接入定价问题。

一、纵向产业链与平台理论的兴起和发展

(一)研究背景

在当前经济全球化的背景下,我国经济已处于市场竞争的环境中,部分行业呈现产业结构优化、效率提升的趋势:产品和技术迅速升级,生产逐步向少数优势企业集中,企业国际竞争力增强,传统工业纷纷做出结构调整。产业链重构,是为了使产业链重获竞争优势,寻找新的增值空间,对产业链战略环节重新定位调整、更换的过程;是通过把产业链中的各个相关环节进行重新排列和组合的过程;是不断地在全球范围内寻求资源配置的最佳模式的过程。产业链重构由内部和外部因素促成,其中内部因素主要包括:组织内部不断降低交易费用的要求,不断规避风险的要求以及不断创造和利用社会资本的要求。而关于外部动力因素,学者们主要从区位优势、产业技术进步和政府产业政策三方面出发进行研究。比如,对于追求劳动力区位优势的产业劳动力成本的提高,新产品的开发或新生产工艺的出现,政府出台弥补市场缺陷的产业政策。这些外部因素对固有产业链形成的冲击决定了产业链重构是一个动态的不断调整完善的过程。

网络化发展使得产业链在新环境下进一步分解,契约与产权已无法完全解释

这一方面的问题,形成"分工网络效应",即每个人的生产力随着参加网络的人数增加而上升,每一个人的决策依赖于他人的决策。将"分工组织是典型的网络"这一思想延伸可以看到,以产品链构成的产业中,企业也会面临相同的问题,产品的分工阶段越细,专业化程度越高,依赖其他企业的网络化程度也越高,即企业的产出水平随着网络化的程度而提高。同时,连接在网络上的企业的决策也依赖于其他企业的决策,纵向关系上的企业也就构成了一个网络。

由于产品链中的单个企业尤其是中小企业主体自身的能力和资源限制,难以独自搭建、维护和整合网络平台,迫使产业链上下游之间的交易成本大大增加。网络经济迅猛发展的信息时代带来的互联网技术,实现了信息的快速传递和资源共享,将之用于生产经营决策服务,能够大大加快高新技术向现实生产力转化的速度,即把信息资源转化为现实的经济资源。利用互联网搭建平台,不仅在建设成本上拥有巨大优势,并且能够大大降低交易成本,最大程度地解决信息不对称问题。

网络平台通过整合上中下游企业各自拥有的信息、知识、设备、资金、人才和政策等不同的要素,为整个产业链各方利益主体提供合作机会,有利于在产业链内的不同主体之间形成良好互动,实现优势互补和合作。产业链间各个企业通过网络平台实施合作,在合作过程中与其他参与方建立起稳定的网络关系或协议关系。如:网络平台的搭建有利于支撑某一产业创新的集成系统,成为特定产业的商业潜在行动者活动的平台(Harmaakorpi, Pekkarinen, 2002)[1];有利于萌生稳固的合作关系,从而促进技术创新的涌现(Bell, Albu, 1999[2]; Giuliani, Bell, 2005[3]);有利于平台内主体之间信息的交流与扩散;有利于平台中各企业间进行开放式竞争,而非单个企业垄断;平台参与方通过各种创新要素的交流和集成所形成的创新网络也是网络平台的基本组成部分,而开放创新(Chesbrough, 2003)[4]则是参与方在平台运作中的基本创新组织形式。此外,多边平台市场日益成为经济的组成部分,它们的范围从相对小的新兴公司如 eBay, Yahoo 和 Palm,到相对大而成熟的公司,如

---

①　Harmaakorpi V K, Pekkarinen S K. Regional development platform analysis as a tool for regional innovation policy[C]. 42rd Congress of the European Regional Science Association, 2002.

②　Bell M, Albu M. Knowledge systems and technological dynamism in industrial clusters in developing countries[J]. World Development, 1999, 27(9): 1715-1734.

③　Giuliani E, Bell M. The micro-determinants of meso-level learning and innovation: evidence from a Chilean wine cluster[J]. Research Policy, 2005, 34(1): 47-68.

④　Chesbrough H W. Open innovation: the new imperative for creating and profiting from technology[M]. Harvard Business Press, 2003.

American Express、阿里巴巴。这些市场已经对近期的信息技术热潮产生了很大影响，而且毫无疑问，它们将继续发挥重要作用。

（二）网络环境下纵向一体化结构发生了什么变化？

1. 纵向产业链与多边平台理论

20世纪70年代以后，产业组织理论引入了非合作博弈论等现代数学分析方法，促进了新产业组织理论的蓬勃发展。博弈论为产业组织理论中解释和分析不完全竞争条件下的产品市场竞争及企业之间的相互关系提供了很好的行为分析工具。新产业组织理论更加注重从市场环境与厂商行为的互动关系（即逻辑上的循环和反馈链）对产品竞争进行研究，更加强调在不完全市场结构条件以及考虑交易成本假设下对厂商的组织、行为和绩效的研究，特别是寡占、垄断和垄断竞争的市场竞争。而在各种竞争战略中，古诺竞争和伯川德竞争是最基本的类型。在此之后，许多产业经济学家通过对这两个模型进行改进，逐步放宽模型的假设条件，提出了其他一系列关于产品竞争的理论模型，如斯塔克尔博格模型、豪泰林线性城市模型和萨洛普环形城市模型。这些研究极大地丰富了产品市场竞争的研究成果，深化了人们对于企业在产品市场竞争中的互动行为的认识，对现代产业组织理论的发展具有重大意义。

纵向一体化是指某一企业在一个最终产品的产业链中，参与两个不同阶段的工作。更一般地，是指一个企业参与到一个最终产品的产业链不同的中间产品的生产（周勤，2003）[1]。产业链纵向整合是指产业链上中下游环节的企业合作与纵向一体化（芮明杰等，2006）[2]。新古典经济框架下对纵向一体化的分析始于科斯。科斯（1937）[3]认为，企业的出现和纵向一体化的发生，说明建立企业或实行纵向一体化也能够带来经济效益，实现交易费用的节约，一体化企业是替代市场的组织形式之一。纵向一体化可以实现产业链间的长期深度合作，通过资本手段（兼并、合资、收购等）或其他方式实现产业链的上下游延伸，有利于通过将外部经济内部化，纠正外部化引起的市场失灵（Spengler，1950）[4]；有利于降低交易成本和保证专业

① 周勤. 纵向一体化趋势和市场竞争力关系研究——以江苏制造业的实证为例[J]. 中国工业经济，2003(7)：40-45.

② 芮明杰，刘明宇. 产业链整合理论述评[J]. 产业经济研究，2006(3)：60-66.

③ Coase R H. The Nature of the Firm[J]. Economica，1937，4(16)：386-405.

④ Spengler J J. Vertical integration and antitrust policy[J]. Journal of Political Economy，1950，58(4)：347-352.

化资产的投入（Williamson，1977）[1]；有利于确保重要投入品的供应（Carlton，1979）[2]；有利于产业链间的技术相互依存（Arrow，1975）[3]和技术创新（Rey，Seabright，Tirole，2001）[4]；有利于减少市场势力对企业的影响，避免政府管制、限制和税收，最终达到协同共赢。

　　自1980年代以来，产品链在网络经济的发展下进一步分解，原有的纵向一体化理论已无法完全解释网络分工效应问题。网络经济存在网络外部性，也就是说，每一个人的效用随着参加网络的人数增加而上升，每一个人的决策依赖于他人的决策。扩展到产业链构成的产业中，企业也取决于连接在网络上的其他企业的行为，纵向关系上的企业构成了网络联结体。具有双边市场特征的网络型平台是一种中间型商业组织形态，其产生的根源在于难以通过市场交易方式或一体化组织来消除网络外部性。基于这种逻辑罗切特和梯诺尔（Rochet，Tirole，2006）[5]认为科斯定理失效是双边市场存在的必要前提。因为如果科斯定理有效，双边用户只要通过讨价还价就能实现网络外部性的内部化，网络型平台就没有存在的必要。瑞斯曼（Rysman，2009）[6]更为具体地指出，双边市场存在的必要前提是一方用户（如卖方）能够通过网络型平台与另一边用户（买方）互动而受益。

　　有关平台定价策略，罗切特和梯诺尔（Rochet，Tirole，2003）[7]基于使用外部性，研究了双边用户需求价格弹性对平台定价的理论影响。分析结论是，当平台在追求利润最大化时对每边确定的价格与两边用户对平台的需求弹性成负相关，两者的关系表现为标准勒纳公式的形式，即平台在两边的定价比等于两边的需求弹

[1]　Williamson O E. Markets and hierarchies[J]. Challenge, 1977, 20(1): 70-72.

[2]　Carlton D W. Vertical integration in competitive markets under uncertainty[J]. Journal of Industrial Economics, 1979, 27(3): 189-209.

[3]　Arrow K J. Vertical integration and communication[J]. The Bell Journal of Economics, 1975, 6(6): 173-183.

[4]　Rey P, Seabright P, Tirole J. The activities of a monopoly firm in adjacent competitive markets: economic consequences and implications for competition policy[R]. IDEI University of Toulouse Working Paper, 2001: 132.

[5]　Rochet J C, Tirole J. Two-sided markets: a progress report[J]. The RAND Journal of Economics, 2006, 37(3): 645-667.

[6]　Rysman M. The economics of two-sided markets[J]. Journal of Economic Perspectives, 2009, 23(3): 125-143.

[7]　Rochet J C, Tirole J. Platform competition in two-sided markets[J]. Journal of the European Economic Association, 2003, 1(4): 990-1029.

性之比。阿姆斯特朗(Armstrong,2006)①发现平台企业对双边用户的定价随着交叉网络外部性的增强而递减,这就较好地解释了为何现实中常有平台在一边实行免费服务,甚至进行补贴。如黄页市场、媒体等双边市场的定价行为。罗切特和梯元老尔(Rochet,Tirole,2006)率先在建立一般分析框架上做出了贡献,证明了罗切特和梯诺尔(Rochet,Tirole,2003)以及阿姆斯特朗(Armstrong,2006)的结果只是这个模型的一个特例。还提出了跷跷板原理:一个导致平台一边价格升高的因素必会导致平台另一边的价格降低。哈古(Hagiu,2006)、罗切特和梯诺尔(Rochet,Tirole,2008)、多加诺格鲁和莱特(Doganoglu,Wright,2010)还分别就平台企业的价格承诺、捆绑销售、排他性行为对平台企业定价的影响进行了研究。韦尔(Weyl,2010)②使用了两边的用户数量作为变量,取代用价格作为变量的分析方法,建立了网络中垄断价格的一般理论。他指出平台通过隔离定价,可以避免合作的失败,实现任何想要的分配数量,这从理论上解决了双边市场著名的"鸡与蛋"的难题(Caillaud,Jullien,2003)③。他得出结论,垄断平台的社会最优定价是平台为一边一个增加的用户提供服务的成本减去这个用户带给另一边的外部性。他还将这个模型进一步一般化,在任意多边、用户异质来源、任意维度下,且需求和成本函数可以采用任何形式(不要求有线性需求、线性成本等任何具体的假设),得出与上面相似的结论,但模型却适用于所有的双边市场,为经验研究提供了很好的模型框架。方法上,他提供了市场势力的一般测量方法和帮助预测价格管制和合并的影响。

2. 纵向一体线型结构与纵向一体星型网络结构

面对越来越激烈的市场竞争,可以采取两种策略:一种是通过个性化和差异化来提高市场竞争力;另一种是通过改进产品质量来提高市场竞争力。然而,信息时代企业和企业间相互联系的产业链之间的竞争才是企业竞争的核心,产业竞争模式已经从单个企业间的竞争逐渐演化为产业链间的竞争。利用纵向一体化来进行产业链的整合,可以提高产业的核心竞争能力。那么企业进行纵向一体化的动机何在?纵向一体化策略是如何影响产业的定价策略、利润和福利的?管制者对于纵向一体化应采用什么样的政策?特别地,在网络经济发达的环境下,纵向一体化

---

① Armstrong M. Competition in two-sided markets[J]. The RAND Journal of Economics, 2006, 37(3): 668-691.

② Weyl E G. A price theory of multi-sided platforms[J]. The American Economic Review, 2010, 100(4): 1642-1672.

③ Caillaud B, Jullien B. Chicken & egg: competition among intermediation service providers[J]. The RAND Journal of Economics, 2003, 34(2): 309-328.

结构发生了变化(见图3-1),从传统的纵向一体线型结构转变为新兴的纵向一体化星型网络结构。为此,本书进一步研究了两种结构下的资源配置方式。

进一步,对于作为"经济人"的企业而言,目标是提高效率,获取利润,为什么网络平台的引入可以使得平台双方的企业互利共赢?垂直型网络平台模式下垄断性平台的绩效和社会福利是不是比竞争性平台更优?网络平台下实行平台治理,平台自身的成本、绩效以及福利会如何变化?本章在探析传统纵向一体化双加成模型的基础上,引用双边市场理论,分析行业垂直型垄断平台的定价策略,探讨垂直型平台发展下的平台绩效和社会福利问题,尝试为织锦产业的发展提供一些新的思路。

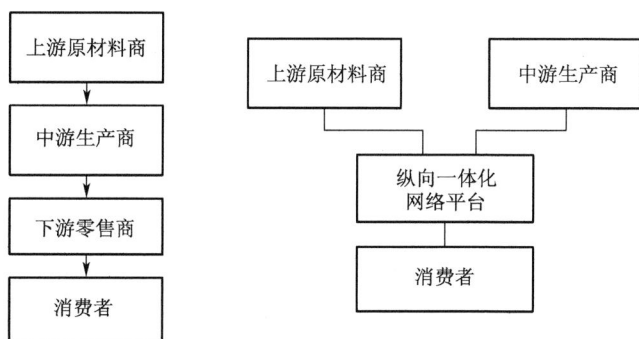

图3-1 纵向一体化线型结构与纵向一体化星型网络结构

二、纵向一体化动因模型

参与多于一个生产或分销产品或服务的连续环节的企业被称为纵向一体化企业。原先的织锦产业并不属于纵向一体化企业,只是从少量供应商处采购,或者通过少量的分销商销售产品,它们通常会签订复杂的合约来限制与之交易的企业的行为。比如,织锦织造商从原材料供应商购买原材料,自身负责织造织锦,然后将织锦产品交给分销商进行销售,甚至还有一些服务提供商为织锦产品提供售后服务,但是它们之间并不是连续的,而是相互割裂、各司其职。织锦产业选择纵向一体化,可以自己实现所有的生产和分销行为。织锦厂商企业自身实现纵向一体化,织锦织造商自己进口原材料,自己生产织锦产品,设定自己的专卖店或分销商进行销售;或者,织锦织造商在织锦整条产业链上构建原材料商、织造商以及分销商等上中下游企业的多元主体,产业链之间资源共享、信息互通,实现产业链上的纵向一体化。我们的分析着眼于为什么企业会选择纵向一体化,纵向一体化下企业的产量、价格及利润又会如何变化。

（一）双加成模型

企业选择纵向一体化的主要理由是降低成本或消除市场外部性。市场外部性形成的原因是在纵向关联上每个生产或销售阶段具有垄断地位的企业的垄断加成。理论上可以证明，通过企业之间的纵向兼并形成纵向一体化企业，可以消除市场外部性。在分析纵向一体化克服分离的上下游垄断企业的价格双加成问题时，斯彭格勒（Spengler，1950）最先提出这一问题，讨论了最简单的市场结构：在上下游企业都是垄断市场结构的情况下，沿着产业链顺次定价，每个企业都进行一次垄断加成（即企业确定的价格要高于边际成本），消费者将面临两次垄断加成。这与产业纵向一体化的结果比较，消费者和生产者的剩余都下降了，社会福利下降了。但是事实是上下游企业的数量直接决定了市场的结构，并影响企业的行为，所以必须分别讨论上下游不同结构类型（即企业数量不同）时的情况[①]。

1. 理论假设

我们假设产业链纵向相关市场内，存在上下游三个企业 A, B, C。其中，A, B 为上游企业，按固定不变的边际成本 c_1, c_2 生产中间品 x_1, x_2，售出的中间价格为 P_{w1}, P_{w2}。我们还假设上下游都是垄断结构，各个生产阶段中间产品数量是按照最终产品的要求按一定比例生产，上下游的生产都是规模报酬不变的，即生产函数为 $Q = f(x_1, x_2)$。C 企业将 A, B 生产中间品的作为投入品生产最终产品，最终产品的市场需求函数为 $P = P(Q)$，假设为线性函数 $P = a - bQ$。

此外，无论是在上下游市场独立的企业，还是上下游合并的企业都是以利润最大化为目标。企业没有对产品进行专业化资产的投入，企业的进入或退出没有任何沉没成本，上下游企业之间合并或者兼并不存在兼并成本，也不存在企业产权变动产生的重构成本。

这里最重要的假设之一就是上下游的企业双方信息对称。即双方无论是否合并，合并前彼此企业的成本产量等信息是对称的，而且对合并后的企业的成本产量信息也是对称的。

2. 固定比例生产函数企业的纵向一体化

织锦产业通过纵向一体化一般可以降低交易成本，保证织锦品的供给，通过内部化外部性来纠正由于外部性引起的市场失灵，还有就是可以增加垄断利润。同时，织锦产业实现纵向一体化，至少存在三种成本：第一，织锦产业自身提供生产要

---

① 周勤. 企业纵向关系论［M］. 北京：经济科学出版社，2004.

素或分销自己产品的纵向一体化企业的成本可能要高于依赖竞争性市场的企业;第二,随着织锦产业变大,管理的难度和成本加大;第三,企业兼并存在一些兼并费用。虽然本模型的分析没有讨论纵向一体化行为的成本等因素,但是由于这些成本的存在,只有当收益超过成本时企业才会进行纵向一体化。

本章研究纵向一体化对增加垄断利润的影响,企业一般可以在竞争性产业生产过程中对关键投入品的垄断供应者进行前向一体化,垄断生产领域可以增加利润,或者纵向一体化的垄断供应商可以进行价格歧视。假设上游企业的固定边际成本 c_1, c_2,假定企业的生产函数为固定比例,即投入品为互补性时,使得各要素一单位的投入得到一单位的产出,生产函数可表示为 $Q = \min\{x_1, x_2\}$。若 A, B, C 企业处于垄断市场结构,则有以下几种结果:

一是 A, B, C 三个企业完全纵向一体化时,则纵向一体化后联盟企业的最大化利润为:

$$\prod_1 = \frac{(a-c_1-c_2)^2}{4b}; Q_1 = \frac{a-c_1-c_2}{2b}; P_1 = \frac{a+c_1+c_2}{2}$$

二是 A, B, C 为三个分散、独立的企业,则最终产品 C 的边际收益为 $MR = a - 2bQ$,边际成本为:$MC = P_{w1} + P_{w2}$。

由 $MR = MC$ 得上游 A, B 企业的需求曲线为:

$$A: P_{w1} = a - 2bQ - P_{w2}; B: P_{w2} = a - 2bQ - P_{w1}$$

A, B, C 企业各自的最大化利润为:

$$\prod_s = \frac{5(a-c_1-c_2)^2}{36b} < \prod_1; P_s = \frac{5a+c_1+c_2}{6} > P_1; Q_s = \frac{a-c_1-c_2}{6b} < Q_1$$

当纵向一体化后,消费者可以获得更多的剩余 $\Delta S = \prod_1 - \prod_s = \frac{(a-c_1-c_2)^2}{9b}$,表现为消费者以更低的价格获得更多的产品;而且企业也因纵向一体化可以获得更高的垄断利润,最终使得整个社会福利都提高了。

三是企业 A 和 C 合并或 C 和 B 合并(即 AC 或 BC),采用充分纵向约束实施转卖价格持平(RPM)方法,则可得:

$$\prod_s < \prod_P = \frac{3(a-c_1-c_2)^2}{16b} < \prod_1$$

四是将上述模型扩展为上游有 n 个投入品企业,它分别控制 n 种投入 $x_1, x_2, x_3, \cdots, x_n$。当对上游的前 k 个企业实行纵向一体化时,根据 $MRC = M$,得:

$$a - 2bQ - \sum_{i=1}^{k} c_i = \sum_{i=k+1}^{n} P_{wi} \tag{3-1}$$

第 i 个非一体化企业需求为：

$$P_{wi} = a - 2bQ - \sum_{j=1}^{k} c_j - \sum_{\substack{j=k+1 \\ j \neq i}}^{n} P_{wj} \tag{3-2}$$

利润最大化得：

$$(n-k)\left(a - 4bQ - \sum_{j=1}^{k} c_j\right) - \sum_{j=k+1}^{n} c_j = (n-k-1)\sum_{j=k+1}^{n} P_{wj} \tag{3-3}$$

将式(3-3)代入式(3-1)可得：

$$Q_k = \frac{a - \sum_{i=1}^{n} c_i}{2b(n-k+1)} \quad P_k = \frac{2a(n-k) + a + \sum_{i=1}^{n} c_i}{2(n-k+1)} \quad \prod_k = \frac{(2n-2k+1)\left(a - \sum_{i=1}^{n} c_i\right)}{4b(n-k+1)^2} \tag{3-4}$$

式(3-4)为以上模型的一般形式。

当 $k = 0$ 时，为纵向分离的市场结构；

当 $k = n$ 时，为完全一体化结构；

当 $n = 2$ 时，则为模型扩展前的情况。

命题 3-1：当上下游企业都处于垄断市场结构，且投入品为固定比例时，最终市场产出随着纵向一体化程度的提高而增加；价格 P 随 k 的增加而下降；利润随 k 的增加而增加。此时，上下游企业具有纵向一体化动因。

采用以上分析方法，对企业所处市场结构发生变化的情况进行讨论：

第一种情况，企业所处的市场结构为上游市场是竞争性而下游市场是垄断的，则上下游企业一体化前后在产量、价格和利润上不发生变化(Greenhut，Ohta，1976)①。

第二种情况，如果市场结构为上游存在 n 家垄断企业，每一个企业都垄断一种投入品，下游是竞争性市场结构。设 k 家上游企业 $(k < n)$ 与下游一家企业合并，可得：

$$Q = \frac{a - \sum_{j=1}^{n} c_j}{2b(n-k+1)}, \quad k < n \tag{3-5}$$

---

① Greenhut M L, Ohta H. Related market conditions and interindustrial mergers[J]. The American Economic Review. 1976，66(3)：267-277.

当 $k = n$ 时,即上游所有厂商一体化,则:

$$Q = \frac{a - \sum_{j=1}^{n} c_j}{2b}, \quad k = n \qquad (3-6)$$

命题 3-2:当下游为竞争市场,上游为 n 家垄断厂商时,若投入要素按固定比例生产,当 $n - k = 1$,则 $Q_{k=n} = Q_{k=n-1}$,即全部纵向一体化的效果与上游是唯一垄断厂商纵向外部性结果是一致的(Westfield,1981)[①]。

第三种情况,若上下游均为竞争性市场,则得出纵向一体化和纵向分离的结果是一致的。

3. 投入品可变比例下的纵向一体化

当下游厂商的生产函数为可变比例时,由于存在投入替代效应,要素之间存在互补性,因而企业具有比在固定比例生产函数条件下更强的纵向一体化动因。

假设上游一家企业处于垄断地位,另一家处于完全竞争地位,下游存在一家完全竞争厂商,生产函数为 $Q = x_1^{1/2} x_2^{1/2}$,规模报酬不变。下面分别讨论几种情况。

第一种情况,如果 A,B,C 三企业纵向一体化时,则可由以下方程得到最优解:

$$\max\{(a - bQ)Q - (c_1 x_1 + c_2 x_2)\}$$
$$\text{s. t.} \quad Q = x_1^{1/2} x_2^{1/2}$$

则可得:

$$Q_1 = \frac{a - 2(c_1 c_2)^{1/2}}{2b}; P_1 = \frac{a + 2(c_1 c_2)^{1/2}}{2}; \prod_1 = \frac{[a - 2(c_1 c_2)^{1/2}]^2}{4b} \qquad (3-7)$$

第二种情况,当 A,B,C 之间为纵向分离的市场结构时,下游 C 厂商的成本为:

$$T_c = \min\{P_{w_1 x_1} + c_2 x_2\} = 2Q(P_{w_1 c_2})^{1/2} \qquad (3-8)$$

上游 A 企业根据 $P = MC$(下游竞争,按边际成本销售)可得其需求为:

$$x_1 = \frac{a[c_2/P_{w1}]^{1/2} - 2c_2}{b} \qquad (3-9)$$

A 企业最大化其利润,得:

$$aP_{w1} + ac_1 = 4c_2^{1/2} P_{w1}^{1/2}$$

---

① Westfield F M. Vertical integration: does product price rise or fall? [J]. The American Economic Review, 1981, 71(3): 334-346.

当 $a^2 \geqslant 4c_1c_2$ 时, $Q_f > Q_i$。其中, Q_f, Q_i 分别为纵向分离和纵向一体化时的产量。这时,上下游企业倾向于纵向一体化。

总之,纵向一体化是上下游企业在不同市场结构下的一个主要选择,虽然上述分析没有讨论纵向一体化行为的成本等因素,但是只要纵向一体化的收益超过其成本,企业都会选择纵向兼并的行为。

(二)剩余控制权模型

显然,前文的分析结论与实际情况不符合。现实中,既存在大量的纵向一体化企业,也有许多非纵向一体化的企业。那么是什么原因导致企业没有采用纵向一体化的形式?本节从剩余控制权角度,分析其中的原因,找到形成纵向一体化的约束条件。

剩余控制权是产权的一组权利中的一部分。从剩余控制权角度,分析产权交易对企业纵向关系的影响,是建立在交易行为的不完全契约的假设上。契约无法明确界定的资产控制权一般归资产所有者掌握。也就是说,企业家在交易选择时,存在着部分交易是无法用契约完成的情况。剩余控制权的归属,则是分析企业是纵向一体化或非一体化的主要因素。

格曼斯曼、哈特和穆尔等人(G-H-M模型)认为,首先在复杂的世界中,人们很难预测未来事件,因而无法根据现在情况做出合适的计划,往往是计划不如变化快;其次即使对单个事件做出计划,缔约各方也很难找到一种共同的背景来理解和描述各种情况和行为,所以很难对这些计划达成一致协议;最后,即使签约各方能对未来计划达成一致协议,也很难将具体内容写清楚,因而缺乏实际执行操作性[1]。哈特还认为,随着时间的推移,一个不完全契约将会不断修正,所以需要重新协商,而重新协商的过程中也会产生许多成本,包括事前成本和事后成本。第一,各方可能会对修正契约条款争论不休,这样既耗费时间,又浪费资源,因此是低效率的;第二,不仅事后的讨价还价过程是有成本的,更重要的是各方具有不对称信息而可能达不成协议[2];第三,由于契约具有不完全性,缔约各方可能都不愿意做出专用性投资,这种投资的最佳效率与事实上的投资不足之间的效率损失也是一种重要的成本。

本节的分析将假设条件放松,研究上下游企业资产选择与纵向一体化的关系,

---

① 哈特.企业、合同与财务结构[M].上海:上海三联书店/上海人民出版社,1998:25-26.

② 哈特.企业、合同与财务结构[M].上海:上海三联书店/上海人民出版社,1998:28.

验证哈特命题的合理性。

1. 基本假设

为方便分析又不失一般性,做以下基本假设:

假设一,经济中存在 n_2 个上游企业向 n_1 个下游企业供应中间产品,下游企业直接面对着消费品市场,上游企业和下游企业均可以选择一定程度的资产专业化水平 k。

假设二,产成品在市场上具有线性的反需求方程 $p_1 = a_1 - b_1 Q_1$,p_1 是产成品的价格,a_1,b_1 是方程的系数,b_1 是价格对产量 Q_1 的敏感程度,Q_1 是下游企业向市场提供的产量。假设需求等于供给均为 Q_1,n_i 个企业在市场上形成竞争($n_i = 1, 2,$ $\cdots, n$)。

假设三,q_{1j} 表示下游的第 j 个企业的产量,q_{2j} 表示上游第 j 个企业生产的零部件产量,$\sum_{j=1}^{n} q_{1j} = Q_1$,$q_{1j} = Q_1 - Q_{1-j}$,同理 $\sum_{j=1}^{n} q_{2j} = Q_2$,$q_{2j} = Q_2 - Q_{2-j}$,并且假设 $p_2 = a_2 - b_2 Q_2$,意义同假设二。

假设四,每个下游企业要使用零部件来形成产成品的生产,假设一个零部件经过加工后可以形成产成品,加工成本为 v_{1j},下游企业可以选择自己生产或向上游企业购买,若购买则要付出 p_2 价格。

假设五,上游企业在生产零部件的过程中需要投入可变成本 v_{2j} 和 rk 的资产专业化水平投资,该投资数额随资产专业化水平 k 的增加而增加,r 为每单位专业化水平所需要的固定投资,不论是上游还是下游企业投资,若要资产专业化都需要投入 rk。

假设六,下游企业若向上游企业购买零部件除了付出 p_2 外,还要付出交易成本 $c_1 k$;其次,资产专业化存在着规模经济现象,也就是说随着 q_{2j} 的增加,投入一定量的 k 水平资产专业化对企业产生规模收益,同样带来可变成本降低的好处,为简单起见,假设为 $c_2 k$。

2. 对下游企业的分析

根据假设二,市场的反需求函数:

$$p_1 = a_1 - b_1 Q_1 \tag{3-10}$$

任一下游企业的利润函数:

$$\pi_{ij} = (p_1 - v_{1j} - c_1 k)q_{1j} - p_2 q_{1j} \tag{3-11}$$

将式(3-10)代入式(3-11)可得下游企业的利润为:

$$\pi_{ij} = (a_1 - b_1 Q_1 - v_{1j} - c_1 k - p_2)q_{1j} \tag{3-12}$$

由假设三得：

$$Q_1 = Q_{1-j} + q_{1j} \tag{3-13}$$

所以下游企业的利润为：

$$\pi_{1j} = (a_1 - b_1 Q_{1-j} - b_1 q_{1j} - v_{1j} - p_2 - c_1 k) q_{1j}$$

设 $b_1 > 0$，由于 π_{1j} 是关于 q_{1j} 的凸函数，所以极大值存在。

令 $\dfrac{\partial \pi_{1j}}{\partial q_{1j}} = -2b_1 q_{1j} + a_1 - b_1 Q_{1-j} - b_1 q_{1j} - v_{1j} - p_2 - c_1 k = 0$

$$当：q_{1j} = \frac{a_1 - b_1(Q_1 - q_{1j}) - v_{1j} - p_2 - c_1 k}{2b_1} \tag{3-14}$$

π_{1j} 最大。

进一步假设，$v_{1j} = v_1, q_{1j} = q_1 = \dfrac{Q_1}{n_1}$ 代入式(3-14)中整理，则得：

$$q_1 = \frac{a_1 - v_1 - p_2 - c_1 k}{b_1(n_1 + 1)} \tag{3-15}$$

根据假设三得：$Q_1 = n_1 q_1 = \dfrac{n_1}{n_1 + 1} \dfrac{a_1 - v_1 - p_2 - c_1 k}{b_1}$ $\tag{3-16}$

将式(3-16)代入式(3-18)可以得：

$$p_1 = \frac{1}{n_1 + 1} a_1 + \frac{n_1}{n_1 + 1}(v_1 + p_2 + ak) \tag{3-17}$$

由式(3-17)可以得出关于 k 的方程：

$$k = \frac{p_1 + \dfrac{p_1}{n_1} - \dfrac{a_1}{n_1} - v_1 - p_2}{c_1} \tag{3-18}$$

再由式(3-19)得到，$p_1 - a_1 = -bQ_1$，由此得到预期的资产专业化水平为：

$$k_e = \frac{p_1 - bq_1 - v_1 - p_2}{c_1} \tag{3-19}$$

由假设五知道，k 的水平是上游企业决定的。式(3-19)求出的 k 是下游企业在利润最优情况下的希望上游企业的专业化水平，表示为 k_e。

由此求得最终产品的利润、市场容量及期望资产专业化水平的最优值，分别如式(3-20)、式(3-21)和式(3-22)式：

$$\pi_{1j}^* = (p_1 - v_1 - p_2 - c_1 k_e)q_1 = \frac{1}{b} \left(\frac{a_1 - v_1 - p_2 - ck_e}{n_1 + 1} \right)^2 \qquad (3\text{-}20)$$

$$k_e = \frac{p_1 - v_1 - p_2 - b_1 q_1}{c_1} \qquad (3\text{-}21)$$

$$Q_1^* = \frac{n_1}{n_1 + 1} \cdot \frac{a_1 - v_1 - p_2 - ck_e}{b_1} \qquad (3\text{-}22)$$

结论：如果上游企业的资产专业化水平符合下游企业所期望的，则两者可以实现纵向一体化；否则，就无法达成一致。

这一结论可以认为是对哈特命题的很好的注解，说明上下游企业的资产选择决定了纵向一体化的水平，反之，纵向一体化水平又决定了企业的资产选择水平，这就是哈特命题的本意。

（三）资产专用性和交易成本模型

资产专用性对纵向一体化的作用，可以说明在什么时候，因为什么原因选择市场抑或自己生产，可以找到其中的均衡解。在有限理性条件下，签订完美契约是不可能的，一个扰动的市场就需要一个与时间相关的供给关系。所以，通过比较不同治理结构形式下，不完全短期契约和纵向一体化组合，实现企业最优的纵向关系水平。双方资产专用性的程度决定了投资激励增加或减少的程度，所以，资产专业化改变了企业的纵向关系的最优均衡状态。也就是说，某一方的资产专用性程度越小，它就更愿意采用契约交易的纵向关系。相反，若他的资产专用性程度越大，则更倾向于产权交易的纵向关系（Williamson，1985）。

从理论上解释了资产专用性和交易成本对企业纵向关系的影响，以下的研究就是将市场条件代入。本节通过进一步的推导找到资产专业化和交易成本与企业纵向关系程度的联系，以验证威廉姆森的观点。

1. 分析上游企业

由假设二得：
$$p_2 = a_2 - b_2 Q_2 \qquad (3\text{-}23)$$

而假设三可得：
$$Q_2 = \sum q_{2j} \qquad (3\text{-}24)$$

$$q_{2j} = Q_2 - Q_{2-j}$$

则上游企业的利润函数为 $\pi_{2j} = (p_2 - v_{2j} + c_2 k)q_{2j} - rk$

目前的上游企业的 k 是资产专业化水平不同于 k_e，上游企业的利润函数为：

$$\pi_{2j} = (a_2 - b_2 Q_{2-j} - b_2 q_{2j} - v_{2j} + c_2 k)q_{2j} - rk$$

令 $\dfrac{\partial \pi_{2j}}{\partial q_{2j}} = 0$，由于 π_{2j} 是关于 q_{2j} 的凸函数，则其极大值存在。

$$q_{2j} = \frac{a_2 - b_2(Q_2 - q_{2j}) - v_{2j} + c_2 k}{2b_2}$$

为简化模型起见，假设 $Q_2 = Q_1 = n_1 q_1 = n_2 q_2$，$q_2 = q_{2j}$，也就是说市场是结清的，$q_2$，$q_1$ 都是代表性企业的产量。

由 $v_{2j} = v_2$，得：
$$q_2 = \frac{a_2 - v_2 + c_2 k}{(n_2 + 1)b_2} \qquad (3\text{-}25)$$

由此确定上游资产专业化水平为：

$$p_2 = \frac{1}{n_2 + 1} a_2 - \frac{n_2}{n_2 + 1}(v_2 - c_2 k) \qquad (3\text{-}26)$$

则
$$k = \frac{b_2 q_2 + v_2 - p_2}{c_2} \qquad (3\text{-}27)$$

k 是上游企业的最优利润决策下的资产专业化程度，若 $Q_2 = Q_1 = Q$，则 $q_2 = \dfrac{Q_2}{n_2}$，$q_1 = \dfrac{Q_1}{n_1}$，将其代入式（3-25）和式（3-27）中：

$$k_e = \frac{p_1 - v_1 - p_2 - b_1 \dfrac{Q}{n_1}}{c_1} \qquad (3\text{-}28)$$

$$k = \frac{b_2 \dfrac{Q}{n_2} + v_2 - p_2}{c_2} \qquad (3\text{-}29)$$

由上可见，k_e 是关于 n_1 的量增函数。也就是说，在下游企业数量增加的情况，上游企业的资产专业化水平随 k 的增加在增大。k 是关于 n_2 的量减函数，也就是说，如果市场是非完全竞争的，k 将上升。

在上下游两层企业生产的情况下，若要求市场的供给与需求是均衡的，即 $Q_2 = Q_1 = Q$，在 c_2，b_2，v_2 固定的情况下，上游企业的资产专业化水平与企业的数量、零部件的价格和市场的需求水平有关，由此得到以下结论：

一是生产最终产品的企业数量增加，相互之间竞争激烈的情况下，上游的零部件生产商可以通过提高零部件的资产专业化水平来获利。从式（3-20）可以发现，$n_1 \uparrow \to k_e \uparrow$。也就是说，在 $k_e < k$ 的情况下，下游企业容忍上游企业资产专业化水平 k 的程度提高，k_e 与 k 的差距在缩小，供应商可以通过提高资产专业化水平来增加要挟而获利。此时，生产最终产品的企业将处于不利的地位。相反，如果生产零

部件企业的数量 n_2 上升,那么其资产专业化水平将下降,因为它将无法支付高额的专业资产投资水平。

二是在极端的情况下,如果生产最终产品的企业是垄断地位, $n_1 = 1$,而上游企业的数量 $n_2 \rightarrow \infty$,此时资产专业化水平最低的这种情况下,最终产品的企业不需要在企业内建立零部件生产区间,直接向市场购买零部件是占优策略。

三是如果零部件企业的可变成本是很高的,它将增加资产专业化水平以此来减少成本,实行专业化生产,但是在市场价格 p_2 较低的情况下,专业化水平却是相当高水平的, $p_2 \uparrow \rightarrow k \downarrow$ 。

四是市场的力量是决定资产专业化水平的关键因素。可以发现,如果生产最终产品的企业是处于完全竞争的或数量是众多的,而零部件生产企业处于垄断地位,这时的资产专业化水平也是最高的,式(3-28)和式(3-29)将可能出现 $k \gg k_e$ 的情况,最终产品企业由于无法容忍如此高的专业化水平带来的成本上升而会兼并上游企业。在这种情况纵向一体化便是一个占优战略。

五是从式(3-28)和式(3-29)的方程也可以看到当上游企业的数量较少时 $k \uparrow$,实际上是上游企业建立进入壁垒来保持其垄断地位,这时下游企业可以通过兼并上游企业来控制下游其他企业,从而在竞争中处于十分有利的地位。

2. 最终产品市场

以下分析的问题是资产专业化水平对最终产品市场的影响。

设最终产品企业向上游企业购买零部件,由假设三得:

$$Q_2 = n_2 q_2 = \frac{n_2}{n_2 + 1} \frac{a_2 - v_2 + c_2 k_2}{b_2}$$

同时,
$$q_1 = \frac{a_1 - v_1 - p_2 - c_1 k_2}{b_1}$$

则
$$p_2 = (a_1 - v_1 - c_1 k_2) - b_1 \left(\frac{n_1 + 1}{n_1} \right) Q_2 \tag{3-30}$$

令
$$a_2 = a_1 - v_1 - c_1 k_2, b_2 = b_1(n_1 + 1)/n_1$$

所以,
$$Q_2 = \frac{n_1 n_2}{(n_2 + 1)(n_1 + 1)} \cdot \frac{a_1 - v_1 - v_2 + (c_2 - c_1)k_2}{b_1} \tag{3-31}$$

由于 $Q_1 = Q_2$

则
$$Q_1 = Q_2 = \frac{n_1 n_2 [a_1 - v_1 - v_2 + (c_2 - c_1)k_2]}{(n_2 + 1)(n_1 + 1)b_1} \tag{3-32}$$

由于
$$p_1 = \frac{1}{n_1 + 1} a_1 + \frac{n_1}{n_1 + 1}(v_1 + p_2 + c_1 k_2) \tag{3-33}$$

$$p_2 = \frac{1}{n_2 + 1}a_2 + \frac{n_2}{n_2 + 1}(v_2 - c_2 k_2) \tag{3-34}$$

则

$$p_1 = \frac{a_1(n_2 + 1) + (n_2 + 1)n_1 v_1 + n_1 a_2 + n_1 n_2 (v_2 - c_2 k_2) + n_1 (n_2 + 1)c_1 k_2}{(n_1 + 1)(n_2 + 1)}$$

$$\tag{3-35}$$

又因为

$$a_2 = a_1 - v_1 - c_1 k_2$$

则

$$p_1 = a_1 - \frac{n_1 n_2 [a_1 - v_1 - v_2 + (c_2 - c_1)k_2]}{(n_2 + 1)(n_1 + 1)} \tag{3-36}$$

根据以上分析得到以下结论：

最终产品市场的价格与上下游企业的数量 n_1, n_2 有关，与资产专业化程度有关。设 c_2, c_1 为上、下游企业对资产专业化的敏感程度，上下游企业之间的关系，可以分为以下几种情况。

一是 $c_1 < c_2$，当非专业化水平提高时，最终产品市场上价格随着资产专业化水平的提高而下降，因为对于上游企业而言，当 c_2 上升时，其收益增加，在完全竞争的情况下，上游企业将其分享给下游企业获利使 p_2 下降，从而使 p_1 也下降，这就是获利的传递效应。

二是 $c_1 > c_2$，k_2 上升，那么 p_1 上升，由于上游企业的让利将分别被下游企业消化（$c_1 > c_2$），因而不足以弥补上游企业因资产专业化带来的要挟成本的上升，因此 k_2 上升，价格也随之上升。

三是 $c_1 = c_2$，上游企业的让利完全被下游企业吸收，没有余利，也就是说这时资产专业化水平与价格无关。

所以，交易成本和资产专用性影响企业的纵向关系的结构和行为。

三、纵向一体化的平台网络模型

（一）网络与纵向一体化

在完成某一特定交易时，如果网络的各组成部分是必不可少的，则各组成部分是互补的。但是，假设前提是每个企业拥有各自网络且相互兼容，这就要求各链接与节点在提供所需服务时是无成本的。如果网络链接具有潜在互补性，则兼容性使这种互补性成为可能。部分网络和纵向相关产品的内在特征决定它们各自是直接互联的。然而许多复杂产品，只有锁定某种技术性兼容标准才能取得互补,所以许多网络与纵向相关产品的供应商,要在与其他企业产品完全兼容与部分兼容之间做抉择。不同的选择改变市场的结构。当不同的企业拥有互补性与替代性的网络时,保证互联互通、兼容、互用性和服务质量的协调就极为重要(见图 3-2)。这时网络的一些基本特性,特别是网络效应,或称网络外部性的作用就特别显著。

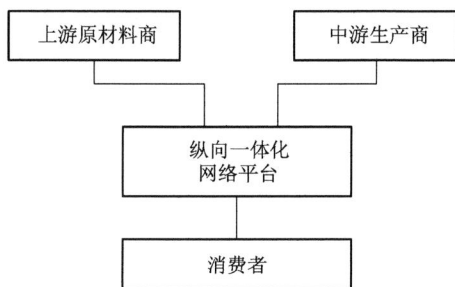

图 3-2　纵向一体化平台网络模式

　　实际上,网络效应是由需求方规模经济和供给方规模经济共同作用的结果,而这种现象早已存在。但是,在特定的产业中,如信息产业,网络效应的作用得到最大限度的显示。这表现在需求数量的增加减少了生产企业的成本,又使产品对其他用户更具吸引力,从而加速了需求数量的增长。如果有几个不同的网络供应商互相联络,他们对消费者就更有优势。也就是说,网络外部性影响会改变产业结构。很显然,尽管互相联络对社会有利,但它不见得对个人有利。在这种情况下,占市场份额很大的企业,为了保持在市场的有利地位,就会避免和其他企业互相联络。

　　存在网络外部性的条件下,可以证明完全竞争是非有效的,在完全竞争条件下,网络扩张的边际社会效益高于某一特定企业增加的效益。因而完全竞争将导致实际网络规模小于社会最优的网络规模。所以由于相对较高的边际成本,完全竞争提供的产品并不是社会要求的最优数量的产品。其次,假定给定其他企业产出和用户对其产出的预期量,则存在 M 个兼容性寡头企业支撑的网络。假设某一用户的网络价值和网络上总人数的比例为 t,为简便起见,选择该比例常数为 1,那么按照 Metcalfe 法则,整个网络的价值就为 n。如果有两个网络 n_1 和 n_2 互相联络,这两个网络会产生什么样的增量?

$$\Delta V_1 = n_1(n_1 + n_2) - n_1^2 = n_1 n_2$$
$$\Delta V_2 = n_2(n_1 + n_2) - n_2^2 = n_1 n_2$$

命题 3-3：每个网络从互相联络中获得了同样的增值。大网络中的每个人从与小网络的连接中获得了一点增值，但大网络中人数众多。反过来，小网络中的每个人从与大网络的连接中获得了大的增值，而小网络的人数很少。

当然，如果 $M = 1$ 是垄断，而 $M = \infty$ 是完全竞争。这一分析很容易扩展到垄断和兼容寡头企业之间的垄断竞争。

总之，网络的节点之间的纵向延伸自然形成纵向关系，这种关系使得企业之间的联系是多方向和可重复的。网络使这种纵向关系变得复杂而且变幻莫测，但是以一个产品为中心形成的产业网络，依然可以延续传统产业经济学的研究范畴和框架，只不过相应的经济组织方式和它们之间的交易方式发生了变化，形成现在人们常说的"虚拟企业"的形式。但是当这种虚拟的纵向关系转化为真实的契约或产权关系时，也就是我们熟悉的纵向一体化或纵向约束。

在基于互联网技术的双边市场中，由于网络高效而便捷的搜索功能，使用网络平台的任何一组参与者可以以非常小的成本迅速地找到感兴趣的另一组参与者的相关信息。原来因为潜在交易成本过大而没有发生的交易，可以在新兴的网络平台能够以比较低的交易成本进行，这对两组参与者、平台企业以及整个社会的福利都是一个帕累托改进。这也是近年来新兴双边市场模式大获成功的一个重要原因。虽然双边市场中的平台能够为市场参与者快速提供更多的信息，降低了交易成本，扩大了交易发生的范围和可能性，但也存在部分参与者提供虚假信息的问题，这将造成与之交易的参与者的损失，从而使得整个平台的效率和社会总福利下降。所以，需要平台企业对平台上所有参与者提供的信息进行检查和辨别，并设计奖惩机制来促进平台用户提供真实信息，此外相关政府部门的监管也很重要。

（二）垂直型垄断平台模型

网络经济条件下，产业链上下游企业间的纵向关系变得复杂且变幻莫测。在现实中存在一些有趣的现象，一组成员获得的利益取决于平台在吸引另一组顾客方面做得多好（即存在交叉外部性）。比如，以 SIP(Session Initiation Protocol)[①]为代表的通过 Internet 提供信息产品的企业，如雅虎、新浪等。此外，双加成模型中一个重要的假设是上下游企业的信息是对称的，然而上下游企业之间的信息不

[①] 会话初始化协议。主要功能是解决 IP 网中的信令控制。在 IP 网络分层模型上，SIP用来进行会话的管理、发起和终止会话、修改会话参数、调用服务、引入其他用户、设置转移呼叫、呼叫保持及建立、修改和终止有多方参与的多媒体会话进程，从而构成下一代的增值业务平台。

对称更符合现实生活,所以我们在双边市场理论的基础上,构建行业电子商务平台,进一步来分析信息不对称情形下平台定价结构。

由于垂直型网络平台属于行业垄断性平台,我们建立在阿姆斯特朗(Armstrong,2006)对垄断平台分析的基础上,探讨织锦网平台两边参与者之间的相互影响以及双方对平台定价策略的影响。罗切特和梯诺尔(Rochet,Tirole,2003)和阿姆斯特朗(Armstrong,2006)都强调双边市场中相对价格需求弹性对平台定价结构的作用。他们还假设需求在双边都是有弹性的,参与者同时进入平台,且总是在决定每一边需求的两方程系统内部协调。

假设平台 C 中有两组参与者(生产商以及消费者)A 和 B,两组中的一组成员关注平台中另一组的人数(此处忽略了参与者也关注同一组中加入平台人数的可能性)。假设参与者的效用分别为:

$$u_A = \propto_A n_A - p_A; \ u_B = \propto_B n_B - p_B \tag{3-37}$$

其中,n_A, n_B 是平台两组参与者的人数数量,p_A, p_B 是价格。参数 $\propto_A, \propto_B$ 反映了交叉网络外部性,如 $\propto_A$ 衡量的是组 A 的成员通过与组 B 成员相互作用而获得的收益,$\propto_B$ 衡量的是组 B 的成员通过与组 A 成员相互作用而获得的收益。式(3-37)描述了效用是如何受到参与者人数的影响的。为了约束需求模型,此处把参与者人数作为效用的一个函数,假设每组加入平台的人数为:

$$n_A = \varphi_A(u_A); \ n_B = \varphi_B(u_B) \tag{3-38}$$

其中,$\varphi_i(u_i)$ 为增函数,$i = A, B$。

对于平台的费用结构,罗切特和梯诺尔(Rochet,Tirole,2003)假设参与者对平台另一方参与者采取每笔交易收取费用,他得出,每一笔交易费用会降低网络效应,在垄断性平台情形下,参与者加入平台的动机并不取决于平台另一方的绩效,当且仅当交互收益大于等于交易费用时,参与者才会加入平台。而阿姆斯特朗(Armstrong,2006)假设平台的收费是一次性总计收取的。本章在分析垄断性平台时,暂不考虑平台收费机制,但是在考虑平台成本机制的时候沿用阿姆斯特朗(Armstrong,2006)的方法,即成本是由于参与者加入平台引起的,而不是建立在每笔交易的基础上(Rochet,Tirole,2003)。

于是,我们假设平台 C 中组 A、组 B 参与者的成本分别为 c_A, c_B,平台的总成本为 $n_A c_A + n_B c_B$。因此平台 C 的利润为:$\pi_C = n_A(p_A - c_A) + n_B(p_B - c_B)$。转换式(3-37)可得到:$p_A = \propto_A n_A - u_A; p_B = \propto_B n_B - u_B$。联系式(3-38),平台 C 的利润又可以表示为:

$$\pi_C(u_A, u_B) = \varphi_A(u_A)[\propto_A n_A - u_A - c_A] + \varphi_B(u_B)[\propto_B n_B - u_B - c_B]$$

$$(3-39)$$

接下来考虑总福利问题。假设消费者总供给为 $S_i(u_i), i = A, B$。其中，$S_i(\cdot)$ 满足包络定理，即 $S'_i(u_i) = \varphi_i(u_i)$。那么，总福利可以用未加权的利润和消费者总剩余表示为：

$$w = \pi_C(u_A, u_B) + S_A(u_A) + S_B(u_B)$$

$$(3-40)$$

求证福利最大化结果中，容易得到效用满足：

$$u_A = (\propto_A + \propto_B)n_B - c_A ; \quad u_B = (\propto_A + \propto_B)n_A - c_B$$

$$(3-41)$$

可以得出社会最优价格为：

$$p_A = c_A - \propto_B n_B ; \quad p_B = c_B - \propto_A n_A$$

$$(3-42)$$

从式(3-42)可以看出，平台两边各组的社会最优价格，等于各组参与者的成本减去由于平台另一组参与者参与而带来的外部收益。特别地，当 $\propto_A, \propto_B > 0$ 时，价格低于成本。

由式(3-39)可以得出，利润最大化的价格满足：

$$p_A = c_A - \propto_B n_B + \frac{\varphi_A(u_A)}{\varphi'_A(u_A)} ; \quad p_B = c_B - \propto_A n_A + \frac{\varphi_B(u_B)}{\varphi'_B(u_B)}$$

$$(3-43)$$

因此，组 A 利润最大化的价格和成本 c_A 相同，因为组 $B(\propto_B n_B)$ 额外收益调整有下降的趋势，并且因为成员加入的相关弹性而有上升调整的趋势，所以利润最大化的价格可以通过勒纳指数以及弹性的方式获得。

给定平台中组 B 成员的参与程度，可以得出组 A 的价格需求弹性(组 B 同理)：

$$\varepsilon_A(p_A/n_B) = \frac{p_A \varphi'_A(u_A)}{\varphi_A(u_A)} ; \quad \varepsilon_B(P_B/n_A) = \frac{p_B \varphi'_B(u_B)}{\varphi_B(u_B)}$$

$$(3-44)$$

因此，两组价格的利润最大化条件满足：

$$\frac{p_A - (c_A - \propto_B n_B)}{p_A} = \frac{1}{\varepsilon_A(p_A/n_B)} ; \quad \frac{p_B - (c_B - \propto_A n_A)}{p_B} = \frac{1}{\varepsilon_B(p_B/n_A)}$$

$$(3-45)$$

命题 3-4：若一组的价格需求弹性足够高，并且(或者)另一组享受的外部收益足够大，就会出现对该组的价格进行补贴(以组 A 为例，即 $p_A < c_A$)。实际上，这种补贴也许非常大，以至于价格是负的(如果价格为负是不可行的，那么可以

假定价格为零）。

本章分析的以行业垄断性平台的双边市场也可以得出类似的结果，在该市场上，行业垄断性平台免费为消费者提供有关产品的相关信息（如产品种类、产品原料、产品用途等），进而吸引消费者进入行业性平台进行消费；而对运营商和服务提供商则收取一定的进入费用。

四、纵向一体化网络的接入定价

为促进网络型产业有效竞争的形成，营造良好的规制环境，有效接入定价政策的确定成为关键。产业政策规制的目标是通过控制市场势力缓解垄断组织的社会危害。面对这个目标，需要比较社会福利最优和私人利润最大分配的接入定价原则。研究纵向一体化网络平台的接入定价理论和政策是纵向网络平台产业规制改革的一个关键环节，对总体上提升纵向一体化网络平台产业结构的经济效率具有重要意义。

（一）定价原则

1. 社会最优配置原则

社会最优配置原则下的网络接入定价，可实现社会福利最大化，即边际收益等于边际成本定价。

假设平台 C 中有两组参与者（消费者和生产商）A 和 B，并标准化为 1，两组中的任一组成员都关注平台中另一组的人数。假设平台中的一个典型参与者 i 从参与服务中存在内在的成员收益为 B_i^C，每个用户因与另一边用户进行交易获得的交易收益为 b_i^C。假设参与者的效用是拟线性，则两边用户的效用分别为：

$$U_i^A = B_i^A + b_i^A n^B - P^A(n^B) ; \quad U_i^B = B_i^B + b_i^B n^A - P^B(n^A) \qquad (3-46)$$

其中，n^A，n^B 是平台消费者和生产商参与人数数量，$P^A(n^B)$ 和 $P^B(n^A)$ 是平台确定的收费，如 $P^A(n^B)$ 是假定生产商参与人数条件下消费者为参与平台必须支付的价格。因此平台的参与者在两种维度上是异质的：成员价值和交易价值（Rochet，Tirole，2006），同时假设了参与者参数的分布函数为两次连续可微的二项分布概率密度函数 $g^C(B_i^C, b_i^C)$。

一旦收费确定，消费者和生产商会进行博弈，消费者选择参与平台当且仅当 $U_i^A > 0$ 时，即 $B_i^A + b_i^A n^B > P^A(n^B)$。给定生产商的参与率 γ_S，消费者的参与数量 n^A 与消费者边的均衡价格 P^A 之间有着明确的函数关系。即消费者的参与率随着价

格上升而下降。所以,平台 C 的参与人数可以表示为:

$$n^C(p^C, r_J) \equiv \iint_{p^C-b^Cn^J}^{\infty} g^C(B_i^C, b_i^C) \mathrm{d}B^C \mathrm{d}b^C \tag{3-47}$$

很显然,$n_1^C \equiv \dfrac{\partial n^C}{\partial p^C} < 0$,同时倒置可以产生一个明确的函数 $P^C(n^C, r_J)$。然后有一组价格组 $P^A(\gamma_A, \gamma_B)$ 和 $P^B(\gamma_B, \gamma_A)$ 决定了平台的利润和社会福利。此处假设边际成本不变,则存在两种成本:成员成本 $c^A n^B$,$c^B n^B$,交易成本 $cN^A N^B$。所以平台 C 边参与者的收益为:

$$V^C(n^C, n^J) = \iint_{p^C-b^Cn^J}^{\infty} [B^C + b^C n^J] g^C(B_i^C, b_i^C) \mathrm{d}B^C \mathrm{d}b^C \tag{3-48}$$

因此平台的社会总价值为:

$$V(n^A, n^B) = V^A(n^A, n^B) + V^B(n^B, n^A) - C^A n^A - C^B n^B - cn^A n^B \tag{3-49}$$

社会福利最大化的条件为边际社会收益等于边际社会成本,可得:

$$V_1^A + V_2^B = C^A + cn^B; \quad V_1^B + V_2^A = C^B + cn^A \tag{3-50}$$

可以合写为:

$$V_1^C + V_2^J = C^C + cn^J \tag{3-51}$$

其中 V_i^C 是 V^C 第 i 个自变量的导数。$V_1^C = p^C$ 平台增加的 C 边参与者必须是边际的,这样才可以从参与平台中获取净剩余。V_2^J 为 C 边增加一个额外参与者给 J 边参与者带来的价值,即 $V_2^J = \overline{b^J} n^J$,其中 $\overline{b^J}$ 为 J 边参与者参与平台获取的平均交易价值。由此可得社会最优定价为:

$$P^C = C^C + cn^J - \overline{b^J} n^J \tag{3-52}$$

命题 3-5:追求福利最大化的平台,最优价格为私人成本减去任何外部收益。$\overline{b^J} n^J$ 正是双边市场和多产品定价的本质区别,因为网络效应对个人决策是外部的,价格应该从成本中分离出来。因此,积极的网络效应应该给予补贴,而负面的应该征税。

2. 个体利润最大化原则

行业垂直型平台是一个行业垄断性平台。平台的经营者很可能只关注平台自身的利润而不是整个行业的社会福利,平台的利润为:

$$\pi(n^A, n^B) = [P^A(n^A, n^A) - C^A] n^A + [P^B(n^B, n^A) - C^B] n^B - cn^A n^B \tag{3-53}$$

平台追求利润最大化的条件是边际收益等于边际成本,两边分别为:

$$P^A + P_1^A n^A + P_2^B n^B = C^A + cn^B; \quad P^B + P_1^B n^B + P_2^A n^A = C^B + cn^A \quad (3\text{-}54)$$

可以合写为:

$$P^C + P_1^C n^C + P_2^J n^J = C^C + cn^J \quad (3\text{-}55)$$

其中,边际收益中第一项为价格减去市场势力 $\mu^C \equiv -P_1^C n^C = \dfrac{p^C}{\varepsilon^C}$,其中 ε^C 为需求弹性。最后一项为从 C 边增加参与者的 J 边获得的收益,即 $P_2^J n^J = \widehat{b^J} n^J$,$\widehat{b^J}$ 为平台 J 边从 C 边参与者获得的边际用户平均交易价值。

命题 3-6:C 边每增加一个参与者,平台对 J 只能获取边际用户的价值。因此,垄断者偏好服务于边际参与者而不是所有参与者。

私人最优化定价可以表示为:

$$P_C = C^C + cn^J - \widehat{b^J} n^J + \mu^J \quad (3\text{-}56)$$

通过 Lerner 指数和弹性的熟悉形式可获得:

$$\frac{p^C - (c^C + cn^J - b^J n^J)}{p^C} = \frac{1}{s^C} \quad (3\text{-}57)$$

得出结论:平台需求弹性更大及边际用户平均交易价值越高的一边,平台收取较低的服务价格。

比较私人最优定价和社会最优定价为:

$$P^C = [C^C + cn^J - \overline{b^J} n^J] + \mu^I + (\overline{b^J} - \widehat{b^J}) n^J \quad (3\text{-}58)$$

其中,私人最优定价中可以分为三个部分:第一项为社会最优定价价格,第二项为市场势力扭曲,第三项为 Spence 扭曲,即一边一个新增参与者带给另一边参与者的平均交易价值和边际参与者平均交易价值之差。

命题 3-7:私人最优定价高于社会最优定价的首要原因是受到市场势力 μ^C 的影响。至于 Spence 扭曲的影响是不确定的,这是平台无法对一边网络外部性完全内在化的结果。

Spence 扭曲的存在和符号关键在于用户异质性的来源。由于边际用户的平均交易价值和专业参与者的交易价值不同,平台会对 C 边参与者征收过高或者过低的税收(补贴)。其次讨论两种极端情形,如果平台只存在成员价值异质性(Armstrong,2006),那么 Spence 扭曲是不存在的,即 $\overline{b^J} = \widehat{b^J}$。如果平台只有交易价值异质性(Rochet,Tirole,2003),Spence 扭曲为 J 边每笔的交易剩余。

3. 次优配置原则：拉姆塞定价

Weyl(2010)提出平台定价比较社会最优和利润最大的分配规则。认为在边际成本定价下，平台企业仅能收回变动成本，如果无法获得政府的直接补贴，将承担固定成本 F 大小的损失。因此，平台定价必须考虑平台固定成本的有效约束，这就是理论上的次优配置原则。在满足平台成本预算约束时，拉姆塞法则提供了次优定价的指导方法。由于考虑了边际成本因素和不同需求之间的互补与替代因素，拉姆塞定价法可降低因固定成本回收而产生的经济扭曲。

命题 3-8：次优配置规则使得平台可以设定一个目标利润率，这个目标利润率可以弥补平台的固定成本投入，可以促进平台的良好运行。

$$P^C = C^C + cn^J + \tau\mu^J - \left[(1-\tau)\overline{b^J} + \widehat{b^J}\right]n^J \tag{3-59}$$

其中，$\tau = \dfrac{k + (\overline{b^J} - c)n^J}{n^J\mu^J + (\overline{b^J} - \widehat{b^J})n^J}$，$k$ 为目标利润率。

拉姆塞定价原则允许平台设计一个目标利润率，这个目标利润率的设置弥补了平台企业按社会最优定价原则无法补偿固定成本以及按私人利润最大化原则的平台垄断导致整个福利损失的缺点。同时此种定价方法为规制部门治理垂直型产业平台垄断问题提供了有益的指导。

（二）纵向一体化网络平台的定价方法

由于按社会最优定价原则，使得平台固定成本无法得到补偿，平台难以运行下去，因此社会最优定价在平台定价的实际应用中无法实施。平台个体利润最大化原则使得平台自身的利润最大化，但却提高了产业内各环节厂商的接入成本，限制了产业发展规模，因此也不是好的网络接入定价方法。次优定价原则具有实际可操作性，因此加成法是现实经济生活中常用的网络接入定价方法。

纵向网络平台定价中的加成主要有以下几种形式：一是零加成，即按边际成本定价。二是统一加成，加成是用来补偿平台的相应成本。平均增量成本定价是零加成定价向统一加成定价转变的一种过渡。完全可分配成本定价、长期增量成本定价则是统一加成方法。三是差异化加成，即以需求为基础进行差异性的加成，拉姆塞定价则属于这种情形。从网络平台定价的基本原则分析，第一种加成遵循的是最优配置原则，第二、第三种加成追求的是次优配置原则。因此，纵向网络平台可以采用拉姆塞定价法。

在拉姆塞定价下，固定成本或间接费用可以以利润加成形式得到补偿，这样可以保证平台能够正常运营，而加成率主要根据平台两边的需求弹性敏感的产品或服务来确定。从最终产品或服务的定价来看,拉姆塞定价体现了"逆弹性原则"的应用[①]。如果网络平台一边提供的最终产品或服务对价格不敏感,则相应产品或服务的加成相对较高;相反,如果平台一边提供的最终产品或服务对价格变化比较敏感,则相应产品或服务的加成相对较低。总之,网络平台定价时不仅要考虑产业链各环节的竞争市场结构,还要考虑产品或服务的价格需求弹性。

　　由于拉姆塞定价需要较多的信息,平台企业可以利用网络技术收集更多的需求信息进行定价。纵向网络平台具有垄断性,因此在考虑定价时,规制者需要进行价格规制以防平台短视行为而损害了产业效率及整个社会福利。所以,可制定在相关价格指数约束下,由平台企业自行服务的相对价格,即对平台的服务设置整体价格上限。在价格上限方法下,要求网络平台的各种服务的加权平均价格不超过某一特定价格。假定 w_i 表示第 i 种产品或服务的权重,与预计服务量成比例变化;p_c 为相应服务的价格上限,则平台设定的接入价格满足价格上限的制约,即 $w_0 p_0 + w_1 p_1 + w_a a \leqslant p_c$。对于价格约束,相应的权重应该等于该服务的实际提供量,平台企业会运用自己掌握的成本与消费者偏好的有关信息,来设定满足服务整体价格的上限,再根据企业利润最大化条件可以得到拉姆塞价格结构。由于受价格上限的约束,如果平台将某种服务的价格每提高一单位,则消费者净剩余的减少数量正好等于该种服务的消费量。

　　规制者可以根据从市场获得的需求信息以及整体价格上限方法来监管平台。拉姆塞定价虽然一定程度缓解了平台定价需要较多信息的弊端,但是无法获得对服务权重系数的精确估计。整体价格上限只是一揽子服务的平均价格,平台企业也会据此实施掠夺性竞争行为。而对于在整体价格上限约束下平台的掠夺性竞争行为,其解决方法还很不完善。

---

　　①　拉姆塞定价原理认为,若企业生产多种产品,在企业不亏损的限制条件下求解社会福利的最大化,可以得到一组次优价格。即某一市场上次优价格偏离边际成本价格的比率(也就是价格在边际成本之上增加的比例,等于价格减去边际成本再除以价格),与该市场产品需求弹性的绝对值成反比,即需求弹性越小的产品,价格偏离边际成本的程度(加价比例)应越大。

第四章

中国织锦产品竞争分析与产业链重构

　　本章对中国织锦产业进行产业分析,提出网络经济背景下产业链重构是重振织锦产业的必经途径。首先从产业现状、产业结构和集中度、产业竞争以及产业的进出壁垒几个方面分析中国织锦产业的产品竞争状况,得出织锦产业存在过度竞争的结论,这是对织锦产业进行产业链分析和产业链重构的原因;其次,分别对织锦上中下游进行全产业链分析,在剖析织锦产业各个环节存在的问题的基础上提出织锦产业横向和纵向整合思路,勾画重构织锦价值的愿景;最后,本章分析了网络经济对产业链重构的影响,指出织锦网具有多边平台功能的特点。本章论证了产业链重构的内在逻辑,为下一章织锦商业模式的选择提供了必要性论证。

　　产业链重构是为了使产业链重获竞争优势,找到新的增值空间,对产业链战略环节重新定位调整、更换的过程;是通过把产业链中的各个相关环节进行重新排列和组合的过程;是不断地在全球范围内寻求资源配置的最佳模式的过程。产业链的重要性在于能够根据自身特点制定发展战略,合理布局,通过组织一定区域范围内特定的产业联合生产,实现资源、人力和资本等生产要素的优化配置,带动相关产业的发展,最终实现区域整体经济的发展和竞争力的提升。产品链中关键节点的变动会影响整个链条的变化,产业链中的产业结点的中断或缺失会严重影响产业配套能力和整个产业的发展。因而构建合理有效的产业链条具有十分重大的意义。

　　我国织锦产业是否能健康发展涉及三个产业,织锦产业是丝绸产业的一个子产业,而丝绸业是大纺织产业中的一个子产业。依据产业和产业链的概念,可以将与织锦产品密切相关的生产、加工、流通和销售产业集合群定义为织锦产业链,它涵盖了上游的桑树培育、蚕种、蚕茧生产和初加工环节,中间的缫丝、织造、印染环节以及织锦制品(服装、领带、工艺品)加工和深加工等环节,下游的流通、销售环节。按第一产业、第二产业、第三产业角度划分,桑树栽培、蚕种养殖和鲜茧生产应视为第一产业的农业范畴,缫丝、绢纺、印染、成品加工等归为第二产业的工业范畴,蚕茧、蚕丝、织锦及其制品的流通贸易则归为第三产业的服务业范畴。目前织锦产业面临着诸多问题,从上游来看,蚕茧生产的基础仍较薄弱,丝绸上游环节从东部西移后,中西部地区蚕茧生产的小规模、分散化、粗放式经营更加明显,现代化程度不高,没有形成相应的配套产业链和初级加工服务体系,产业增值的潜力没有得到开发;中游织锦产业链生产环节存在定位模糊、保护传承与市场化冲突、织锦传统产业的特质与现代消费观的冲击等问题;织锦产业链下游环节主要包括织锦成品和半成品的流通和销售,目前存在分散经营、品牌建设缺失、定位模糊、销售渠道单一等问题。因此,中国织锦产业要健康发展,必须把产业链条的各个主体紧密地联系起来,培养织锦产业的龙头企业,重构织锦产业的产业链结构,使其趋于网络化,原材料供应商、织锦织造商、服务提供商、终端运营商以及消费者等构成产业链上中下游的多元主体。因此必须从产业链视角深入研究织锦产业的发展。

　　本章的研究内容是:在第三章理论模型的基础上,研究中国织锦产业链重构的动因和整合的过程与机制。①为什么要对织锦产业进行产业链分析和产业链重构?②如何对织锦产业进行产业链分析?③如何对织锦产业进行产业链重构?

一、中国织锦产业产品竞争分析

　　产业链(Industrial Chain)的概念由赫希曼在《经济发展战略》中提出,并强调企业之间前后向联系对经济发展具有重要意义。此后,产业链的概念在西方逐渐细化并且根据研究方向和重点的差异演变为多种子概念,如生产系统(Production System)、商品链(Commodity Chain)、生产链(Production Chain)、价值链(Value Chain)、增值链(Value-adding Chain)、全球商品链(Global Commodity Chain)等全球价值链(Global Value Chain)概念[①]。综合国内外专家学者的研究并结合现实成功的产业链案例,可以将产业链定义为:在一定地域范围内,具有竞争优势的同一产业的企业,以产品为纽带,以价值增值为导向,为满足客户需求,按照一定的逻辑关系和时空关系,联结成的具有价值增值功能的链网式企业战略联盟。"构建产业链包括接通产业链和延伸产业链两个方面。接通产业链就是将孤立的产业节点或孤环借助某种产业合作形式串联起来。而延伸产业链则是将一条已经存在的产业链尽可能地向上游延伸或下游拓展。产业链向上游延伸一般使得产业链进入到基础产业环节,如原材料生产和加工及技术研发,向下游拓展则进入到市场销售和售后服务跟踪环节。"[②]通过接通断环和孤环,一方面使得整个链条在利益共享、风险共担方面的整体功能得到进一步强化;另一方面衍生出的新产业链环,可以盘活更多企业,进一步增加产业链附加价值。

---

　　① 游振华,李艳军. 产业链概念及其形成动力因素浅析[J]. 华东经济管理,2011,25(1):100-103.

　　② 杨公朴,夏大慰. 现代产业经济学[M]. 上海:上海财经大学出版社,2005.

关于产业链形成的研究成果较少。从产业聚群区内来看,产业链形成的动因有四个方面:一是顾客需要灵捷反映其需求;二是国内外市场竞争激烈;三是产业链具有突出的优点;四是社会压力较大(蒋国俊,蒋明新,2004)[①]。从产业链形成的途径来看,主要有三条:一是同一地域空间范围内若干具有专业化分工属性产业部门的链式集结;二是不同经济地域的各层次专业化产业部门突破地区边界限制,走向链式前向或后向一体化;三是应市场需求拉动下某一比较成熟的产业衍生出的新兴产业部门,形成的链条式关联联盟(龚勤林,2004)。打造产业链最主要的内容是确定产业链延伸的方向和范围,即"是横向同业延伸,还是向上下游纵向延伸,还是按相关业务进行延伸(周新生,2006)"。陈朝隆(2007)依据对产业链环节的起源、产业环节链接关系、发展路径等的研究,提出了三种区域产业链构建模式:内生拓展、引进配套、环节嵌入。具体到产业链打造,如农业产业链存在"中断现象",因此提出修补区域农业产业链中的断环与短链的区域农业产业链构建思路(李杰义,2008),把农业产业链从价值链的视角分解为辅助价值链、基本价值链和可拓展价值链,提出构建新型农业产业链的思路(王艺,王耀球,2004)。

在当今分工日益深化的环境下,一个企业通过向客户提供的价值来保持竞争优势,不仅受制于其自身的资源和能力,而且受到产业链上下游企业的制约。因此企业可以通过产业链的整合来保持竞争优势,而整合的本质是对各环节分离状态进行调整、组合和一体化。产业链整合是指对整个产业链进行调整和协同的过程,具体来说,是产业链环节中的某个主导企业通过调整上下游企业之间的关系,使相关企业协同行动,从而提高整个产业链的运作效率,最终提升企业竞争优势的过程。

现代企业理论的核心问题是企业的形成原因,企业之间的纵向关系实际上是企业问题的自然延续。从理论上分析,企业是现代社会经济活动过程中的主体。但以产品或服务为中心的产业链,使得每一个企业已经无法完全自主地决定自己的市场行为,会受到这个产品链中其他企业的影响。这种影响可能来自三个方面:一是产权关系,指企业之间以什么样的产权关系相联结,在现代企业则表现为产权关系的控制程度。随着产权中对权力的控制程度的提高,产权纵向关系程度也随之提高。第二是契约关系方面,契约不同于产权是在于它不需要对契约对方的企业实现权力上的控制,而仅是行为上的控制。只要达到契约的要求,一方无意干预另一方的产权结构。但是契约形成的纵向关系,会随着双方契约的时间长短而确

---

① 蒋国俊,蒋明新. 产业链理论及其稳定机制研究[J].重庆大学学报(社会科学版),2004,10(1):36-38.

定其契约化程度。第三是网络方面,以产品链构成的产业中,产品的分工阶段越细,则专业化程度越高,依赖其他企业的网络化程度也越高,也就是企业的产出水平随着网络化程度的提高而提高,纵向关系上的企业也就构成了一个网络。在网络经济迅猛发展的信息时代,可以利用发达的互联网技术,实现信息的快速传递和资源共享,充分利用各种信息资源为生产经营决策服务,并大大加快高新技术向现实生产力转化的速度,把信息资源转化为现实的经济资源。本章的后续分析就是从织锦产业链重构的视角,利用网络平台的搭建在建设成本和交易成本上的优势,以解决织锦产业信息不对称问题,实现传统产业的现代化改造为目标,提出构建织锦产业文化展示和产品交易的服务平台。

(一)织锦产业发展现状分析

1. 织锦产业的区域分布情况

从我国纺织行业的地域特征来看,生产方面,山东、河南、江苏、福建及湖北是纱的主要产区;浙江、山东、江苏、湖北及河北是布匹的主要产区,产量依次排名全国前五。总体来看,我国纺织行业的主产区集中在交通、原料及劳动力密集沿海区域,以江苏、浙江、福建、山东为纺织品主产区。同时,2012年的纱、布的累计产量相比2011年都有所增长。

从生产地域的发展趋势看,我国纺织企业长期集中于东部沿海地区,依托沿海地区的原材料及劳动力、交通优势而发展。随着我国东部沿海地区发展纺织业的劳动力及原料成本上升,以及交通逐渐发展的现状,我国沿海企业加快了向内地迁移的步伐,东部省份的纺织企业已经加速向中西部地区转移。具有代表性的是广东省建成了与湖北省的交通对接,依托湖北省劳动力优势生产纺织品并通过广东省销往国外市场,从而降低生产成本。

从纺织行业的资产分布情况来看,我国纺织行业的资产主要集中于江苏、浙江、山东、广东和河南等地;前五个省市的资产合计占到了我国纺织行业总资产的73.84%;前十个省市的资产合计占到了我国纺织行业总资产的88.27%。总体来看,我国纺织行业区域集中度较高。

2. 织锦产业国内市场供需分析

由于全球经济增长乏力,一方面,在劳动力等要素价格上涨、原材料价格波动、人民币升值的影响下,纺织企业成本不断攀升。在中小企业融资环境未得到实质改善的情况下,很多纺织企业生存难以维系。织锦产业的生产规模不断扩大,但增速总体放缓。根据中国产业竞争情报网统计的全国产量数据,2013年上半年全国共生产蚕丝53 876 t,中国生产蚕丝较多的省份是辽宁省、江苏省、浙江省、安徽省、江西省、山东省、河南省、广西壮族自治区、广东省、重庆市、四川省、陕西省。其中江苏省、浙江省、广西壮族自治区、四川省 4 省的产量占全国总产量的 76%。蚕丝及交织机织物的产量共有 39 649 万 m,其中四川省和河南省产量最高。

国际市场对我国丝织品的需求相对比较平稳,且稳中有增;而在内需市场带动、行业运行质量继续提高等因素的影响下,纺织行业的效益在增加,其中,高端织锦产品的市场需求在减少,中低档的织锦产品需求增加。目前,全球市场低端产品的竞争激烈,提高丝绸产品科技含量,开发新的丝绸产品,满足新兴消费者的消费需求是未来国际丝绸消费增长的必然趋势。随着工业化、城市化的发展,消费者的生活水平提高,需求层次提升,对纺织品的要求逐渐从中端产品向高端产品转变。从国内销售情况来看,国内市场对纺织品的需求开始提升,对纺织产品的数量、品种、档次和质量要求越来越高。在出口面临压力的情况下,国内市场成为企业后期需要重点开拓的市场,国内市场将是纺织行业发展的第一驱动力。目前,我国高档纺织品市场集中度仍在一个较低水平运行,且高端纺织品行业的技术水平仍然有待提高。

(二)织锦产业结构分析

产业结构,指各产业的构成及各产业之间的联系和比例关系。各产业部门的构成及相互之间的联系、比例关系不尽相同,对经济增长的贡献大小也不尽相同。因此,我们通常把包括产业的构成、各产业之间的相互关系在内的结构特征概括为产业结构。1956 年贝恩在《产业组织》[①]中提出了以实证的分析方法推导出企业的"市场结构—市场行为—市场绩效"范式,即"SCP"范式。"SCP"范式至今仍是主流产业组织理论的基本框架,市场结构(Market Structure)决定企业的市场行为(Market Conduct),从而市场结构经过市场行为这一环节决定企业的市场绩效(Market Performance)。

1. 结构(S)——织锦产业化模式的选择

市场结构是指在特定的市场中企业间数量、份额、规模上的关系,以及由此而决定的竞争形式,反映产业组织内的竞争性质和垄断程度的要素,主要以市场集中度、进入壁垒、经营多样化、产品差异化、成本结构等指标来衡量。我们以南京云锦为代表分析织锦产业的市场结构,在江苏省政府和南京市政府的主导下,以市场为导向,通过南京云锦研究所为龙头进行带动,对目前存在的各种相关资源进行相应

---

① Bain J S. Barriers to new competition: their character and consequences in manufacturing industries[M]. Cambridge (Mass.), 1956.

的整合,形成上连资源、下接市场,由产业链连接的一体化市场。据此分析,织锦产业主导模式主要是政府主导下的一体化市场。

政府应当从对织锦的直接事务性的微观层面管理中脱身,集中精力于宏观层面管理,即致力于为织锦产业的发展定向;致力于法律、规章、标准、政策的制定和经费支持;致力于对织锦生产企业的管理和对其经营行为进行监督,对其绩效进行评判;致力于把大众的消费兴趣引向织锦文化产品,为织锦产业化资源整合,为织锦产业集群的形成搭桥铺路。

2. 行为(C)——织锦产业化的市场策略

"市场行为"是指企业在市场竞争和相互博弈中所采取的策略和对策,包括价格政策和非价格政策。首先看价格政策,织锦产品由于工艺的繁简和选材的贵贱不同,产品定价方式也有所差别。中低端产品遵循成本加成定价,即在人工、材料、基础设施的基础上按照一定的利润率来定价;在旅游景区出售的织锦工艺品面临的竞争压力很大,产品定位也多趋于低档消费,这类产品常采用竞争性定价方法;由知名艺术家设计图案,或者用料讲究的高端织锦工艺品,它们的定价往往采用差别定价和拍卖式定价。总体而言,目前织锦产业的定价方式并没有形成体系,各企业的定价策略并不是按照市场实际情况确定的,随意性较强,这也是整个市场运行不规范的体现之一。鉴于织锦产业的文化特殊性和织锦企业规模比较小的特点,我们着重分析非价格策略中的融资策略。织锦产业化成功与否关键还在于自身的市场化运作能否成功,在于是否能在金融渠道中谋足自身发展所需的资金,所以金融渠道融资应该成为织锦产业化的主融资渠道。之前我们对织锦产业市场结构的分析,知道织锦主要采取的是产业集群的发展模式,这在一定程度上限制了织锦融资的方式选择。所以织锦产业应选择银行贷款主导型的融资方式,以上市融资为导向,充分利用周边的中小商业银行资本,并借助风险投资和民间资本市场。

3. 绩效(P)——织锦产业化绩效评价指标

市场结构(S)决定企业的市场行为(C),市场行为决定企业的市场绩效(P),而企业市场绩效的好坏又不可避免地影响市场结构的优化。因此,对企业市场绩效的衡量十分重要,构建指标体系是衡量市场绩效最直接的方法。织锦产业化程度及目标的实现可以利用一套科学的评价指标体系来衡量;同时,通过评价还可以找出织锦实施产业化过程中所存在的问题和薄弱环节,以便采取措施进行相关改进。构建评价指标体系对织锦的产业化显得尤为重要,衡量织锦产业化绩效应该主要从织锦产业化的效益、织锦产业化程度以及织锦产业化发展潜力三个方面进行衡量。其中,织锦产业化效益从经济效益、社会效益、文化效益三个方面剖析;织锦产业化程度,从产业市场化和产业一体化两个方面分析;织锦产业化发展潜力,从织锦产业增值力和 R&D 情况进行解释。

（三）织锦产业竞争格局分析

织锦产业发展历史悠久,织造工艺精湛高超,织物各式各样。随着历史变迁,织锦市场失去了服务对象和传统的销售市场,逐渐衰落。织锦营销环境是进行市场开发的基础,是提升织锦市场价值和发展必须考虑的关键。织锦产业面临的微观竞争环境,根据其在市场上的竞争地位及市场竞争结构,织锦产业的波特五要素如下。

1. 行业内部的竞争

首先,织锦产业有以南京云锦为首的中国四大名锦(其他三个是蜀锦、宋锦、壮锦)。除此之外,还有海南黎锦、土家族织锦、云南傣族织锦、苗锦、鲁锦等不同种类的织锦,不同的织锦品种会有不同的典型特点,但是在中低档次的织锦上,大多数织锦的原料和工艺品还是类似的,织锦产业之间本身就存在着竞争。其次,在同一个织锦类别中,也存在着竞争。以南京云锦为例,南京云锦研究所并未注册"南京云锦",而使用的是"吉祥云锦",很多消费者不知情,而去购买一些借云锦之名的企业生产出来的产品。这些产品不仅泛滥于世,而且大多做工粗糙,用材低档:一副云锦真品价格上千元,而仿制品完全可以依据机器制造只需几十元。这对真品的南京云锦造成了很大的市场冲击,同时也影响了整个云锦的市场声誉。

2. 需求者的谈判能力

不同的织锦有着不同的特色,对于需求者的需求也有着不同的影响。比如南京云锦以色彩浓艳、用料考究复杂、宛如云霞而得名,有皇族气质。有一些喜欢淡雅气质的需求者则不会选择云锦,同时云锦价格昂贵,一般消费者也消费不起。相对而言,苏州宋锦讲究简洁雅致、朴素自然,这满足了一部分需求者对于传统织锦美艳气质的需求,苏州宋锦广泛用于包、服饰和盒子的制作,很适合生活中使用,相对价格较低,不过对于赠品、纪念品而言则不够高贵,收藏价值不及云锦。

3. 供应商的讨价还价能力

首先,织锦原材料的加工,在过去大多是以个体或者家庭手工业生产,随着织锦织造技术的不断改造以及产业集群化发展,个体家庭作坊逐渐成为集体化生产,再到机器化生产与人工生产并重。大多数品种的原材料加工已经可以采用现代丝织工艺及设备,比如意匠、挑花等技术加工已经可以使用机器代替人工,不过最后的织造(如妆花的部分原料)仍然沿用传统的工具和操作方法。原材料的进口部分,织锦产业的原料大多为天然蚕丝,这对织锦原料的要求大大提高。尤其是南京云锦要强调贵族气质,一般会以金丝、孔雀羽毛等作为原材料,这大大增加了制造成本。

4. 潜在进入者的威胁

织锦的手工技艺是历史存留下来的珍贵技艺,是国家非物质文化遗产的瑰宝,为了使织锦产业的手工艺术得到良好的保护,就需要政府的介入。如南京市科技局和保密局已经将云锦工艺列入国家机密级保密范围,南京云锦研究所内部人员也被要求签订保密协议。这就使得南京云锦行业树立了较强的技术壁垒,保证了传统工艺不随意被一些潜在的进入者乱改,导致传统手工艺的流失。

5. 替代品的威胁

我国丝织品众多,不仅各种丝织品之间存在很强的替代关系,而且机制或者化工织品因廉价的特性对其冲击很大。以南京云锦为例,目前用现代机器织造的机织锦有:"库缎""织锦""织金"三类云锦。机织品的价格约为手工品的十分之一,这对信息不对称的消费者有着极强的吸引力,而且会导致手工织品受到进一步的损害,随着机器代替传统手工的趋势越来越严重,甚至会对传统非物质文化遗产造成损害,忽略了织锦产业的手工技艺的传承和发展。

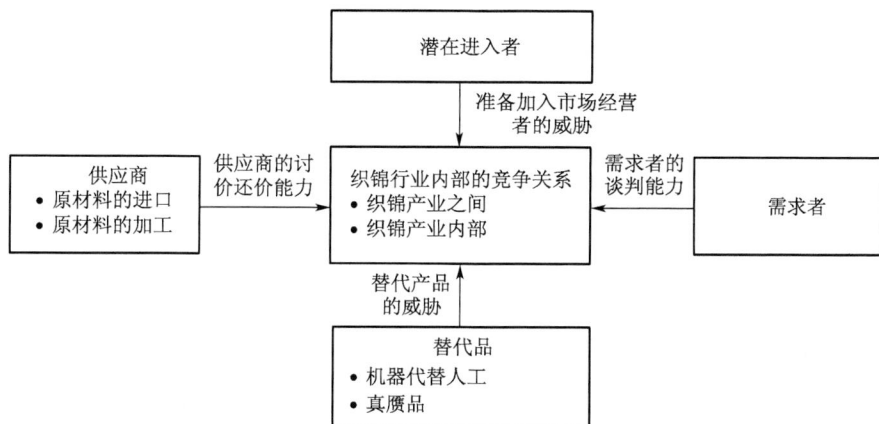

图 4-1　织锦产业的波特五要素分析

(四) 织锦产业进入与退出壁垒分析

"市场进入"是产业经济学领域研究产业组织的一个基本范畴,指的是一个厂商(或企业)进入新的领域,开始生产或提供某一市场上原有产品或服务的充分替代品。无论以何种方式进入,新进入的企业都需要具备一些基本要素,这些要素也就会构成进入市场的各种障碍,这就是所谓的市场进入壁垒。进入壁垒是影响市场结构的重要因素,是指产业内既存企业对于潜在进入企业和刚刚进入这个产业的新企业所具有的某种优势的程度。对于进入壁垒的影响,学界一直在争论。不过,有一点已经达成一致,进入壁垒是影响市场份额和市场集中度的决定因素,而市场份额和市场集中度又是决定市场结构的两个主要因素。斯蒂格勒(Stigler,1983)①把进入壁垒定义为一种生产成本(在某些或某个产出水平上),即打算进入一个行业的新企业必须负担的,而在位企业无需负担的成本。相对于潜在进入者,在位企业所拥有的成本条件、市场需求等方面的优势就是进入壁垒的表现形式,这种竞争优势是在位企业拥有垄断利润的基础。以下通过四个方面对织锦的壁垒进行分析。

1. 行业规模壁垒

最近十年市场上出现的许多织锦生产销售企业,一定程度上繁荣了织锦市场,但也存在许多问题。这些织锦生产销售企业的负责人大多数都与织锦研究所有着千丝万缕的联系,目前充斥市场的织锦生产销售企业 300 多家,品牌多达数十种,彼此互相压价,部分产品偷工减料、以次充好,严重制约着整个产业的提升。此外,存在的问题还有对织锦宣传的力度和广度不够,抢救保护的措施力度不够,未达到依法保护和发展的目的。织锦产业的进入壁垒和退出壁垒比较低,虽然产品差别方面在位者(如云锦所等)在一定程度上已经占领了合适的市场位置和产品空间,这会对潜在进入者形成一定的进入壁垒,但是目前这些企业尚未形成绝对意义上的规模经济,以使得潜在进入者造成难以进入的情况。首先,在成本控制方面,缺乏某一厂商对某一特殊成本具有绝对的优势,使得其他竞争者难以获取这种成本;其次,织锦相关知识产权保护方面的法律法规缺乏且执行得不到位;另外,欠缺织锦行业标准②。

2. 技术壁垒

织锦具有文化产业的特点。文化产业是一项具有极高创造性和个性的新兴产业,科技的发展推动了文化产业内容和形式的创新,加速了文化产品的流通和文化产业结构的升级换代。而织锦的一些生产环节需要的手工业技术的保守与世代传袭,却阻碍了生产技术的发展。在织锦行业内就曾有"女大嫁人,技不可授""客入机房,停机掩活"的保守成规。牵经接头的技术,更是子孙继承,外人不得接手。因此,整理艺诀对于织锦的抢救与保护十分重要。同时,目前织锦的纹样、产品还不

---

① Stigler G J. The Organization of Industry[M]. Chicago：University of Chicago Press, 1983.

② 目前中国的纺织企业还处于低端生产阶段。大约有 80%的企业生产中低档产品,6%的企业生产低档产品,4%的企业生产品质低价格低的产品,仅有 10%的企业生产高品质产品。

能跟国际接轨,有的作品还不能跟现代的艺术观靠近,织品在感官上难免使人"审美疲劳"。因此,织锦产品需要实现传统手工艺与现代审美的结合,需要更符合时代要求的作品、更国际化的作品。

3. 资金规模壁垒

织锦是一种特殊文化产品,技术难度大,生产成本高,需要政府给予政策扶持。在科学技术迅猛发展的今天,新设备、新技术、新工艺、新材料不断涌现,这些都对织锦的发展提出了新的要求。织锦产业作为文化产业的这一特殊性也是制约其投资规模、投资结构和投资效率等方面的重要因素。因此织锦产业化的过程中必须注意资本市场建设,建立多渠道、全方位投资文化产业的体制和筹资机制。目前的织锦产业还是一个需要大量资金投入的"弱质"产业,资金投入是直接影响织锦产出规模、质量和效益的主要因素。

4. 人才壁垒

文化产业的竞争,表面是文化产品和服务的市场竞争,实质是人才的竞争,尤其是文化核心创意人才的竞争。织锦织造工匠辛苦劳作,但薪酬微薄,使得从事织锦织造的年轻人越来越少。此外,织锦的织造工艺很难掌握,从一个新手到能织造简单的工艺,往往需要 3 年或更长的时间。织锦产业的发展需要既懂得商业经营技术,又通晓织锦专业知识的双素质人才。可以对织锦领域的传统管理者进行经营培训以及从商业领域引入经营人才再进行织锦专业知识的培训,以解决织锦人才的短期需求。长远而言,应在高等院校开设织锦相关课程,织锦企业、政府主管部门要与高等院校之间建立培训合作机制,织锦企业、政府主管部门负责制订人员培训计划,高等院校负责组织有效的教育资源实施培训计划。

通过以上分析,可以判断织锦产业存在生产企业过多且规模普遍不大、产品同质化程度高、行业的进入和退出壁垒较低、原材料成本上升与销售渠道狭窄造成的利润空间下降、交易成本过高、信息不对称等多方面的问题,且由于受到传统技术的限制,很多品种的织锦无法用现代化的纺织机织造,导致产量受到极大的限制。大部分种类的织锦分布在中国的少数民族聚居地,基本上是自给自足的手工作坊形式。受到交通、信息、经济等各方面的条件限制,无法实现大规模的生产。这些表明织锦产业已经呈现较明显的过度竞争的特征。织锦行业作为我国非物质文化遗产的重要组成部分,承载了中华文明的发展历程。简单的织锦产业的产业链结构、生产商和消费者之间单纯的交易关系,已经不能适应织锦产业的发展,织锦产业的产业链结构必须重构,使其趋于复杂化,原材料供应商、织锦织造商、服务提供商、终端运营商以及消费者等构成产业链上中下游的多元主体。

二、中国织锦产业链分析

（一）织锦产业链现状分析

织锦产业的纵向产业链，涵盖了种植业、制造业等上游产业，产品销售、产品消费以及开发旅游产品等下游产业。由此，织锦产业的全产业链包括第一产业、第二产业以及第三产业，织锦产业链的研究对整个产业链升级具有重要意义。织锦的原料产业主要有蚕丝、纱布、丝线等原料产业，其中南京云锦还包括孔雀羽毛、金线等原料，其他一些织锦也有类似棉、桑等原料；织锦产业的织造还需要织造机、挑花机等机器设备。织锦产业的下游消费市场主要有旅游产品、工艺品、服装服饰等消费市场。从种植业种养蚕丝等原料开始，对原材料进行进一步加工，同时需要织造的一些设备，以及水、电、气等能源支持，在织锦产业内对织锦进行设计、加工、生产完成变为织锦品后，投放到下游的消费市场。其主要的产业链示意图，见图 4-2。

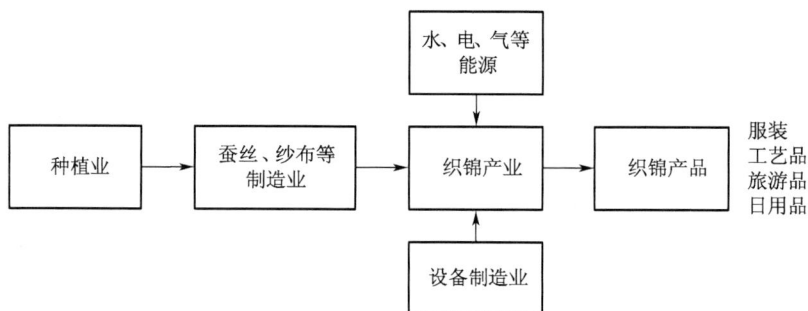

图 4-2 织锦产业的产业链分析

在织锦产业内部，也有着织锦产业自身的产业流程，主要包括：研发设计、意匠画图、挑花结本、上机织造，见图 4-3。

图 4-3 织锦产业内产业链

全产业链最重要的环节是上游的种植（养殖）与下游的营销。进行全产业链分析，首先要确定产业链的上下游是什么，其次要明确产业链各环节之间的竞合关系如何,最后要明确产业链的主导者是谁。由此上下游形成一个利益共同体,从而把最末端的消费者的需求,通过市场机制和企业计划反馈到处于最前端的种植与养殖环节,产业链上的所有环节都必须以市场和消费者为导向。

(二)上游原料产业链分析

1. 上游产业现状分析

丝绸产业链结构中,上游环节主要包括桑树栽培、蚕儿饲育和吐丝成茧、鲜茧出售等具体活动。经营主体主要有蚕种生产企业、蚕农和蚕茧收购加工组织。蚕种的质量直接影响着蚕茧质量,因而蚕种生产可视作是蚕茧生产的第一步,蚕种生产企业则是丝绸产业链的最上游环节。蚕农是栽桑养蚕的主体,在购买蚕种后,催青孵化蚁蚕,喂食桑叶,待发育成蚕,结成鲜蚕茧后,通过销售蚕茧获取经济效益。蚕茧收购加工组织主要从蚕农手中收购鲜茧,并对其进行初步加工,主要是将鲜茧烘烤加工成干茧。作为织锦乃至丝绸产业链中的上游产业,蚕茧业的地位举足轻重,不仅为丝织行业提供了赖以生存的原材料,而且对解决农村劳动力就业和创造财富方面都做出了重大贡献。目前,我国蚕茧生产分布在全国二十多个省(自治区、市)的1 000多个县,桑园面积达80多万 ha[①],年产蚕茧超过70万 t,蚕农超过2 000万户,蚕农年总收入达120多亿元。同时我国的蚕茧和生丝产量均占世界总产量的75%以上,是世界上蚕茧产量最多、产地最集中的国家。截至2008年,"东桑西移"工程实施3年以来取得了很好的成效,不仅促进了我国蚕茧生产中心由东部沿海地区向中西部地区的顺利转移,也逐渐促使我国养蚕生产从小规模分散化经营向大规模集中化经营转变,同时又带动了西部地区蚕茧和生丝等原料质量的提高。

2. 蚕丝业发展现状及对织锦制造业的影响分析

蚕丝业既是技术密集型又是劳动密集型产业,在增加农民收入和扩大就业、促进经济发展等方面已经并将继续发挥极其重要的作用。目前我国有26个省(区)约1 000多个县(市)的2 000多万户农民从事蚕茧生产。目前我国蚕丝业存在以下几个问题:①蚕丝业产业链条短,经济效益低。我国的蚕丝产业是一个以外销为主的传统产业,各环节产品的价格主要取决于最终丝绸产品的外贸价格,这种产销机制由终端产品决定,赢利的必然是下游外贸企业,亏损只能由上游的丝厂、绸厂和蚕农承担。由于受国内蚕茧价格和国际生丝价格的双重挤压,丝织企业多数处于微利状态,很多中小企业出现亏损。②蚕种生产设施陈旧,蚕种市场竞争无序。

---

① 1 ha=10 000 m²

我国的蚕种生产和经营长期实行计划经济模式,原有的蚕种场都是事业性质企业管理。大部分蚕种生产企业设施简陋、设备陈旧不堪,长此下去必将严重影响蚕种的生产和供应。"东桑西移"的过程也正是计划经济向市场经济转变的过程,目前蚕种经营仍处于无序竞争状态。③蚕桑病虫害多发,防控形势严峻。蚕种生产中危害最大的是家蚕微粒子病,该病由家蚕微粒子孢子感染引起,全国所有蚕区均不同程度发生该病。农村蚕茧生产的主要病害是细菌病、僵病和血液型脓病,局部蚕病暴发现象时有发生。④蚕茧收购质价分离,影响茧丝品质。蚕茧质量的好坏直接关系到生丝品位的高低,但蚕茧质检不仅需要一定的设备条件和较多费用,还要花费较长的时间。目前,全国各蚕区在蚕茧收购中,很少严格实行按质论价制度,普遍采用手估目测,不能真实体现优质优价。⑤专业技术人员匮乏,制约产业进一步发展。随着中国经济的快速发展,工业和第三产业发展迅速,非农行业人才需求量大幅度上升,考生报考农业的人数剧减。另一方面,很多农业院校与名牌大学合并后,农学类专业不受重视,农业技术人才培养数量严重萎缩。目前,全国蚕桑丝绸专业人才存量非常少,产业规模与专业技术人员比例大幅度下降,人才缺乏问题严重,这将严重制约蚕丝业科技进步和产业的进一步发展。⑥科研创新不足,成果转换缓慢。我国蚕桑产业的技术创新水平较低,产学研一直未能紧密结合,科研力量分散,人才(包括蚕农)匮乏,资源未能共享,设备更新缓慢等问题都是科技创新不足和成果难以转化的瓶颈性问题①。

根据调研,由于近年来农业成本刚性上涨,蚕茧价格迅速攀升,以 2007 年 14 元/kg 计,至今已经增长两倍以上,但是制成品价格并没有相应上涨。在缫丝领域,2013 年茧丝价格再次出现倒挂,江浙地区缫丝大约有每吨 2～3 万元工本亏损缺口。这导致部分企业偏离实业,选择囤积生丝,择机出货获取丰厚利差。鉴于刚性成本持续攀升,蚕丝绸价格还将一路向上,茧丝绸行业经营困境的现状还将持续。工厂化养蚕没有实质进展,优质桑蚕原料将进一步稀缺,可以预计优质原料基地将成为产业核心竞争力之一。这将加大织锦产业链中游制造业的原料采购成本压力。

(三)下游需求产业链分析

1. 织锦产业链下游产业现状

织锦产业链下游环节主要包括织锦成品和半成品的流通和销售。从 2005 年 1 月 1 日《纺织品与服装协议》正式生效,WTO 成员方正式取消全部纺织品配额限

---

① 陈涛.中国蚕桑产业可持续发展研究[D].重庆:西南大学,2012.

制,标志着纺织品服装行业进入自由贸易时代,"后配额时代"来临。随着配额制的取消,包括织锦产业在内的丝绸业获得了更大的发展空间。在2010年的广交会上,南京云锦服装展位头两天出口成交近1 000万美元,比上届同期增长18.86%,占南京交易团总成交额的三分之一①。南京云锦更是开发了自己的网上商城,尝试网络销售。虽然与过去相比,整个织锦产业的销售和推广呈现出一片欣欣向荣,但是仍然存在着较多的问题亟待改进。首先,产业间缺乏沟通与合作,经营分散。在其他行业抱团取暖成为常态的今天,织锦产业内部仍然缺乏有效的沟通与合作,在品牌推广方面各自为战,使得本就稀缺的资源还得不到有效的利用,始终没有大的突破。其次,经营观念落后,品牌建设缺失。过分依赖国外市场,满足于简单的订单出口,品牌建设和宣传停滞不前,局限了产品的创新和市场的开拓。第三,定位模糊。主要在工艺收藏品定位还是服饰装饰品定位上存在争议,另外在是否将织锦制品作为中国自己的奢侈品来建设的议题上仍然没有形成共识。第四,织锦制品良莠不齐,管理混乱,存在欺诈、以次充好的现象。第五,营销渠道单一,主要依靠产销会、推广会营销和旅游景点的店铺直销。

2. 下游需求产业的市场特点及对织锦制造业的影响

首先是织锦服装消费市场特点。当前,国内织锦服装消费市场结构随着经济发展水平的差距呈现出明显的分化现象:一线城市,如上海、北京、广州等已逐步向品牌化、高档化方向发展。消费势头旺盛的原因在于商品结构调整、品牌引进增多。二线城市,如无锡、南京、苏州、武汉、长沙等紧随其后,尽管居民购买力不能与一线城市相比,但也已具备品牌意识,开始成为国际零售商抢滩争夺的目标。相反,与城市消费差距的不断扩大,目前中国农村消费市场无法正常发育和繁荣的问题症结在于农民收入水平较低、销售网点太少和市场运行不规范。中国广大服装消费市场的开拓已经成为今后20年中国经济发展中不可回避的大课题,也只有靠加快农村城市化进程来加以解决。然而,在城市化的发展进程中,织锦服装行业如何从上游行业(生产加工)向下游行业(包括批发、零售、物流等)延伸和整合是非常关键的。我国织锦服装下游行业的发展存在以下问题:上下游企业脱节,内外贸市场割裂,从而难以统筹资源、协调发展;国内企业对销售渠道缺乏控制力,外资企业垄断势力较强;市场需求和供给脱节,农村需求有待拉动等。大部分织锦生产企业,对下游产业的控制力薄弱,终端销售市场,如产品打样、品牌推广、零售业态布局等关键性环节均被外资大量占领,严重抑制了织锦产业整体发展水平的提升。

其次是织锦消费群体特点。首先,织锦的市场销售受到消费者购买目的以及

---

① 南京记者团.南京云锦:初次试水,收获颇丰.网上广交会,2010.05.05.

财力的制约;其次,织锦服饰往往可以由价格低廉的其他丝绸产品所替代;再次,消费者对于织锦的有关知识了解得较少,加上织锦自身的研发和市场化策略还处于一个起步阶段,这些都使织锦消费市场处于不稳定状态。随着生活质量的提升、消费结构的变化,追求衣着上的高档化和舒适化,使织锦服饰的需求量日益增大。

织锦产业拥有广阔的市场,可以形成一个稳定的消费群体。在出口方面,随着近几年织锦对外文化交流的频繁,将织锦之美展现给世界,大大拓展了织锦的市场,为织锦走向世界铺平了道路。织锦消费市场形成与扩大的趋势,织锦品牌意识的形成趋势,织锦文化的发展趋势,预示着未来织锦消费市场的走向。织锦消费群体主要分为两个类别:高档次的消费群体和中档次的消费群体。在购买织锦时,不同层次的消费群体,所重视的影响购买的因素不同。收入比较高的有品位、有文化的高档次的消费群体讲究品质,注重品牌是否有全新的文化内涵,更新意识强,一般不太注重价格。而中档次的消费群体对时尚要求不高,相对品牌和价格来说,比较重视价格。

调研中发现,作为织锦产业的主要下游行业,服装行业的产量增速有所减慢[①],而服装的价格指数却保持较高水平[②],这直接导致了织锦产品市场竞争压力增大。织锦制造业需要不断适应服装行业需求结构的转变,尤其要关注中高档服装的需求变化,在增加织锦原料供给的同时要注重调整生产结构以适应服装行业结构调整的需求。服装行业需求增长必将在未来拉动纺织行业的供给和生产。在服装行业供给放缓,市场需求强劲的背景下,织锦服装行业的价格将会有小幅上涨的空间,这也将带动中高档纺织品价格的小幅上升。织锦服装行业的盈利能力不断提高,是提升织锦产品竞争力的良好契机。

三、中国织锦产业链重构

(一)织锦产业链重构

1. 资源整合

以斯蒂格勒为代表的产业组织学派认为,只要不存在政府进入规制,即使市场中存在某些垄断势力或不完全竞争,也可以达到良好的市场绩效,由此他们认为兼并是企业实现外部增长的基本途径。后来,可竞争市场理论认为良好的生产效率和技术效率等市场绩效在寡头市场甚至是垄断市场里也可以实现的,但它的前提

---

① 见附录中图 3.
② 见附录中图 4.

不存在进入障碍。可见,理论界对于企业兼并整合的态度是逐渐变化的,由坚决反对到宽容到鼓励。织锦产业链重构包括资源的横向整合和资源的纵向整合。

① 横向整合。横向整合是指在价值链的同一层面上公司之间整合相关经营业务。织锦产业的横向整合指在政府的主导下,通过一些专利的证明,获取知识产权,再借鉴当地的资源,通过地方企业的加盟,以当地的织锦产品为品牌核心,促进各企业整合为一个产业集群,从而有利于提升织锦产业的竞争优势,拓宽织锦产业的市场空间。

以南京云锦为例:在江苏省政府和南京市政府的主导下,依据"南京云锦"地理位置证明商标、地理标志产品等自主知识产权,南京云锦研究所有限公司可以将"南京云锦"的地理标志产品保护范围——南京市现行行政区内所有以"南京云锦"为产品、商标和服务名称的 300 多家企业进行整合。涉及的企业有:南京天宫云锦织造厂、南京荣贵坊云锦织造厂、南京贡锦云锦织造厂、南京宜贡坊云锦织造厂、金梭云锦织造研究所、金文云锦大师工作室、南京才华文化艺术公司等。而南京云锦研究所通过产权或契约关系以及非正式关系等方式与这些企业大多数都有着千丝万缕的联系。

通过以"南京云锦"这一品牌为"中心",各整合企业为"外围"的"中心—外围"模式,形成"南京云锦"这一品牌下的产业集群,提升南京云锦产业集群的竞争优势,拓宽南京云锦的市场空间。(图 4-4)

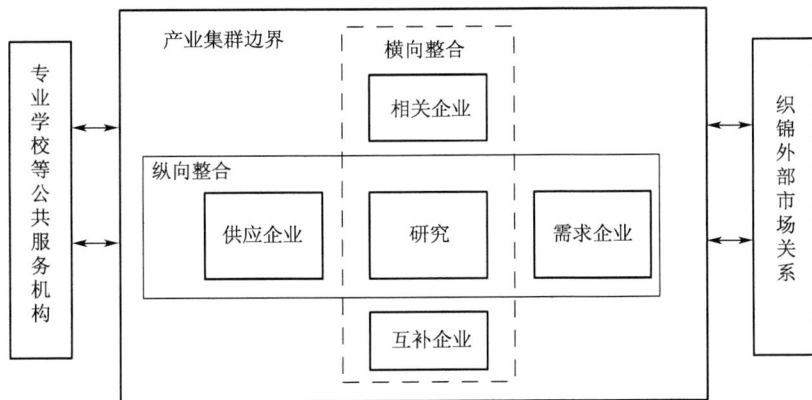

图 4-4　织锦产业的横向整合

② 纵向整合。纵向整合是指在行业主要企业带动下进行整个产业的一体化整合。织锦产业的纵向整合是以某一重点企业为龙头,通过一定的产权或契约关系、品牌授权等方式,尽可能地向产业链的上下游延伸,吸引产业链上优质企业的整合。如上游的原料供应商、下游的分销商等各个环节通过物流、信息流、资金流

的循环,各企业专业化分工操作,整个集群一体化经营,实现织锦产业链上资源的优化配置(图 4-5)。

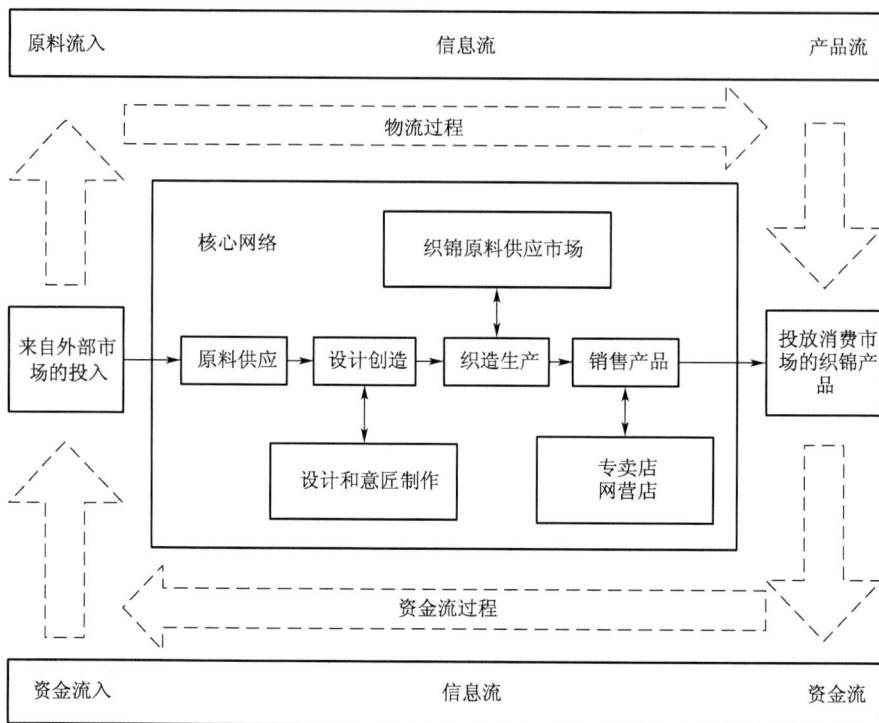

图 4-5 织锦产业的纵向整合

2. 织锦业的产业链重构

① 织锦业与生态农业的结合。织锦织造厂生产织锦的一般环节包括:采购蚕丝、纺线、染色以及织造。在织锦织造的整个环节运作过程中,可以设置多项供游客游览体验的项目,结合"蟹岛"模式,运用循环经济,打造织锦文化农业休闲园。织锦文化农业休闲园可以分为织锦织造园、生态休闲园、生态采摘园以及乡村度假区四大功能区域。区域的具体功能定位以及项目设置见表 4-1。

表 4-1 织锦的功能定位和项目设置

分类	功能定位	项目设置
织锦织造园	织锦的织造、体验、展示以及销售	纺线体验、染色体验、织造体验、生产区/展示区/销售区
生态休闲园	农业休闲观光、渔业休闲观光	养蚕园、养殖区、鱼塘

分类	功能定位	项目设置
生态采摘园	绿色果蔬采摘	桑园、果园、蔬菜大棚
乡村度假区	餐饮、住宿、度假	农家乐、疗养、生态度假

织锦文化农业休闲园的具体循环模式如下图：

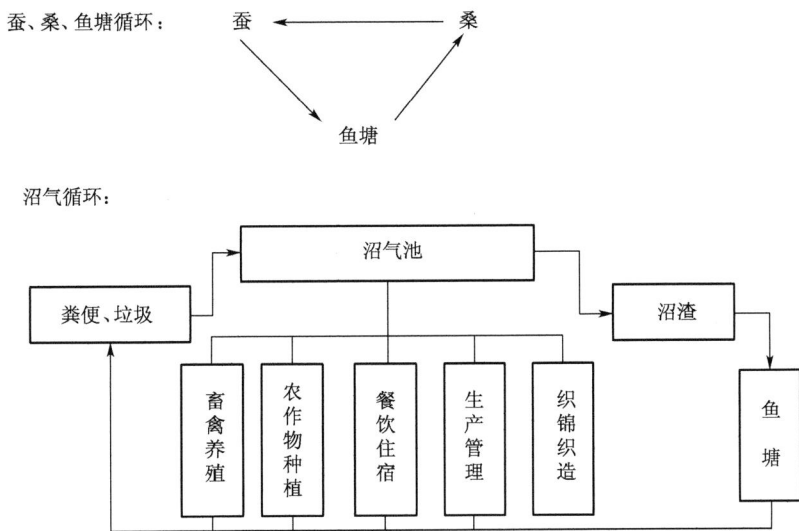

图4-6　织锦农业休闲园循环模式

② 开发旅游,融入城市文化旅游产业。文化与旅游之间关系密切,二者具有内在的联系。旅游是一种高尚的文化娱乐活动,文化则应当是旅游的实质内涵。从世界范围看,文化旅游资源在城市旅游发展中的重要性日益凸现。随着旅游经济的快速发展,旅游产业规模也迅速扩大。在市场经济的涌动中,织锦产业的有关领导和人员逐步树立了新观念,认识到织锦在新的经济形势下,不仅要完成织锦技艺的研究保护和文化宣传教育的功能,还要尽可能融入"大旅游"市场中,创造经济效益,形成"研究——保护——宣传——旅游"的良性发展。为了有效开发文化旅游资源,各地织锦产业研究所组织了一系列探索性实践,形成新的资源开发模式,成为当地旅游的新亮点。

由于织锦工艺多为手工操作,尤其是高档织品,都需要艺人的智慧和心血,需要经年累月的付出,织锦手工制作时间长,其生产过程很值得参观。因此,将织锦设计、生产、销售、表演融为一体,既能表现中国精湛的织锦技术,也可以形成南京的特色旅游。通过精品展示、观看艺人表演,倾听游客意见,对不同层次和消费能力的游客进行调研,明确不同细分市场的需求,以此确定产品的设计方案和生产规模,实现旅游产品在市场需求基础上的规模生产,从而获得更高的经济效益。旅游产品及其他商品的共同开发,对提高织锦产业收入、促进传统技艺的传承与延续以及促进旅游业的发展都有重要意义。

(二)网络经济背景下的织锦产业链重构

网络经济将成为 21 世纪世界经济增长的主体这一看法不断成为共识。网络经济的发展不仅是其自身的发展,也会对整个经济产生根本性的影响。这里主要研究网络经济如何从根本上深化织锦产业结构,重构产业链,改善营销策略和推动技术创新等问题,从而提升传统产业的竞争优势,实现织锦业在新时期再创辉煌的美好期许。

1. 正视网络经济

对于像织锦业这样的存在了好几千年的传统产业,首先最重要的是摒弃故步自封的心态,以开放和发展的眼光去看待以信息技术为核心的网络经济。达尔文《进化论》中关于物种的核心思想是物竞天择,适者生存,而这一观点也同样适用于产业部门。织锦业的产生、发展和辉煌是多种原因共同作用的结果,包括地理因素,有适合桑蚕生活的地理环境;一定的技术条件,能够利用蚕丝进行织造;需求因素,我国漫长的奴隶制度和封建制度下,王公贵族的占有欲客观上有力地促进了织锦产业的发展。任何一个因素发生变化都会对这个产业产生重大的影响,正如织锦业的衰落就是始于清王朝的覆灭,封建社会制度的终结。既然无法独善其身,何不主动相迎,在与网络经济的充分融合中重构产业链,不断提升自身竞争力,摆脱困境。

2. 网络平台上的织锦产业链重构

网络经济条件下,产业链上下游企业间的纵向关系变得复杂且变幻莫测。网络经济时代,人们利用发达的互联网技术,实现信息的快速传递和资源共享,充分利用各种信息资源为生产经营决策服务,并大大加快了高新技术向现实生产力转化的速度,把信息资源转化为现实的经济资源。传统产业正是借助于网络平台对其自身进行全方位的改造,降低成本,实现产业链的增值。借助于网络平台,通过对产业链各个节点问题的有效处理,最终实现织锦产业链的重构。而这就是所谓的网络经济对织锦产业,或者说对传统产业的最大贡献。

首先,上游环节的重构。网络经济时代的出现,将配套服务搬到网络上,蚕农可以在网上直接预约服务,免除了后顾之忧,节约了时间和成本,提高了效率。同时计算机和互联网技术的成熟使得"产、学、研"有机结合真正成为可能。蚕农可以通过网络学习科学的种桑养蚕知识,提高蚕茧质量,增加收益。同时他们将实际操作中遇到的问题及时反馈给研究机构,而科研机构可以及时研究,并将处理意见第一时间传达给蚕农,为解决问题赢得宝贵的时间。其次,中游加工环节的重构。作为传统技艺,手工织锦技术必须得到保护和传承,而这项工作是全社会的责任,不会通过织锦产业市场化来实现,因为手工生产对技艺的要求太高,且产量实在有限。网络的出现提供了不可多得的平台,也为其了解市场、追踪市场提供了方便快捷的途径。另外,计算机辅助系统、电脑提花和电脑印染等技术的应用,都是网络经济下新科技、新技术与传统产业完美结合的典范。最后,下游环节的重构。电脑和互联网技术的运用催生了网络营销,能够有效解决织锦制品营销渠道单一、销售方式落后以及宣传力度有限的困境,为织锦制品的推广和销售注入一针强心剂。织锦企业也可借助网络结成同盟,共建产品数据库,共同抵御假冒伪劣和山寨织锦产品的侵害。

3. 大力发展电子商务

产业链重构的最初目的和最终表现都在于降低成本,实现产业链的增值。电子商务是一种直接经济模式,去媒介是其最突出的特点,另外也免去了当事人面对面交易的环节,因而大大简化了交易流程,节省了成本,创造了活力。厂商之间、厂商和顾客之间实现了直接对接,能够有效避免生产的无序和盲目,消费者也能获得更多实惠。在电子商务出现之前,织锦生产厂商如果想要获得规模和范围经济效应,就不得不扩大生产,同时往产业链上下游延伸投资,花费巨大,风险颇高,收益缓慢。因而电子商务发展程度的高低直接影响到产业链的活力和增值空间。作为网络经济的直接产物,电子商务值得在织锦产业中大力开发和推广。

与电子商务相结合是织锦产业模式变革的必由之路。客观地说,国际上新的产业模式理论并不都与织锦产业相适应。同业化的兼并重组和强强联合模式主要适用于大型跨国公司,他们通过行业内的资源重组寻求全球范围内的竞争优势。而织锦产业本身就很脆弱,更加不可能有大型跨国公司的存在。同时,手工织锦工艺复杂繁琐,是一门纯技术活,无法分工协作,因而也不适用分工整合模式。温特模式更是没有必要,因为精通织锦技艺的人才少之又少,织锦技艺濒临失传,更别提内部竞争了。作为传统产业,织锦产业唯有借助电子商务平台寻求自救和发展。以织锦网为平台的织锦产业与其他产业及原先织锦产业相比,有着独有的特性,即具有双边市场特征。双边市场理论强调企业间的优势互补、合作共赢。织锦产业的新产业链中,织锦网作为平台企业,一方面联系着数以亿计的网络消费者,向消费者提供信息服务;另一方面又联系着众多的上游生产商,生产商通过平台为消费者提供产品及一些增值服务。织锦网平台的搭建,可以有效地整合织锦产业链中的各个环节,促使平台积极地渗透于产业链的每一个交易环节,实现利益相关主体的利益均衡,最终提升整体产业链的竞争力。

第五章

中国织锦产业商业模式与方案选择

本章在第三章垂直型平台理论模型的基础上进一步分析,运用商业模式理论,提出织锦产业网络平台商业模式理论。本章理论上分析了平台商业模式的特点和运行机理,并结合织锦文化传统产业的特点设计了织锦平台商业模式的具体方案。本章提出平台商业模式理论是对垂直型平台理论模型的进一步深化,而本章设计的平台商业模式总体方案统驭第六章的平台治理和第七章的平台绩效。

管理大师德鲁克有一句名言,"当今企业间的竞争,不是产品之间的竞争,而是商业模式之间的竞争"。近年来,"商业模式"已经成为探讨新经济的焦点概念,商业模式是资本市场甄别企业优劣的关键,也是企业获取成功的基石。

织锦产业商业模式的研究是新经济和技术环境下的探索和创新性革命,是随着产业的发展壮大而创造出来的新模式。在新经济环境下,商业模式已成为织锦产业发展的核心问题。改造织锦产业的经营模式,目的是提高整个产业的总体绩效。为此,我们需要解决两个约束问题,一是如何传递织锦作为文化产业的内涵,在传承和保护的基础上将织锦产业做强做大;二是如何进行织锦产业的需求分析,引导织锦的需求,让感兴趣的人能够以最低的搜寻费用了解织锦并成为织锦的消费者。从第三章的理论模型可知,在假设信息对称的前提下,当上下游企业都处于垄断市场结构,投入品为固定比例时,最终市场产出随着纵向一体化程度的提高而增加;双边市场条件下,垄断性平台下的利润和社会福利都有所增加。这个结论恰好为织锦的商业模式改造提供了理论基础,织锦产业可以借助于网络平台对其自身进行全方位的改造,降低成本,实现产业链的增值;借助于网络平台,通过对产业链各个节点问题的有效处理,最终实现织锦产业链的重构。进一步,随着电子商务市场的行业分工精细化与参与主体的多元化发展,多方向产业发展、多元主体参与、多平台嵌入的盈利模式将成为主流模式。

本章内容是研究中国织锦产业的商业模式选择和方案设计。沿着上述分析的逻辑,本章提出问题是,重构织锦产业链需要匹配什么商业模式?为什么要选择平台商业模式?如何设计织锦产业的商业模式?它的运行机理是什么?织锦应该如何定价?织锦产业如何建立一个集物流、资金流和信息流于一体的统一的垂直型产业电子商务平台?

一、织锦产业商业模式的设计与运行机理

（一）商业模式的一般运行机制

商业模式是由客户价值、资源和能力及盈利方式构成的三维立体模式马克·约翰逊（Mark Johnson 等），是企业运营的经济模式，其本质内涵是为企业获取利润，是企业能够持续获得竞争优势的方法和途径（Osterwalder，2005）。哈佛大学教授马克·约翰逊（Mark Johnson）、克莱顿·克里斯坦森（Clayton Christensen）和 SAP 公司的 CEO 亨宁·卡格曼（Henning Kageemann）共同撰写的《商业模式创新白皮书》把这三个要素概括为："客户价值主张：在一个既定价格上，企业向其客户或消费者提供服务或产品时所需要完成的任务；资源和生产过程：支持客户价值主张和盈利模式的具体经营模式；盈利公式：企业用以为股东实现经济价值的过程。"后人在这一研究的基础上将这三要素具体化，找到了相对完整的适合企业发展的商业模式体系。完整的商业模式体系一般包括定位、业务系统、关键资源能力、盈利模式、自由现金流结构和企业价值六个方面，这六个方面相互影响，从而构成有机的商业模式体系（见图 5-1）。

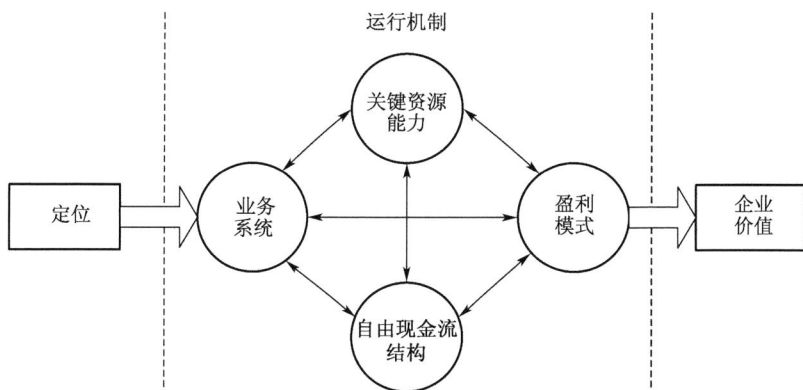

图 5-1 商业模式的运行机制

商业模式的这六个要素是互相作用、互相决定的。相同的企业定位可以通过不一样的业务系统实现；同样的业务系统也可以有不同的关键资源能力、不同的盈利模式和不一样的现金流结构。商业模式的构成要素中只要有一个要素不同，就意味着是不同的商业模式。一个能对企业各个利益相关者有贡献的商业模式需要企业家反复推敲、实验、调整和实践。

商业模式可以从产业价值链、空间定位、企业资本构成的性质、经营标的物、企业生存的依赖度五方面进行划分。①按产业价值链的角度划分,有小系统(企业内)和大系统(企业所处整个产业价值链)两种。以电视节目为例,作为主办方的电视集团可以集结全省各频道的优势,广泛地、集中地在黄金时间段播放节目,同时还可以将赞助商拉入到产业链中,让他们共同参与创造价值,并形成相对完整的产业价值链。②按空间定位划分,分为现实空间的商业模式和虚拟空间的商业模式。如利用互联网技术运营的企业门户网站就是虚拟空间模式的典型代表,而生活中的实体企业采用的是现实空间模式。③按企业资本构成的性质划分,可以分为四类:一是以产业资本为主的商业模式,如生产加工类企业;二是以商业资本为主的商业模式,如零售企业;三是以金融资本为主的商业模式,如银行、投资公司等;四是产业资本和商业资本相结合的商业模式,如苏宁、联想等企业。④按经营标的物划分,也可以分为四类:一是以经营产品和服务为主的商业模式,如制造业、地产业、网站、咨询公司;二是以经营品牌信誉为主的商业模式,如可口可乐公司;三是以资本经营为主的商业模式,如投资公司、信托公司、投资基金、银行等;四是商品经营(产品、品牌)和资本经营相结合的商业模式。⑤按企业生存的依赖度划分,也可以分为四类:一是偏重融资的商业模式,即对金融工具有很高依存度的发展模式;二是偏重管理的商业模式,即企业的运行绩效很大程度上可以改变公司的命运;三是偏重营销的商业模式,如直销公司;四是偏重生产加工的商业模式。

可见,商业模式可以从各种不同角度进行分类,而且不同类别可以相互交叉重叠,这正说明经济领域的复杂性和多样性。由于政策环境和市场环境的变化,产业内部的商业模式往往并不是单一的,而是多种模式并用的,这种机制具有灵活性,可以降低风险,同时也为产业的个性发展提供可能。

经济全球化进程中,计算机和互联网技术的发展在改变人们生活的同时,也催生了大量全新的经济和商业模式,其中最引人注目的是平台经济。平台经济一般理论的形成得益于21世纪初罗切特、梯诺尔、阿姆斯特朗、卡约和朱利安等人的开创性工作。国内平台经济学的研究始于徐晋和张祥建(2006),他们认为平台是一种虚拟或真实的交易场所,平台本身不一定生产产品,但可以促成双方或多方客户之间的交易,通过收取恰当的费用或赚取差价而获得收益。平台经济学(Platform Economics)是研究网络平台之间的运行以及竞争情况,强调市场结构的作用,通过交易成本和合约理论,分析各类型平台的发展模式与竞争机制的新兴经济学科①。关于平台经济学的所属问题,学界依然存在争议:徐晋等(2006)认为平台经济学只

---

① 徐晋,张祥建.平台经济学初探[J].中国工业经济,2006(5):40-47.

是产业经济学的一个分支,而朱晓明认为平台经济学不单单是产业经济学的分支,也是区域经济学和信息经济学的研究范畴①。

B2B、B2C 等电子商务交易中介平台可分为大型企业自建的电子商务网站和面向交易市场的第三方电子商务平台,后者又细分为阿里巴巴、淘宝为代表的综合性平台和以中国化工网、中国纺织网等为代表的行业垂直型平台。从发展历程看,可分为阿里巴巴为代表的,以信息发布、广告竞价等为主要经营模式,以会员费为主要收入的第一代电子商务平台;以金银岛、敦煌网为代表,集成信息展示、物流、支付、客户关系管理,使用在线交易,以佣金为主要收入来源的第二代平台;以现货交易平台为主要发展方向的第三代电子商务平台②。

交叉外部性是平台经济独有的和最显著的特点。具体来说,一边终端用户的规模会显著影响另一边终端用户的效用或价值。这种交叉外部性吸引了各种终端的大量用户。以淘宝为例,一边网购消费者越多,另一边淘宝对于商户的价值就越大;反之,入驻的商户越多,淘宝对于消费者的价值也越大。

充分运用信息技术的现代平台型企业,在信息的搜集、用户数量、促成的交易规模和促进产业集聚方面都达到了空前的水平,其影响力、辐射力和效率等也将史无前例,有利于发现和创造商机,撮合交易,促进农业、制造业和服务业融合发展,有利于改变现代经济运行的模式。具体来说,平台型企业的作用主要体现在以下几个方面:

(1)推动新兴电子商务贸易迅速崛起。平台企业一方面不断吸引新的用户,积累供求双方信息,建成信息数据库。另一方面,网络平台的出现打破了时空限制,既为传统企业营销提供了低成本、广覆盖的新途径,又大大简化了消费者的信息搜集过程。这样买卖双方的供需得到迅速精确的匹配,可以撮合交易实现,平台企业正日益成为现代贸易的交易枢纽。

(2)平台企业为交易双方提供资金结算、物流保障和风险担保等服务,一定程度上缓解了中小企业融资难、收款难、信用建立困难等问题。阿里巴巴基于平台多年来积累的历史数据,根据网店的财务和信用状况等对其开展小额贷款业务。截至 2014 年 2 月,阿里金融累计放贷超过 1 600 亿元,累计客户 65 万③。

(3)平台为企业的新产品、新服务提供了快速有效的产业化的渠道,激发了社会创新创业的热情。互联网平台开放和共享的特点,一方面使创新型企业在产品、服务的开发上能与需求方有效互动,更好地利用各种资源进行创新创业。另一方面,各类创新创业者和发明爱好者可借助平台自己动手设计产品,在线交流,在各

---

① 张栩青.平台经济与商业银行交易银行策略的实施[J].上海金融,2013(1):17-20/116.

② 赵冬梅.电子商务[M].北京:机械工业出版社,2012.

③ 证券时报网(www.stcn.com)2014 年 02 月 07 日讯。

种创新观念和思维的碰撞下,集体创新潜力得到释放。阿里巴巴集团宣称,淘宝和天猫已累计创造了 400 万个直接就业机会,还促成了"网店装修师""网络草根模特"等新职业的出现。

(二)织锦产业商业模式的构成

织锦产业以生产、经营织锦产品和服务为主要业务,同其他传统产业一样,需要创造经济利润。织锦产品不仅有经济价值,更重要的是它对文化的传承价值,所以它又与其他产业有本质区别。在明确外部条件和内部资源的前提下,在市场竞争与政府干预的双重调节下,织锦产业的商业模式如何创造价值、传递价值和获取价值是产业发展必须考虑的问题,它们构成了织锦产业的基本价值链。织锦作为一种民族文化,它的持续发展必须以源源不断的文化创意为依托,在此基础上制造出满足客户需求和时代特征的产品,这样才能达到销售产品和传播文化的最终目的。概括起来,织锦产业的价值链在纵向上贯穿于创意的起源环节、产品的制造环节、销售环节和消费环节(见图 5-2)。

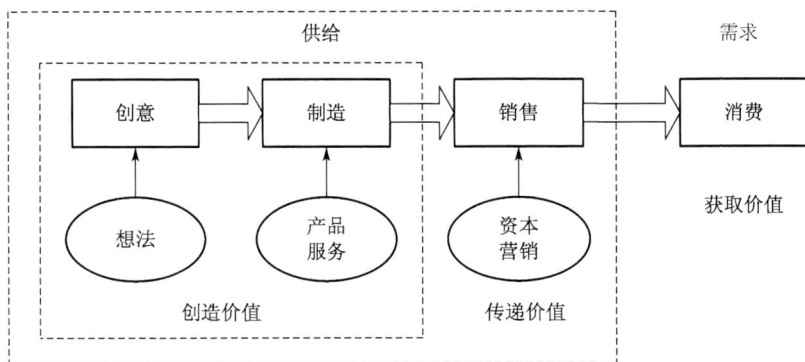

图 5-2 织锦产业的价值链

1. 创造价值

企业价值需要产品的支撑,织锦产业的企业价值应该包括更深层次的内涵。从市场需求和产品特性来看,织锦产业与传统文化息息相关,因此,织锦企业为市场提供的产品或服务不仅要具有产业性,同时要兼具文化性。产业性是指产品或服务可以进行生产、销售;文化性是指产品或服务能满足大众的文化需求。织锦企业创造的是产业与文化并存的价值,如果只追求产业价值而忽略了文化价值,产业就失去了精神层面的意义;如果只追求文化价值却不进行产业化,织锦产业就不能称之为产业,也就失去了可持续发展的经济基础,同时让文化传播成为空想。因此,织锦产业在创造价值时,要兼顾产业价值与文化价值。

织锦企业竞争力的核心是人才(创意人才、技术人才和经营人才),织锦企业要从这一核心竞争力出发来创造价值。织锦产业是人力和智力型产业,是源自个人创意、技巧及才华的行业,是技术、知识和文化高度关联的产业。与其他产业不同,这一产业的从业人员推崇个人创造力,由此决定了产业所涉及的每一个环节都与人密不可分,是一种依赖于人脑和人的心智能力的文化创造和传播活动。随着时代的变迁,织锦这一传统产业想进一步发展下去必然离不开创意。

在经济学中,企业创造价值中最重要的表现是能否创造利润,包括企业利润和社会利润。"现代营销把培育品牌和提升品牌价值作为企业营销的战略目标,从这个意义来讲,品牌价值所体现的就是其创造利润的能力。如果以客户满意度和客户忠诚度来评价品牌价值,品牌价值必须表现出一定程度的获利能力,这样品牌价值当然就能够创造企业价值①。"事实上,织锦企业还没有真正形成民族品牌,很多产品从民间手工作坊流出,以家庭为单位在旅游景点售卖,品牌效应程度很低。织锦企业如果要寻求长远发展,提升品牌意识、培育品牌形象、提升品牌价值十分必要。

2. 传递价值

织锦企业要向消费者传递价值,首先要从产品和服务抓起,它们既是企业价值的载体,又是价值传递的载体。企业赋予产品和服务以内涵,通过它们来体现企业价值。织锦产业是一种具有创意性的产业,其产品和服务体现的正是企业的创新力。消费者购买织锦产品和享受服务的过程,也是企业文化传递的过程,但这个过程并不都是有效的。从营销管理学角度来看,每个消费者都有各自的喜好,如果消费者购买的产品与其偏好不匹配,此时传递的价值就不能称之为有效价值。因此,织锦企业在传递价值之前应明确目标客户群。

在确定目标客户群之后,客户关系管理成为必然。客户关系管理作为品牌营销时代企业与客户间建立的新型关系,是培育和提升品牌价值的重要方法。在现代营销中,客户关系管理成为企业制胜的关键。织锦企业目前的发展状态是依靠各民族独特的文化建立起来的,它们是传统文化的代表,也是古老民间技艺的生动体现。消费者在购买相应产品的时候多数会考虑他们自身精神层面的需求,这正是我们进行客户关系管理要达到的目的。

最后,企业归根到底是要盈利的,而销售直接影响盈利。优秀的销售人员是企业的财产,是企业价值的传递者。在企业价值的传递过程中,销售人员的行为将直

---

① 冯鹏义.对客户忠诚创造价值问题的探讨[J].山西财经大学学报,2003,25(1):56-58.

接影响到客户对企业的印象,进而影响到企业的价值。同时,织锦产业本身兼具文化性的特点,没有文化价值含量的织锦产品会打破经济价值与社会价值之间的平衡,最终会影响到织锦企业的市场竞争力。

3. 获取价值

企业是以生产或服务满足社会需要,从事生产、流通、服务等经济活动,实行自主经营、独立核算、依法设立的一种盈利性的经济组织[①]。与其他产业相比,织锦产业除了具有文化价值传递的特殊性,获得经济利益仍然是首要目的。织锦企业从事的生产活动,一是为了满足人们对传统文化喜爱的需求,二是通过获取经济利益扩大经营规模,达到可持续发展的目的。织锦企业获取价值最直接的途径就是向客户销售产品和服务,通过这种销售行为将使用价值转化为经济价值,同时将产品体现的文化价值进行传播,对大众的精神文化产生影响,获得社会价值。织锦企业在获取价值时,应该以实现经济价值和社会价值的统一为目的,这样才能从真正意义上促进整个产业的健康发展。

(三)织锦产业商业模式的设计

织锦产业的商业模式是在新经济环境下,为顺应社会经济状况的发展要求呈现的。在明确了商业模式之后,有必要对它的构成要素做进一步分析。织锦产业中每个企业的商业模式都有其独特的构成和内在联系,通过对要素的分析我们可以找到充分利用产业自身的资源优势,发挥核心竞争力,创造、传递和获取更多价值的途径,从而实现经济价值与社会价值的统一[②]。

在研究织锦产业商业模式的过程中,我们把商业模式的六要素(定位、业务系统、关键资源能力、盈利模式、自由现金流结构和企业价值)具体化,在价值层面上将它们分为价值对象、价值主张、价值实现方式、核心竞争力四个部分。其中,价值对象包括目标客户和合作伙伴;价值主张包括经济价值主张和社会价值主张;价值实现方式包括渠道通路与重要合作,还包括资本运作;核心竞争力包括关键能力与核心资源(见图5-3)。

1. 价值对象

价值对象是指企业在采用某个商业模式的情况下,需要选择的与企业价值交换活动的对象。在决定价值对象之后,企业商业模式的相关定位才会出现,价值对象也就成为商业模式最基本的构成要素。织锦产业的价值对象包括目标客户和合

① 叶取源,王永章,陈昕.中国文化产业评论:第6卷[M].上海:上海人民出版社,2007.
② 陈鑫.文化产业商业模式研究[D].长沙:中南大学,2012.

作伙伴两种。

第一,目标客户,即织锦产业所服务的有不同精神文化消费需求的客户群体,他们是织锦产品的销售和服务对象,只有确立了消费群体中的某类目标客户,才能展开有效、有针对性的营销方式。不同客户的需求具有差异性,织锦企业找准目标客户群,进而进行客户细分有以下几种途径:第一,提供具有明显差异性的产品和服务来满足客户需求;第二,通过不同的分销渠道来接触客户;第三,与不同的客户建立与其相适应的关系;第四,掌握客户消费量的差别。织锦企业必须做出合理的决策,知道谁是最重要的客户,应该服务于哪些细分客户群又应该忽略哪些。做出决定之后,企业就可以凭借对特定群体的深刻理解,设计出相应的商业模式。

不同织锦产品的目标客户定位是不同的,比如南京云锦,工艺复杂、选材讲究,用弹性好韧度高的优质蚕丝和金线搭配织成,明清时期被当作皇室专用品,现在的价格也比较高,因此他们的客户多为中高层收入者。相对而言,土家锦的图样没有云锦精细,工艺上没有通经断纬那么复杂,使用的多是棉纱和染色的蚕丝,因此价格不高,可当作普通生活用品,客户多为中低层收入者。

第二,合作伙伴。从产业链上看,织锦企业的合作伙伴有三类:一是上游的供应商,为织锦提供蚕丝、棉花、金线、孔雀羽等原材料。二是生产中的战略合作伙伴,为织锦企业提供资金、先进技术、管理经验,提升企业的核心竞争力和拓展国外市场的能力。其中,最主要的三类合作伙伴是技术仪器供应商、相关专业学校和行业协会。三是下游的主要客户,织锦作为一种文化工艺品,常常与各地旅游业结合发展,景区的经销商是他们的重要合作对象,另外由于其独特的实用和观赏价值,出口贸易商也是他们寻求合作的方向。除此之外,由于政策对行业发展具有外力影响,所以企业与政府的合作也不容忽视。尤其是在外来文化入侵的时代,传统织锦技艺的传人越来越少,公众对于这项文化的认识也很少,政府应该从宏观上为行业发展定向,致力于法律、规章、标准、政策的制定和经费的支持。

2. 价值主张

价值主张是指企业需要选择与价值对象进行交换的内容,简而言之,即企业能为客户解决什么样的问题以及能给客户提供什么样的价值。商业模式的价值主张和价值对象有着密切的关系,企业商业模式的价值对象不同,其价值主张也就不同。因此,价值对象不同的企业,其商业模式的活动也有区别。企业将通过商业模式所有活动的设计与执行把特定的价值主张传递给顾客,为企业创造财富,最终有助于实现社会价值。

价值主张包括两层含义:一方面,织锦企业通过其产品和服务为特定客户创造价值,这是产业的经济价值主张;另一方面,织锦产品体现的精湛手工技艺和优美的图案承载了中国传统文化,是古代历史在现代的重现,其价值主张必然还包括社会价值。织锦产业具有社会价值与经济价值双生并重的特点,这是由其产业的特殊性所决定的。

3. 价值实现方式

企业与外界进行价值交换时,需要选择价值实现的资源整合方式,包括价值交换渠道的构成及作用方式等,这被称为价值实现方式。织锦产业商业模式的价值实现方式包括渠道通路、重要合作以及资本运作。

第一,渠道通路。渠道通路是织锦产业中的企业用来沟通、接触客户群,进而传递其价值主张的有效途径,也是企业实现经济性与社会性统一的方式。不管是对织锦企业还是客户,渠道通路都具有重要意义。对企业来说,渠道通路不仅提升了客户对织锦产品和相关服务的认识,并且能够传递织锦中承载的文化价值。另一方面,客户可以通过这些途径来评估企业的价值主张,并且获得售后支持。通过各种新技术的改良、众多的传播途径,得以在产品和服务中建立多样化的渠道,消费者可以通过可选的方式获得这些产品和服务。现在织锦产业的销售渠道可以分为门店经营、旅游景区驻扎和网络平台销售三种。

第二,重要合作。重要合作不仅仅是指企业间的合作,还包括企业为了让商业模式有效运作而与政府建立的合作关系以及同其他产业的互惠合作所形成的相互交织的关系网络。每个企业在产业链中的环节不同,扮演的角色也不同,企业的生存和发展必须依靠与合作者建立的关系网络,没有稳定的合作网络就意味着没有盈利保证。

第三,资本运作。资本运作是织锦企业提高资源配置效率的有效手段,包括产业的成本结构和收入来源两个方面。成本结构是指织锦企业在特定商业模式运作下所引发的重要成本。很显然,在每种商业模式下成本都应该被最小化。织锦产业的原创性和民族性是发展的灵魂与根本,这一产业的核心竞争力是创意及创造性人才,如果只是为了降低成本而不在创意及人才上进行投入,织锦产业就难以做到产品与时代的结合,难以满足消费者需求的变化。织锦企业只有明确什么样的价值能够让客户群体愿意付款,才能在此基础上发掘出更多的收入来源。更重要的是,企业要考虑可持续发展,不能为了短期利益而把一些"伪文化"的产品投入到市场中。投入不足一直是织锦产业发展的重要制约因素,也是这一产业发展首先要解决的问题。基于织锦产业的文化特殊性,以及现有的织锦企业规模较小的特点,该产业的融资模式必须是政府支持和金融渠道融资相结合的"双融资"模式,且应以政府为主导。

4. 核心竞争力

核心竞争力是指能使整个企业保持长期稳定的竞争优势以获得稳定超额利润的竞争力,是将企业资产和运作机制有机融合的组织能力,是企业推行内部管理型战略和外部交易型战略的结果。核心竞争力是企业竞争力中最基础的能力,它影响企业商业模式的长远价值创造,也是商业模式重要的构成要素之一。

织锦企业的核心竞争力指的是企业的关键能力和核心资源,即确保其商业模式可持续运转的能力和资源,其中以人才资源和文化资源为核心。人才资源是织锦产业商业模式的必备要素,主要包括创意人才、技术人才、经营人才三类。创意人才具有核心创造力,他们以智力服务为特征,以专业或特殊技能为手段,具有将抽象思维转化为有高度经济价值的产品的能力。文化创新性是这类人才的突出特征,具体体现在三个方面:个人的创新能力、对本土传统文化与艺术的创造能力和对其他民族文化艺术的转移与嫁接能力。织锦虽然是一种传统工艺,手工艺人往往负责其中的关键工序,但现代技术的发展仍为精简人员提供了可能,技术人才可以通过发明创造来完成这一过程。织锦如果要作为产业发展,经营人才是必不可少的,他们通过自己的管理才能,将产品推入市场,在帮助企业实现经济价值的同时推进社会价值的传播。

文化资源是发展织锦产业的重要依托和根基。中国文化资源丰富多样,仅就区域文化资源而言,就包括人文环境、地理环境和人力资源等。织锦产业发挥具有历史性的文化资源优势,无疑会增加产品的厚重感,吸引更多的客户,也为差异化经营提供可能。

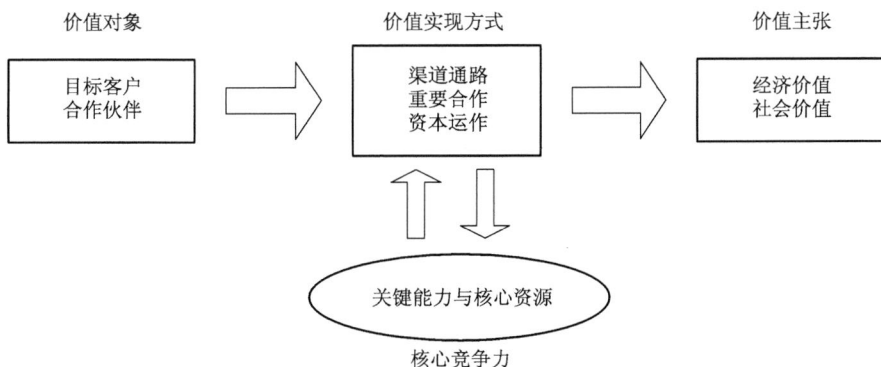

图5-3 织锦产业商业模式要素图

(四)织锦产业商业模式的运行机理

织锦产业商业模式的四个方面(价值对象、价值主张、价值实现方式、核心竞争力)包括目标客户、合作伙伴、渠道通路和重要合作、资本运作和关键能力与核心资源五种要素。这些要素涵盖了企业发展中包括客户、产品/服务、基础设施和财务生存能力在内的所有内容(图5-4)。在实际操作中,这些要素之间相互影响、相互作用,具有关联结构性和系统性,构成了一个统一的价值创造体系。商业模式在运行过程中,通过对客户、产品/服务、基础设施、财务生存能力等方面的影响,来帮助企业实现最终价值。

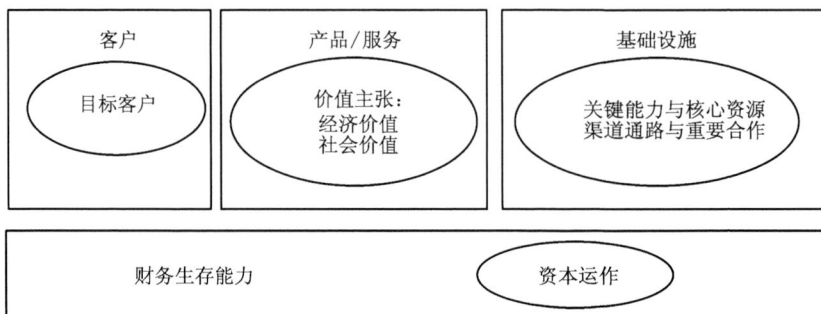

图5-4　商业模式与企业发展要素的关系

第一,目标客户是织锦产业商业模式的基础,是整个产业的服务和销售对象,也是其收入的主要来源。特定客户群的价值需求决定产业的上升空间,巨大的市场需求和客户的新需要是大力发展织锦产业的动力源泉,构成整个商业模式存在的合理性基础,支配着织锦产品的生产,直接影响产业链的价值创造。此外,客户需求的满足和客户消费习惯的形成与否也直接影响企业的生存能力,决定企业收入来源的多元化的实现。

第二,织锦工艺作为一种手工艺术,往往需要专业人员才能完成核心工序,因此织锦产业是劳动密集型产业。并且,图案和款式的设计在织锦的整个生产过程中也是重要环节,所以这一产业兼具智力密集型的特征。织锦产品凝聚创造力和传统的手工艺,就其经济属性而言既具有一般性,又具有特殊性。作为价值载体,只有经过消费者层面,产品才能真正实现价值,价值实现的关键是产品或服务能否得到消费者的认可。同时,客户的偏好也影响产品或服务的生产,企业需要根据客户的需求不断进行改进和创新。

第三,关键能力与核心资源、渠道通路与重要合作是织锦产业的两个基础设施,它是生产产品和服务的价值载体。企业通过销售或沟通渠道将价值传递到目标客户,从而影响织锦产业的价值创造。渠道通路关系到织锦企业价值主张的传递,是与客户进行有效沟通和实现价值的重要环节。产品和服务要顺利地到达客户,必须具备畅通和便捷的渠道通路,及时有效的客户反馈有利于企业对产品和基础设施进行管理和调整。

第四,财务生存能力是织锦产业发展的直接表现,财务能力包括成本结构和收入来源。织锦企业在投入成本之后,通过产品的制造和销售来完成价值的创造和传递。企业整个生产运营链上的各个环节都要受到财务状况的制约,因此,成本结构合理化和收入来源多样化是促进企业各个生产环节良好运作的有效途径。企业生产消费者满意的产品和服务、建立良好的客群关系、打造稳定的渠道通路以及完善的基础设施,可以创造更多的收入,进而增强企业的财务能力。

第五,价值主张是文化产业商业模式各要素的最终归宿。创造出理想的客户价值、企业价值和社会价值,能够反映织锦产业商业模式接受市场检验的情况,体现市场对这一传统产业商业模式变革的要求,对客户、产品、基础设施以及财务生存能力有根本决定性作用。

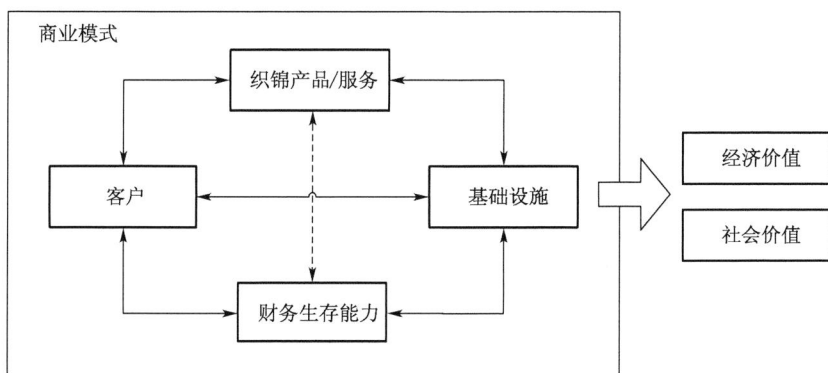

图 5-5　织锦产业商业模式作用机理

因此,织锦产业的商业模式是一个具有内在联系,由多个相互依存、互为补充的要素组成的整体结构,织锦产业正是依靠这样的结构来实现产业运作的。更为准确地说,织锦产业是社会经济水平发展到一定阶段之后,人们的审美多样化,开始关注中国传统文化的背景下应运而生的。其商业模式是织锦企业对自身及产品或服务进行定位、选择客户、获取和利用资源、进入市场,通过市场竞争的优胜劣汰和政府干预的政策导向来创造价值、传递价值的过程。图 5-5 为织锦产业商业模式作用机理。

二、织锦产业的平台商业模式构想

(一)织锦网络平台的设计

以信息技术为代表的现代科技,引发了一场世界生产方式的深刻革命,产业网络化作为当今人类社会新的财富创造形态及其所产生的巨大的乘数效应,正日益引起国际社会的激烈竞争。传统的织锦产业需要借助现代科技网络才能获得更好的发展,重新呈现昔日"丝绸之路"的繁盛。

网络贸易平台的建立,突破了传统贸易市场的时空限制,极大地促进了现代商品贸易的发展。当前中国,淘宝、亚马逊、京东、当当等综合电子商务平台发展迅速,改变了人们的购物方式,同时随着市场细分的深化,各种专业网站如雨后春笋般涌现。针对织锦产业这一特殊的市场,应该建立垂直型织锦网平台,加快整个行业资源的整合。织锦网是一种行业垂直型的网络平台,为整个织锦产业链的各个环节交易流通提供服务。

1. 网络平台设计的背景

电子商务服务业的崛起,满足了亿万消费者购物的需求,改变了人们的生活和消费方式;拉动了物流、加工、支付等相关产业发展的同时,还有利于助推传统产业的优化升级和转型。网络基础设施建设持续发展,网民数量保持增长,网民结构更加均衡,网络购物人数激增,网络支付受到热捧,电子商务交易额稳步增长。

表 5-1　2013.12—2014.6 中国网民对各类网络应用的使用率[①]

应用	2014 年 6 月		2013 年 12 月		半年增长率 (%)
	用户规模 (万人)	网民使用率 (%)	用户规模 (万人)	网民使用率 (%)	
即时通信	56 423	89.3%	53 215	86.2%	6.0%
搜索引擎	50 749	80.3%	48 966	79.3%	3.6%
网络新闻	50 316	79.6%	49 132	79.6%	2.4%
网络音乐	48 761	77.2%	45 312	73.4%	7.6%
博客/个人空间	44 430	70.3%	43 658	70.7%	1.8%
网络视频	43 877	69.4%	42 820	69.3%	2.5%
网络游戏	36 811	58.2%	33 803	54.7%	8.9%
网络购物	33 151	52.5%	30 189	48.9%	9.8%
网上支付	29 227	46.2%	26 020	42.1%	12.3%
网络文学	28 939	45.8%	27 441	44.4%	5.5%
微博	27 535	43.6%	28 078	45.5%	—1.9%
网上银行	27 188	43.0%	25 006	40.5%	8.7%

---

① 表中数据来自 CNNIC。

应用	2014 年 6 月		2013 年 12 月		半年增长率（%）
	用户规模（万人）	网民使用率（%）	用户规模（万人）	网民使用率（%）	
电子邮件	26 867	42.5%	25 921	42.0%	3.6%
社交网站	25 722	40.7%	27 769	45.0%	−7.4%
旅行预订	18 960	30.0%	18 077	29.3%	4.9%
团购	14 827	23.5%	14 067	22.8%	5.4%
论坛/BBS	12 407	19.6%	12 046	19.5%	3.0%
互联网理财	6 383	10.1%	—	—	—

　　根据 CNNIC 第 34 次《中国互联网络发展状况统计报告》的数据显示,截至 2014 年 6 月,我国网民规模达到 6.32 亿人,网购使用率提升至 46.9%,较 2012 年底提升 3.7 个百分点。其中,手机网民规模达 5.27 亿,继续保持稳定增长,手机使用率则达到 83.4%,首次超越传统 PC 整体 80.9% 的使用率。2014 上半年,网民对各项网络应用的使用程度更为深入。移动商务类应用在移动支付的拉动下,正历经跨越式发展,在各项网络应用中地位愈发重要。

　　此外,互联网金融类应用第一次被纳入调查,互联网理财产品仅在一年时间内,使用率超过 10%,成为 2014 年上半年表现亮眼的网络应用。同时,报告也显示,2013 年团购用户规模达 1.41 亿,使用率为 22.8%,相比 2012 年增长了 8 个百分点,使用率年增速达 54.3%,成为商务类应用的最大亮点。这一切更能说明加强中国织锦网的构建,可以让更多的中小织锦企业融入电子商务平台。

2. 织锦网络平台的功能

　　中国织锦网络平台是织锦产业文化展示和产品交易的服务平台。作为一个文化展示平台,它是一个网络多媒体信息资源中心,对织锦各类多媒体信息资源进行组织、整合、控制、划分,并进行有效管理,通过展示中国织锦文化的灿烂历史而更好地保护这一非物质文化的有效传承。作为一个产品(包括有形和无形产品)交易平台,织锦消费者(包括织锦终端消费者和织锦产业链中各个环节的消费者)可以通过织锦类型(产品类别和纺织类别)、织锦卖家(企业或大师)、织锦价格等各种筛选方式在平台上进行购买、收藏或预约符合心意的织锦商品。织锦卖家则只需要通过商城的卖家验证即可允许入驻,入驻后的卖家可以对本卖家的商品进行新增、修改和出售,同时也可以通过消费者留言以及店家订单交易统计对不同类型的织锦商品进行市场投入调整。

中国织锦网的目标：①宣传中国织锦文化，提高织锦产业知名度。②提供织锦产品的相关信息，降低信息搜寻成本。发现织锦产品的交易机会，降低交易成本。③发布织锦产业信息，整合织锦产业资源配置，促进织锦产业纵向分工，优化产业价值链，提高效率。④发展织锦产业基金，开拓织锦企业融资渠道，开发织锦金融产品，提高织锦企业投融资能力。⑤平台积累的信息成为织锦产品定价、织锦评级的依据，最终平台成为织锦行业的权威定价评级中心。

织锦网络平台共分两个部分，一部分是面向会员的部分，普通会员和企业会员的在线注册、购物、提交订单、发布供求信息等操作，包括织锦网上博物馆和织锦交易两个模块；另外一部分是织锦信息数据库，这部分包括：产品的添加、删除、查询、订单的管理，供求信息的管理，操作员的管理，注册会员的管理，内容涵盖织锦的历史、织锦工艺、织锦大师、织锦的评级和行业定价。（图5-6）

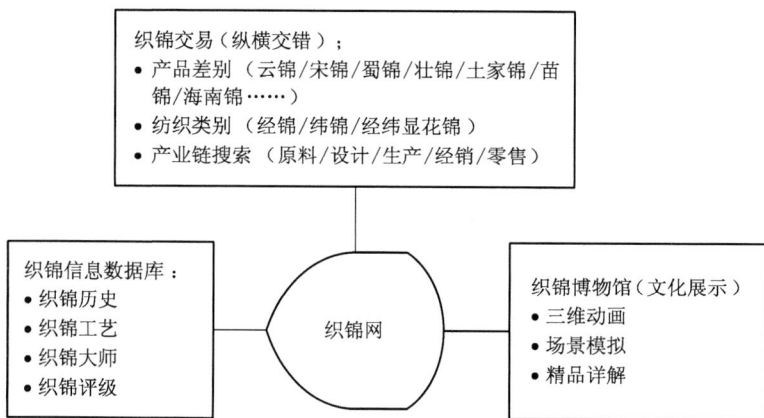

图 5-6　织锦网的平台功能

3. 织锦网络平台的设计结构

首先，织锦网络平台承担了中国织锦文化宣传展示的功能，借助现代科技手段可以让人们更好地了解并传承这一艺术瑰宝。考虑到建设织锦多媒体信息库的基本需求是将织锦多媒体资料数字化管理以及实现方便的查询和利用，织锦多媒体信息库采用1.0版本进行架构。

其次，织锦网络平台更重要地承担了织锦产品交易的服务功能，为织锦产品的买家和卖家提供交易机会，减少信息搜寻和交易成本。考虑织锦网的发展阶段，初始阶段织锦网的交易平台基本功能是提供织锦商品交易服务，织锦网络电子商务平台1.0版本的设计架构如图5-7所示。

织锦网络电子商务平台1.0版本设计主要有以下板块：①商品管理；②订单管

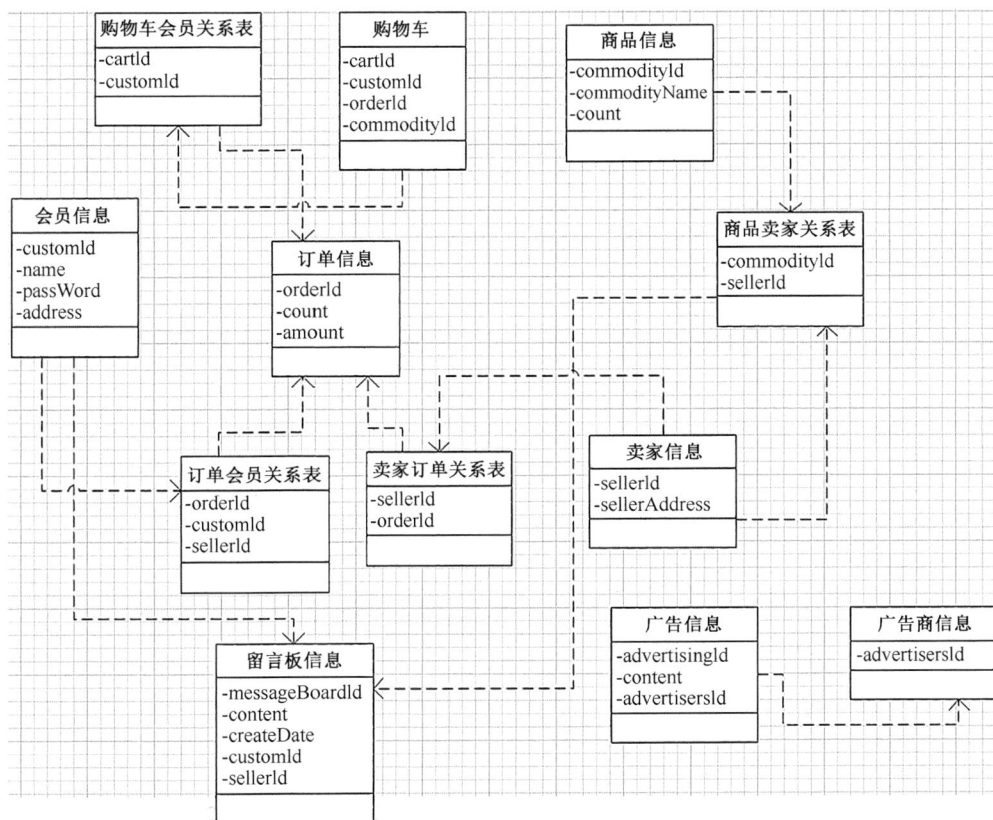

图 5-7　织锦平台设计结构

理;③会员管理;④商家管理;⑤留言板管理;⑥支付管理;⑦统计分析;⑧管理员;⑨公告管理。随着织锦网的快速发展,将在其成长过程中不断进行织锦网站的升级,推出织锦网新的版本更好地满足用户的需求。

(二)织锦网络平台的具体模式

中国织锦网主要采用 B2B2C 的模式,具有第三方平台性质。电子商务主要有四种基本形式,即 B2B、B2C、C2C、C2B。前三种形式是现实电子商务交易活动中的主要模式。

综合中国网购市场的发展趋势,织锦网采用了一种 B2B2C 的混合模式。首先织锦网是一个服务平台,是第一个 B;中间的 B 是各个织锦企业,其中,中间的 B 有一部分是个人卖家,因此也可以看成 C。由于新的公司法出台后没有最低的公司注册资本,实际上可以把个体商户也看成是一个公司,B 和 C 的界限已经变得越来越模糊。实务中 C2C 中加入 B2C 服务已经成为既成事实,这也昭示着这种 B2C 和 C2C 融合的发展趋势。

从 B2C 四种模式(经销模式、直销模式、混合经营模式、第三方平台模式)的角度,织锦网主要采用第三方平台模式。织锦网作为一个独立的交易平台,只提供网上开店运营平台,不直接从事商品买卖。在织锦网的构建中可以吸收主要织锦生产销售企业的支持参与,这些企业可以作为织锦网企业的股东,但他们的自身业务与织锦网业务是相互独立的。织锦网最终将形成一个开放、共享的电子商务平台,打造一个织锦产业的生产、批发、零售、消费、服务等全覆盖的纵向一体化网络(见表 5-2):

表 5-2　织锦网的发展战略表

路径	方式	内容
战略层面	织锦网战略	整合资源,提供全覆盖的一站式服务
产业链	整合各类织锦企业分别加入不同的板块	形成一条"设计—制造—批发—零售—服务"的完整产业链条
业务扩张形式	推出支付系统	提供第三方支付服务
	增加专业融资系统	提供织锦企业融资服务
	增加会展发布	提供织锦产品会展服务
渠道扩张	布局无线互联网	开发织锦网站手机软件
	视频购物	与视频网站合作,向卖家提供商品的视频展示服务
	媒体合作	联合电视台,覆盖电视购物
价值链合作	建设织锦研究中心平台	提供织锦产业数据资源
	合作伙伴	整合 IT、物流、金融等服务商加盟

(三)织锦网络平台的组织架构

一个优秀的企业必须具有良好的组织管理结构,才能保证企业各项战略目标及相关措施的实施。组织结构的基本要素是分工和整合。企业组织分工主要包括纵向分工和横向分工,纵向分工的两种基本形式为高长型组织结构和扁平型组织结构,横向分工的八种基本类型为创业型组织结构、职能制组织结构、事业部制组织结构、M型企业组织结构(多部门结构)、战略业务单位组织结构、矩阵制组织结构、H型结构(控股企业/控股集团组织结构)和国际化经营企业的组织结构。根据织锦网发展的不同阶段,企业应该选择不同的组织结构,以促进企业战略目标的实现。

1. 织锦网络平台企业组织结构的初步设想

织锦网首先是一个贸易平台,它为织锦企业的产品提供交易平台。综合组织结构理论和织锦网平台的特点和发展阶段,采取职能型组织结构(见图5-8),这比较符合织锦网(1.0版本)初创时期的组织结构。信息安全部主要负责织锦网的运行维护和规范网络交易;业务部主要负责公司营销、招商以及客户服务;行政部主要负责公司的日常管理和政府公关;财务部负责公司的财务数据统计以及相关法律事务(尤其是经济纠纷)。

织锦网发展初期,职能制组织结构通过将关键活动指定为职能部门而与战略相关联,从而提升深入的职能技能,工作效率得到提高,集中单一部门内所有某一类型的活动来实现规模经济,也便于监控各个部门。以后随着织锦网的快速发展,职能制组织结构在协调不同职能时可能会出现问题,导致职能间发生冲突、各自为政,而不是出于企业整体利益进行相互合作。随着时间的推移,等级层次以及集权化的决策制定机制会放慢反应速度,最后多部门多产品服务出现后难以确定各项部门和产品的绩效。

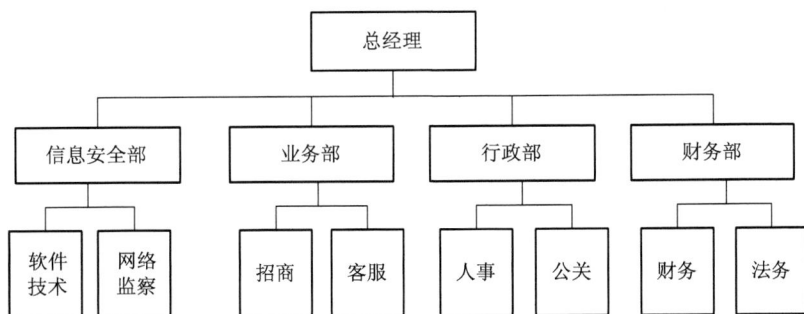

图5-8　织锦网络平台企业职能型组织结构图

2. 织锦网络平台企业组织结构的全产业链(一体化)设想

发展起来的织锦网不仅仅是一个织锦产品贸易平台,还是一个产业投融资平台、创意设计交易平台、产业原材料交易平台、产业人才培训流通平台。织锦网需要扩大服务范围,促使织锦网站升级,增加更多的服务功能。面对更复杂的经营管理,织锦网企业可以采用战略业务单位组织结构(见图5-9)。贸易公司主要负责织锦企业的产品贸易平台;投融资公司负责产业的投融资平台;创意设计公司负责织锦产品的设计交易平台;原材料公司负责织锦原材料的交易平台;人才培训交流公司负责织锦产业人员的培训和流动平台。

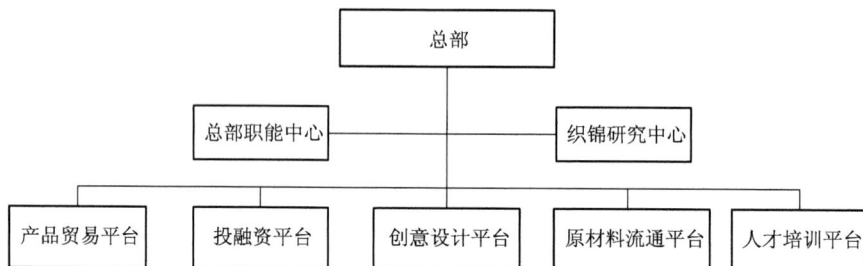

图5-9　织锦网络平台企业战略业务单位型组织结构图

随着织锦网的功能逐渐扩大,可提供织锦全产业链一体化的服务。战略业务单位组织结构会降低企业总部的控制跨度。采用这种结构后,企业层的管理者只需要控制少数几个战略业务单位,控制幅度的降低也减轻了总部的信息过剩情况,同时使得具有类似使命、产品、市场或技术的事业部之间能够更好地协调。这种组织结构容易在事业部之间分摊成本,因此易于监控每个战略业务单位的绩效。

3. 织锦网络平台企业组织结构的国际化设想

全球贸易一体化的发展要求织锦网企业也必须面向世界。结合全球协作程度和企业部门对各地区本土独立性和适应能力,一般有四种国际化组织结构,基本类型为国际部结构、全球区域分部结构、全球产品分部结构、跨国结构(见图5-10)。

图5-10　国际化组织结构类型

织锦网企业的国际化战略随着企业的发展而逐步实行，并不是在国内市场做完之后才开始国际化。所以在织锦网国际化初期，可以采用国际部结构参与织锦产品国际贸易服务。随着织锦网国际贸易服务的壮大，结合织锦产品具有中国传统特色和各国国情、民族需求的差异，织锦网企业可以选择全球区域分部结构（见图 5-11）。针对不同的区域市场，采取不同的营销策略，织锦网才能更好地为各地区织锦产品交易提供服务。随着织锦网规模的变化，公司需要适时调整组织结构，以更好地进行企业的资源配置，达到公司效率的最优。

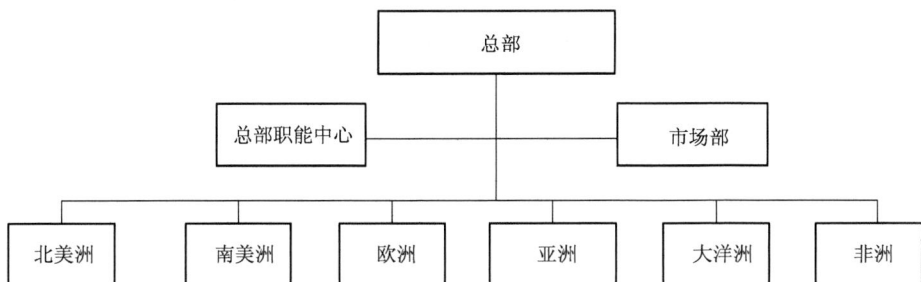

图 5-11　织锦网络平台的国际组织结构

三、织锦产业商业模式的具体实现方式

平台商业模式是迄今被理论界和实务界认为是"将有界的企业、跨界的组织和无界的市场连接在一起的最佳的模式"，平台商业模式的兴起，为商业竞争的格局带来了重大改变，平台商业模式的特点是"网络外部性"和"价格非中性"。平台企业通过一定的价格策略，努力促成他们在平台上实现交易。平台是一种典型的双边市场，具有双边市场特征的平台连接交易的双方，定价是平台商业模式中最重要的也是最有效的实现方式。而定价策略是市场营销组合中最活跃的因素，也是企业可控因素中最难以确定的因素。价格的变化直接影响到市场需求量和企业利润的高低，所以合理的定价策略至关重要。

（一）定价策略的基本原则

1. 定价策略选择

商品价格指商品交易完成时一次付清的货币额，广义上还包括商品交易时的特殊条件，如价格优惠、分期付款等促销措施。市场上多数商品的需求具有分散性，目标顾客群的消费理念及消费心理呈多样性，所以，定价必须采用因地制宜的多模式策略,针对不同的客户采取不同的定价策略。对于追求低价的消费群,根据交易方式、数量、时间及条件等,采用折扣定价策略;对于追求品牌的消费群,根据品牌、体验服务等,采用声望定价策略;对于大件耐用消费品,基于消费者对产品质量的可靠性存在不安全的心理障碍,企业应加强售后服务,采用安全定价策略。

2. 企业市场营销的组合

市场营销组合策略是包括产品、价格、渠道、促销等要素来实现企业营销目标的方法,其中价格是最敏感的因素。在市场中,多数商品的营销渠道较为分散,在不同的销售形式下,寻找质优价廉的商品的搜寻成本不同,这使得企业实行价格歧视策略成为可能。企业可针对不同搜寻成本付出的消费者制定不同价格,对容易搜寻的网上消费群采用低价策略,对较难搜寻的网下消费群实行高价策略;对价格敏感的消费群可借助优惠券等促销方式实施价格优惠,对价格不敏感的消费群可以在相当一段时间保持较高价格水平。结合营销策略的多价格模式定价策略,能够为不同的消费者提供个性的价格服务,其目的是最大限度地扩大消费群体。

3. 商品需求弹性与市场细分

需求价格弹性是指需求量对价格变化反应的灵敏度。由于商品的具体特点不同,它们的需求价格弹性也有差异,即使是同一种商品,在不同价格范围的弹性也是不一样的。因此,在价格决策中还要考虑决定商品需求价格弹性大小的因素,包括市场竞争程度、商品的重要程度、可替代商品的多少、商品用途的多少和急用程度等。总之,企业定价的目标及策略应以企业的市场目标和经营理念为指导,在不同的市场竞争结构下,通过对所选定的目标市场进行市场细分分析,深入了解目标客户的真实需求和收入状况,根据不同的市场状况采用不同的价格策略。

(二) 织锦产业的定价策略

织锦企业的市场营销由产品、促销、分销和定价四个部分组成。企业通过前三个要素在市场中创造价值,通过定价从创造的价值中获取收益。价格策略直接决定着企业市场份额的大小和盈利率的高低,是企业营销组合的重要因素之一。

1. 企业定价目标

定价目标是指企业通过对产品或服务制定一定水平的价格,来达到预期的盈利或市场份额的目标。现实中一般定价目标可以分为利润目标、销售额目标、市场占有率目标和稳定价格目标等。①利润目标。获取利润是企业生存和发展的必要条件,是企业经营的直接动力和最终目的,利润目标是企业定价目标的基础。因此,利润目标为大多数企业所采用,其中又包括以追求最大利润为目标和以获取适度利润为目标两种实践形式。②销售额目标。一般而言,销售额越大,企业的市场份额越高,可能获得的利润越多。但某种产品在一定时期、一定区域市场情况下的销售额,应由该产品的销售量和价格共同决定。销售额的最大化既不等于销量最大,也不等于价格最高。对于需求的价格弹性较大的商品,降低价格而导致的损失可以由销量的增加来补偿,因此宜采用薄利多销策略;相反如果商品的需求价格弹性较小,降价反而会导致总收入的减少,企业应采用高价厚利的策略。③市场占有率目标。作为定价目标,企业的市场占有率与利润的相关性很强,市场占有率直接反映企业经营状况和企业产品竞争力。从长期来看,较高的市场占有率必然带来较高的利润。在具体运用时市场占有率目标分为保持和扩大两个递进层次。保持市场占有率的定价目标就是根据竞争对手的价格水平不断调整价格,以维护原来的市场份额。扩大市场占有率的定价目标就是为从竞争对手那里夺取更多的市场份额,采用低价以达到扩大企业销售市场的目的。

2. 影响定价的因素

影响产品定价的因素很多,主要可以分为产品成本、供求关系、竞争因素和其他因素四个方面。①产品成本。成本是营销价格的最低界限,对企业营销价格有很大的影响。产品成本是由产品在生产过程和流通过程中耗费的物质资料和劳动报酬所形成的,一般由固定成本和变动成本两部分组成。固定成本费用并不随产量的变化而等比例发生变化,企业取得盈利的初始点只能在价格补偿平均变动成本费用之后的累积余额等于全部固定成本费用之时。显然,产品成本是企业核算盈亏的临界点,产品销售价格大于产品成本时企业就有可能形成盈利,反之则会亏本。②供求关系。供求关系是影响企业产品价格的一个基本要素。一般而言,当商品供小于求时,企业产品营销价格可能会高一些,反之,则可能低一些;在供求基本一致时,企业市场营销中商品的售价,多半都为买卖双方能够接受的"均衡价格"。此外,在供求关系中,企业产品营销价格还受到供求弹性的影响。一般来说,需求价格弹性较大的商品其营销价格相对较低,而需求价格弹性较小的商品,其营销价格相对较高。③竞争因素。产品竞争状况是影响企业产品定价的重要因素之一。在实际定价过程中,以竞争对手为主的定价方法主要有三种:一是低于竞争对手的价格;二是与竞争对手同价;三是高于竞争对手的价格。到底采取什么样的竞争价格,要看企业在整个市场中与其他竞争对手相比处于一种什么样的地位。④其他因素。除了受成本、需求以及竞争状况的影响外,企业的定价策略还受到其他因素的影响,其中包括消费者习惯和心理、政府或行业组织的干预、企业或产品的形象等。在现实生活中,很多消费者往往从价格上判断不熟悉产品的好坏,从经验上把价格同商品使用价值挂钩,这些心理上的反应是复杂的。政府为了维护经济秩序,可能通过立法或其他途径对企业的价格策略进行干预,包括规定最高、最低限价,限制价格的波动幅度或者规定价格变动的审批手续,实行价格补贴等。除此之外,企业根据企业理念和企业形象设计的要求,需要对产品价格做出限制。

3. 定价策略分析

由于织锦产品工艺的繁简和选材的贵贱不同,产品定价方式也有所差别。一般而言,企业的中低端产品都会遵循成本加成定价,在人工、材料、基础设施的基础上按照一定的利润率来定价。对于大多数在旅游景区出售的织锦工艺品来说,它们面临的竞争压力很大,产品定位也多趋于低档消费,以家庭摆件、挂饰和日常用品居多,这类产品常采用竞争性定价方法。织锦产品除了商品属性外还具有文化属性,它们的艺术价值也是必须考虑的因素。由知名艺术家设计图案,或者用料讲究的高端织锦工艺品,它们的定价往往采用差别定价和拍卖式定价。为了研究方便,我们把市场上的织锦产品分为四类:一般性消费品、旅游景点出售的低价纪念品、门店经营或网店销售的中高档消费品和由艺术家设计的具有收藏价值的艺术型织锦产品四类。

(1)一般性消费品的定价策略。织锦产品中有很多是我们生活中的日用品,例如床单、被罩、丝巾,这类产品并不需要昂贵的材料,也不用大师级的工艺,因此定价常采用成本定价法。这种定价方法是按照产品单位成本加上一定比例的利润而制定产品价格的方法,大多数企业是按成本利润率来确定所加利润的大小的,即:价格=单位成本+单位成本×成本利润率。成本加成定价法相对于其他方法更加简便易行,资料获取比较容易。根据这种方法,企业能保证自身所耗费的全部成本能够得到补偿,并在正常情况下获得一定的利润。从消费者的角度来看,成本加成定价有利于保持产品价格的稳定。当消费者需求量增大时,产品价格不会提高。从生产者角度看,成本加成有助于企业获得较稳定的利润。同一行业的各个企业如果均采用成本加成定价,而且加成的比例接近,最终价格也将接近,可以减少价格竞争。但是这种方法是典型的生产者导向定价,忽视了需求弹性的变化。为了弥补成本加成定价方法的不足,企业可以按照产品需求价格弹性的大小来确定加成比例。加成比例确定得是否得当依赖于对需求价格弹性估计的准确程度,这就促使企业必须密切关注市场,通过大量的调查和详细的分析制定正确的产品价格,增强企业在市场中的竞争力。

(2)低价纪念品的定价策略。旅游景区的低价织锦产品往往采用较为简单的工艺,或是用机器代为加工的方法来生产,用料多为普通棉布,所以成本很低。这类产品不仅要面临大量流动顾客,还要面临身边同类商品竞争者的威胁,多采用竞争性定价方法,因此其利润空间压缩程度很大。有些企业为了利用竞争性产品定价来维持或扩大自己的市场占有率,这种情况下应当对市场占有目标进行慎重的考虑。如果要维持原有的市场占有率,企业多以市场供求、市场竞争状况为转移,灵活地制定价格。如果要扩大市场份额,企业多会以降价为基本手段,从而达到产业中的渗透和扩张,往往采用攻击性定价方式,但要严格把握降价幅度。

　　(3)中高档消费品的定价策略。区别于一般性产品和低价消费品,中高档消费品具有一定的文化价值。其手艺和用料相对考究,所以常用作礼品或收藏品。由于不同种类的织锦产品具有各自的工艺、图案、历史特点,选用的材质也是各有差别,再加上不能大规模批量生产,市场上流通量有限,所以企业对价格是具有一定控制能力的。除此之外,产地及其周围地区在购买织锦产品上更具优势,在市场可以分割的前提下,实施差别定价是可行的,但是网络平台的出现已经将区位上的隔离弱化了。从另一方面说,不同地域和不同消费群体对价格的敏感程度不同,所以利用价格弹性来分割市场可以增加企业利润。差别定价策略是实际应用中较为典型的定价策略之一,是指对企业生产的同一种商品在不同的销售市场针对不同的客户采用不同的价格。一般来说,就同一种产品对不同类型的顾客采用不同的价格,或经营多种产品的企业对具有密切联系的各种产品所定的价格差别同成本差别不成比例时,就可以说企业采用了差别化定价。与统一价格相比,差别化定价不仅更能接近特定顾客愿意支付的最高价格(保留价格),也可以服务于不能按统一价格购买的顾客,使他们消费得更多,从而使企业获取较大的利润。

　　(4)艺术型产品的定价策略。各种织锦产品都有独特的工艺,但其形成过程大致都可以分为设计、织造、成型三部分。由于现代消费者对传统手工艺品的要求有所改变,他们希望能用传统技术满足新的审美需求,所以市场上出现了专门从事图案设计的文化工作室。一些设计大师亲自执笔而形成图案样式,再配上考究的用料,最终完成的作品往往具有很高的艺术价值。这样的织锦产品不仅具有观赏性,还具有收藏价值,然而他们的定价原理却很少为人所知。目前国内关于艺术品市场的定价方法比较单一,而且学界相关的研究不多。主要还是针对艺术品的年代、艺术家等基本属性做简单的对比核算,多是定性方面的研究。

　　类比估值法是目前国内常用的一种艺术型产品定价方法,主要是用市场上有销售价格的同类艺术品相比较而估算其价格区间。一般市场惯例是将同一位艺术家的作品分为上品、中品和下品,然后以中品为基准来衡量艺术家作品的价格。这种方法需要有相似艺术品流通价,同时需要有专门的估算专家。其优点是方法简单易懂,但缺点是波动性较大、确定性较低,而且在选择相似标的方面具有任意性风险。正是有这些不确定因素的影响,最终的成交价格往往并不落在之前的估算区间内。平均价格法是另一种艺术品定价方法,前提假设是已出售的艺术品价格对新的艺术品价格具有预测性,主要方法是利用艺术家已出售商品的平均成交价格来估算其他作品的价格,比如将艺术家作品的历史售价做成价格曲线,根据其走势来判断新作品的价格。国内现在有两个采用平均价格法来衡量艺术品价格变化的指数:AMI 中艺指数和雅昌指数。AMI 中艺指数以西方 ASI 艺术拍卖指数为依照,以历史行情数据和最新发生的行情数据(来源于拍卖、艺术博览会等)为分析依据,计算出个人作品的市场行情的各个分析指标数据,然后根据个人指标计算出大盘指标数据。雅昌指数由雅昌艺术网搜罗中国艺术品拍卖市场数据库中 1993年至今所有的重要拍卖行的艺术品成交数据编制而成的,涵盖国画 400 成分指数、油画 100 成分指数、分类指数、艺术家个人作品价格指数等,全面反映艺术品拍卖市场各个层面的发展趋势。

4. 定价策略的可行性分析

总体而言,目前织锦产业的定价方式并没有形成体系,各企业的定价策略并不是按照市场实际情况确定的,随意性较强,这也是整个市场运行不规范的体现之一。在产业化发展的过程中,织锦产业必须充分考虑影响定价的四方面因素,在不同细分市场中找到合适的产品定位,对低价产品、普通产品、中高档产品和艺术型产品采取不同的定价策略,以保证市场定价体系的稳定和良好运行。

织锦产业是一个民族性产业,承载着中国古代优秀的传统文化,肩负着文化传播和扩展的使命,所以织锦企业的运营应当考虑顾客对价值的感知。认知定价主要针对在市场中犹豫的消费者,他们对织锦的艺术、材质、文化、历史并不了解,对于这部分人群,企业可以建立一个"艺术无价"的价值状态,引导消费者以这种价值观来对应价格,从而愿意为这种文化产品买单。历史地看,织锦这一产业的发展并不顺利,市场规范没有形成,定价随意性较大。在产业集中区域,生产厂商为了扩大市场占有率纷纷展开价格战,这种竞相压价的现象容易造成恶性竞争,不利于产业的健康发展。中高档商品或艺术型产品也没有规范的定价方式,多数为厂商的经验定价,这导致价格的差距超出理性范围。面对这些现象,政府应当发挥监督和调控作用,从规章制度上入手,加强对产业内竞争的监管。

由于织锦平台商业模式现象的复杂性,难以用一个具体的模型进行详细描述,本章借鉴管理学的研究方法,在对平台经济和商业模式进行综述的基础上。首先从织锦产业价值链入手分析织锦产业商业模式的诉求,按照商业模式的六要素原则,在价值层面上将它们分为价值对象、价值主张、价值实现方式、核心竞争力四个部分,设计了织锦产业的商业模式,并通过研究各要素之间的关联结构性和系统性,剖析织锦产业商业模式的运行机理。之后,本章从织锦网络平台的设计、具体模式和组织构架三个方面阐述了织锦产业平台商业模式的构想。由于定价是企业获取价值的主要方式,本章最后从影响定价的因素、目标、策略几个方面研究了织锦产品的定价问题,提出织锦产业细分市场、差别定价的策略。

织锦网络平台作为一种新的商业模式,连接着交易双方,为他们提供互动机制。平台改变了传统产业的经济构架,对企业的管理理念、运行方式、治理机制和绩效评价等都产生了深刻的影响。如何治理具有双边市场特征的平台?通过平台是否可以提高织锦产业的整体绩效?提高绩效后是否会形成产业垄断?如何对平台进行管制?第六、第七章将研究平台的治理和绩效这两个非常值得深入的领域。

第六章

织锦产业平台治理

　　本章是对织锦平台商业模式的延伸研究,主要讲述织锦产业的平台治理。由于具有双边市场性特征的网络型平台是一种新型商业组织形态,治理机制有别于传统企业科层组织,平台企业需要建立一种平台运营的规则秩序,交易双方都要在遵循这种规则的前提下行动。本章首先提出非正式第三方治理可以有效缓解平台信息不对称问题以及提高平台信息搜索成本的稳定性;其次利用博弈的方法,考察非正式第三方治理机制产生的原因、条件及可能导致有效激励的范围;最后在平台治理的逻辑基础上研究织锦网平台的治理机制和定价实践,回答了织锦平台如何通过平台机制设计建立起"陌生人"之间的信任关系的问题,并通过设计平台的定价机制来吸引平台连接的多边群体,引发网络效应。

　　平台商业模式的兴起,为商业竞争的格局带来了重大改变,平台商业模式的特点是"网络外部性"(Network Externality),即利用群众关系来建立无限增值的可能性①。织锦产业链中,中国织锦网作为平台企业,一方面联系着数以万计的网络用户,向用户提供信息服务和商品服务,另一方面又联系着织锦产业链上众多的织锦批发和零售商、织锦设计商等。平台企业通过一定的价格策略(如对织锦批发零售商收费,补贴织锦消费者),努力促成他们在平台上实现交易。织锦一边市场用户获得的收益随着另一边用户数量的增加而增加,即存在交叉网络外部性或需求方规模经济(Armstrong,2006),交叉网络外部性带来正反馈效应(Rochet,Tirole,2006)。一方面织锦平台吸引的织锦批发零售商越多,带给消费者的效用越大,消费者加入平台的积极性越强;另一方面,织锦平台已有的消费者用户越多,对织锦批发零售商的吸引力越大,织锦批发零售商也就越愿意加入织锦平台。一旦对网络用户实施免费,织锦平台交易量一定会提升,平台企业存在价格结构非中性,可见,经过产业链整合的织锦网是一种典型的双边市场,并表现出特有的双边市场特征。

　　平台的研究是随着双边市场的概念兴起的,平台是提供多边客户资源交流的手段和方法。从网络平台经济理论分析织锦产业链重构问题,构建织锦网垂直型

---

① 陈威如,余卓轩.平台战略[M].北京:中信出版社,2013:19.

平台,更有利于提升平台配置资源的效率。织锦产业的产业链重构和平台商业模式的构建,这种新的商业模式深刻地影响到治理方式的改变。所以,研究网络平台治理是平台商业模式的重要方面,有助于织锦产业平台治理机制的设计,促进织锦平台运行效率的提升。

　　双边市场中平台最基本的功能和应遵循的原则是降低搜寻成本和减少用户共有的交易成本(Hagiu,Jullien,2004)的研究设计了一个双边市场的模型,指出通过对买方提供搜寻服务的质量分级,平台具有提高买方寻找卖方搜寻成本的激励。网络平台组织治理的核心问题是治理机制(即承诺、契约和信任)(Ahuja,Carley,2002[1]);在平台网络交易的复杂关系中,治理机制的存在可抑制机会主义行为(Robinson,Stuart,2000)[2]。平台自身固有的交易场所的虚拟性、交易主体的多样性以及全面监管的不可及性使得各交易参与者彼此间严重信息不对称,机会主义行为频发,具体到本文研究的网络时代中的织锦传统产业,前面的章节回答了产业链为什么要整合,如何整合的问题。整合后的织锦平台如何运营是平台商业模式所必须回答的问题。沿着前五章的思路,本章需要研究三个问题:①什么是平台治理,平台治理有哪些特点? ②网络平台通过什么机制进行治理? 为什么这些机制能够有效地遏制交易中的机会主义倾向? ③织锦平台是如何治理的?

一、非正式第三方治理与平台治理理论

(一)非正式第三方治理

　　平台提供双边市场的交易途径和方法,对平台的研究涉及买方、卖方和第三方(平台方),平台是以某种类型的网络外部性为特征的经济组织[3]。网络平台的治理,与传统意义上的企业治理(Fama,Jensen,1983)[4]和公共管理(Hill,Lynn,et al,

　　① Ahuja M K, Carley K M. Network structure in virtual organization[J]. Journal of Management Studies,2002(3):189-205.

　　② Robinson D T, Stuart T E. Network effects in the governance of strategic alliances in biotechnolory[R]. Working Paper, University of Chicago,2000.

　　③ 徐晋,张祥建.平台经济学初探[J].中国工业经济,2006(5):40-47.

　　④ Fama E F, Jensen M C. Agency problems and residual claims[J]. Journal of Law and Economics,1983,26(2):327-349.

2005)①存在明显的不同,治理在这些部门中的关键作用主要是对受雇负责日常运转活动的管理层的行为进行监控和控制(Eisenhardt,1989)②。

网络平台组织是以关系契约为主的一系列契约的联结,在契约理论中,威廉姆森(Williamson)将契约分成古典契约、新古典契约和关系型契约。古典契约靠法律来治理;新古典契约依赖正式的第三方治理,即依靠国家强制力(如国家司法系统)确保合约的实施;关系型契约由交易双方自己解决合同中的各种纠纷,即依赖非正式第三方治理。网络平台组织的关系型契约的性质使得关系治理成为其重要的治理机制,本章提出网络平台通过非正式第三方治理来解决关系治理的观点。

非正式第三方治理机制在经济活动中是很常见的,如各种信用评级机构、媒体机构、互联网站等。它们的作用主要是传递信息和监督参与人。随着交易在时间和空间上不断扩展,交易的对象从"熟人"转向"陌生人",交易者自身无法事先识别潜在交易伙伴,这时仅靠交易双方建立在个人信任基础上的自我约束不足以激励交易双方信守承诺。因此,非正式第三方(即不是以国家权力为后盾的正式的第三方),就有必要代替直接的交易伙伴成为非人格化交易的治理手段(吴晓露,史晋川,2011)③。网络平台的治理需要确保平台成员致力于合作创新和资源整合,它的治理所关注的是对平台本身及其成员的协调和管理活动。平台治理模式可以分为内部治理和外部治理模式。其中,外部治理模式是指平台成员不直接参与产业创新平台的运行和管理工作,而是由平台成员之外的其他机构代表平台成员的利益对产业创新平台及其活动进行运行和管理。在这种模式下,平台的组织和协调工作都高度集中于成员之外的第三方机构,我们也称之为"第三方治理"(陈潭,2013)。此外,平台治理相关的理论主要有赫尔维茨在1960年和1972年研究社会目标和机制设计时提出的机制设计理论、委托代理理论、可竞争市场理论以及声誉理论。

现有研究鲜有从治理结构视角研究双边市场,可以借鉴的文献集中于"网络组织治理"和"中间组织治理"领域。本章将重点放在织锦网络平台企业的治理研究上,以期从新的视角为双边市场的研究提供理论和实证方面的支持。

治理(Governance)就是构建秩序,目的是解决潜在冲突以实现共同利益。假设人是有限理性的并且是机会主义的,则交易就需要治理。市场交易中固有的风险是参与方不履行合同约定的义务,这种风险会损害交易者的利益。如果交易方

---

① Hill C J, Lynn L E, Proeller I, et al. Introduction to a symposium on public governance [J]. Policy Studies Journal, 2005, 33(2): 203-211.

② Eisenhardt K M. Agency theory: an assessment and review[J]. Academy of Management Review, 1989, 14(1): 57-74.

③ 吴晓露,史晋川.非正式的第三方产品责任治理机制研究[J].浙江社会科学,2011(2):2-10.

有这样的预期,就会减少交易,以致市场萎缩。因此,治理机制的核心是制定一套有效的合约执行机制,对交易中的欺骗和机会主义行为给予有效约束、阻吓和惩罚。现有文献表明,存在三种合约执行机制。第一种是以国家强制力为支撑的官方法律制度,相对应的市场交易秩序称为公序(Public Ordering);第二种是交易当事人私下形成的自我约束和惩罚的制度安排,相对应的市场交易秩序称为私序(Private Ordering);第三种是纵向整合的企业(Integrated Firm),主要依赖关系控制进行交易行为的治理。私序是自发形成的,形成后成为一股强大的新力量,起到约束交易当事人的欺骗和机会主义行为的作用。在确保合约有效执行的机制中,私序是对公序的补充或替代。如哈耶克所说,在创建自主治理秩序的过程中,当地人在特定的时间、空间的本土知识方面占有优势。

对于私序治理机制的研究首先来自新制度经济学家,他们思考的逻辑起点是,如果存在市场不完备或信息不对称,或现实中缺乏正式的产权保护和契约执行制度,市场交易还会不会存在? 对于现实经济的研究为新制度经济学家找到了论据,如格雷夫(Greif,1989),米尔罗姆和诺思(Milgrom,North,et al,1990)、伯恩斯坦(Bernstein,1992)发现人们往往会自发地(Spontaneously)演化出一些替代性的市场治理结构来支撑市场交往,实现潜在的市场剩余。这些治理机制都有一个共同点,即交易方从和交易伙伴的交易中获益,在每一次的交易中,其中一方都有机会欺骗另一方,如果一方欺骗了另一方,失信行为会迅速传遍社区,没有人会再和欺骗者交易。由此交易方良好的声誉有助于减少机会主义行为,未来的收益会引致合作行为的出现。用博弈论的语言来说,就是对欺骗者事后的惩罚会导致交易者做出可置信的承诺,使得他们完成合约责任,从而起到替代公序治理的作用。迪克西(Dixit,2003)进一步说明了非正式治理对正式治理替代的原因,指出由于正式的法律体系的使用成本过高,大量的交易往往由私人交易秩序进行协调。因此,这些基于非正式的契约关系的市场治理结构能对那些基于正式规则的市场治理结构起到重要的补充作用。相关的研究还有格雷夫(Greif,1993)介绍的地中海马格里布商人联盟,伯恩斯坦(Bernstein,1992)研究过的纽约钻石交易俱乐部等。国内的相关研究人员有叶林祥(2007)[1]、李晓义、李建标(2009[2],2013[3])等。

---

① 叶林祥.信息不完备与市场合约执行机制——以转型经济为背景的文献综述[C]2007年全国法经济学论坛论文集,山东大学经济研究院(中心)、浙江大学经济学院,2007.

② 李晓义,李建标.治理的功能、结构与演化:一个概念模型[J].天津社会科学,2013(2):72-77.

③ 李晓义,李建标.不完备市场的多层次治理——基于比较制度实验的研究[J].经济学(季刊),2009,8(4):1 407-1 434

非正式的第三方治理机制的作用主要是传递信息和监督参与人。①信息中介作用(Information Intermediary)。为了解决信息不对称以及违约行为的协调问题,出现了一些寻利的市场中介组织,如贸易协会等。这些中介组织通过发布一些企业合约履行情况的信息,帮助会员企业更有效地相互协作。企业一旦毁约,在中介组织的作用下,企业声誉就会受损,这将会遭受比失去订单更为严重的后果梅米伦和伍德拉夫(MeMillan,Woodruff,2000)。②执行中介作用(Enforcement Intermediary)。由于正式法律机构无法辨别某些特殊行业内的专业性违约信息,可以由行业中介组织直接介入交易者之间的契约执行,如行业的仲裁组织。虽然对交易参与者违约行为的惩罚是实现合作的一个必要前提,但是对违约行为的惩罚往往难以自动实现。市场参与者要实施社会惩罚,需要知道违约事件发生的时间及发生的原因,需要有一个组织机构对违约行为的企业进行社会惩罚。否则,即使市场参与者知道了违约的信息,也因不存在协调机构对违约方实施差别化的社会惩罚,导致对违约行为起不到威慑作用,此时违约方仍然可能有利可图。现实中更可能的情形是,一个卖方欺骗了一个买方后,其他潜在的买方几乎没有什么方法惩罚这位欺骗性的卖方。如果潜在的买方都不实施社会惩罚,这会进一步鼓励卖方的欺骗行为,最终将没有交易达成。一方面,这些中介组织通过扩大规模,使得特定交易双方再次交易的可能性下降,从而每个成员都有积极性去惩罚违约方;另一方面,由于和组织其他成员交易的概率仍然很大,使得每个成员都不敢违约米尔罗姆和诺思(Milgrom,North,et al,1990)。

私序治理与公序治理在依赖的基础、适用的范围、治理的成本三方面存在着差异。

1. 依赖的基础不同

公序治理是根据国家规范性法律建立并借助于正式的法庭、警察、监狱等暴力机器保证被强制要求遵守的秩序,具有正式性、强制性和固定性。私序治理是经济主体基于自动形成的个体关系或自愿加入到某自治性组织团体,在长期交往中所达成并被社区成员内部认可和遵守的自我约束机制。私序(非正式)治理制度,包括以声誉为基础的自我执行秩序、非正式的第三方执行秩序和自治性质的私序组织。

2. 适用的范围不同

公序治理适用于国家法律范围内涉及的所有争端,它利用一个公共的合同法律,有政府强制力支撑,要求所有参与人遵守法律规则。而私序治理适用于达成共识的某一组织内的参与者,它有一套社区成员都承认的约束规则,要求成员自愿地合作。它之所以能保证合约有效执行,在于社区内的所有参与人都承诺遵守行业规则、服从组织独立仲裁者的约定,不遵守这些规则的成员将被阻止在行业内进行未来交易。总之,私序依靠声誉机制,采用集体惩罚,有独立的仲裁者进行协调,促使社区组织内的成员去自觉遵守。

3. 治理的成本不同

私序治理出现的其中一个原因是使用正式法律制度的成本问题。一般市场信息分为私人信息、可观察的信息和可证实的信息。公序治理,即由法庭执行的合同要以信息可证实为行动的条件,如果这些信息不能被证实,那么利用正式的法律制度治理就存在成本过高的问题。而私人治理机制延伸出成本更低、效率更高的争议解决技术。因为争议的处理过程包含了行业内的参与者,他们是交易的重复参与者,熟悉行业仲裁流程及专业知识,能够对不同的争议量身定做争议解决方案,如仲裁可以更灵活地执行,成本也更低。

(二)双边市场和平台企业

双边市场与平台企业是近来产业组织领域研究的热点,也是研究平台治理的起点。在一个市场中,平台通过对两边用户收取合适的价格来吸引两边用户参与到平台进行互动交易,平台成为一个交易场所(Rochet,Tirole,2004)。像游戏软件、支付卡系统、门户网站、电子商务交易就是一些新兴的双边市场(Rochet,Tirole,2003)。实际上,所有企业的经营活动都连接产品服务的供需两边市场,不同的是,一般企业会根据产品的边际成本和市场价格确定产量水平。而平台企业的两边市场是紧密相连的,旨在促使平台两边用户(企业、个人)获得交易收益,主要手段是培养客户、促成交易,价格与网络外部性有关,与边际成本的关系不大。由平台企业提供交易市场,通过网络平台促使买卖双方直接交易(Hagiu,2007)。这种交易模式允许买卖双方直接接触,缩减了多阶段的交易过程,降低了交易双方之间的信息不对称程度。这不仅极大地提高了买卖双方的匹配效率,大大降低了社会交易成本,更为重要的是,在一个具有市场机制的平台网络中,具有双边市场特征的平台企业可以通过建立一个权威治理机制来解决网络社区的信任问题。

首先,平台网络市场对用户行为的积累有一种记忆功能,能够反映用户行为的历史记录、委托人的评价等,即所谓的声誉机制。平台能够建立一个用户之间收益、风险分享与分担的机制,理性的用户会选择诚实守信,因为声誉会给他带来未来的收益。其次,在平台生态圈中,平台企业利用权威地位作为一种特殊手段来治理特殊契约关系。其本质是决策权力的配置,这种决策权力的配置往往决定了平台成员的地位及责任。不同于等级制度与市场关系,平台的权威是平台参与各方之间建立的一种"私人秩序",其来源与产权没有直接关系。平台企业的权威越大,对平台成员的约束与治理能力越强，越有利于平台的协调一致与整体发展，平台治理也越趋向于成熟。

（三）平台的治理结构

治理是指一系列为市场经济的良好运行所形成的公共秩序和私立秩序，包括产权保护、契约执行和公共产品三项基础性制度。首先，没有有效的产权保护机制，就没有人愿意将自己的财富拿出来交易或投资，产权保护体系为人们的生产和投资活动确定了基础。第二，没有完善的契约执行机制，交易中处于不利地位的一方总会受到损害，从而导致市场交易的萎缩，契约执行机制为人们的交易行为提供了保障。第三，公共产品不但为人们的交易活动提供物质设施和信息方面的基础，而且为产权保护和契约执行机制提供组织方面的保障。

在科斯开创的现代企业理论中，企业和市场被看成是资源配置的两种主要的制度安排，以节约交易成本为原则的市场治理（Market Governance）与以节约组织成本特别是代理成本为原则的科层治理（Hierarchical Governance）被认为是两种基本的治理形式。由于环境、市场交易的属性、竞争的方式和特点发生了很大变化，企业组织的边界日益模糊，企业间的互动与合作变得必要而频繁（任志安，2008）。一种介于传统的"企业—市场"之间的双边、多边和杂交的中间组织形态（贾根良，1998），如战略联盟、虚拟企业等，在实践中大量产生（Williamson，1979）从资产的专用性、交易频率和不确定性三个维度证明了中间组织的存在，从而开启了以网络组织这一新的组织形态为对象的"网络治理"的研究。

根据第三章的研究，网络化的环境下，契约与产权已无法完全解释分工的网络效应问题，同样地，具有网络外部性特征的平台的治理在平台经济体系中也增加了需要重新认识和研究的新内容。作为一种典型的网络组织，平台的治理需要借鉴网络组织的治理理论，网络组织治理的研究者认为，网络组织的核心问题是治理机制，网络组织能否运作成功关键在于治理机制能否保证合作各方在合作中有序、同步和高效，治理机制应围绕是否能够有效遏制信息不对称和契约不完全带来的问题。通过梳理文献，发现学者们提出了网络组织的三种治理机制。

1. 混合治理

威廉姆森（Williamson，1991）针对介于市场和科层之间的网络组织提出了混合治理的制度安排。按照交易成本经济学的观点，应该根据交易的特征（资产专用性、不确定性和交易频率）所决定的交易类型来确定相应的治理结构，确定的原则是使生产成本和治理成本最小化（治理成本是指广义的交易成本，即各种治理结构的与激励和协调有关的成本）。在交易特征的刻画维度中，资产专用性最重要。因而,交易成本经济学特别深入研究了资产专用性与治理结构的匹配问题,认为随着资产专用性程度的提高,按照治理成本最小化的原则,最适宜的治理结构应是从市场到混合组织(网络组织或称中间性组织)、再到一体化的科层组织(Williamson,1991)。因为随着资产专用性程度的提高,交易中由于机会主义行为而导致的事后讨价还价、偏离合作的可能性逐渐增加,从而导致市场交易费用逐渐上升。这对权威协调机制(即计划机制或命令机制)作用的逐步增强提出了要求。而从市场到混合组织、再到一体化科层组织的治理结构的变化过程,正是市场协调机制(即价格机制)作用逐步减弱、权威协调机制作用逐步增强的过程。在治理结构的这个变化过程中,虽然官僚主义的组织费用在逐步上升,但在交易所涉及的资产专用性程度逐步提高的情况下,治理结构的这个变化过程对急剧上升的市场交易费用的节约效应也在逐步增大。所以,从各种治理结构的治理成本比较的角度来看,随着资产专用性程度的提高,治理结构从市场转向混合组织、再转向一体化的科层组织,是符合治理成本最小化的效率原则的。

2. 社会治理

混合治理很难将"网络组织"的重要属性即社会关系的作用纳入其中[①]。琼斯等(Jones,etal,1997)[②]扩展了交易费用经济学理论,提出了网络组织的社会治理机制。琼斯(Jones)引入任务复杂性这一维度,使得网络治理建立在四重维度的交易环境中,即在供给稳定状态下需求的不确定性、定制交易中的人力资产专用性、网络团体间的交易频率和时间紧迫下的任务复杂性。Jones提出的模型对网络治理理论的研究做出了巨大贡献。但是具体到网络治理绩效的度量,这种基于交易成本经济学的网络治理观通过以降低交易成本为核心的治理机制的设计,解决了降低成本的问题,但却无法解决绩效的另一个重要方面,即如何提升网络的协同效益的问题。孙国强、李维安(2003)从理论、运作、模式等几个大的方面对企业间网络组织(李维安称之为网络组织)进行研究,具体探讨了企业间网络组织的内涵和特征、生成与构建、运作机制、运作绩效与协作利益、治理机制等几个方面内容。李维安、周建(2005)认为,在解释网络治理方面,企业战略的资源基础论(Resource-based View)更为贴切。企业资源理论认为,当企业无法通过市场和企业内部突破自身的能力或资源的约束时,必须跨越自身的边界,实

---

① 任志安.网络治理理论及其新进展:一个演化的观点[J].中大管理研究,2008,3(2):94-106.

② Jones C, Hesterly W S, Borgatti S P. A general theory of network governance: Exchange conditions and social mechanisms[J]. Academy of Management Review, 1997, 22(4): 911-945.

现企业间资源共享。然而,资源在企业之间的流动是有摩擦、有成本的,所以企业网络组织及其治理的核心就是共享资源共同进化的问题。贝克(Becker,2004)将治理维度表述为影响经济绩效的经济活动维度,他认为企业面临的是复杂的多维度的问题,企业和企业间的交易流程是确定企业治理的最好的出发点,认为知识的组织过程的治理是网络型组织的治理核心。(转引自任志安,2008)

3. 信任治理

在经济生活环境中,信任关系具有节约交易成本的功能,因此要关注企业间信任关系的构建与维持①。为了强调制度对信任的替代,威廉姆森(Williamson)以及新制度经济学将大量的交易成本归结为交易双方的不信任②。可见信任是网络组织的一种重要治理机制。早期的网络组织治理研究提出,网络组织中的信任是一种人际信任,它建立在组织间的人际关系的基础上,通过人际关系的强纽带(Strong Ties)形成共同价值观与道德,以及关系互动中塑造的集体身份认同,促使人们履行承诺,不轻易从事机会主义行为。但人际信任天然面临缺陷:人际互动建立信任必须在一个特定的地域,需要一定的社会基础。

本章认为,平台治理机制的研究需要从基于契约和交易成本理论的混合治理理论出发。与企业等科层组织一样,网络平台也是一系列契约关系的联结(nexus),只不过科层组织是以正式契约为主的一系列契约的联结,而网络平台组织是以关系契约为主的一系列契约的联结。网络平台组织的关系型契约的性质使得关系治理成为其重要的治理机制。本章提出网络平台通过非正式第三方治理来解决关系治理的观点。我们认为有效的平台信任治理机制可以从以下两方面设计:一是设计引入第三方治理者,由第三方来监督网络交易中的欺骗行为、发布传播某些企业行骗的信息,即在平台成员企业的博弈域引入一个独立的参与人即平台仲裁者,其发挥着聚集和传播信息、调解交易纠纷的作用;二是设计平台的定价机制以吸引平台连接的多边群体,引发网络效应。

二、平台治理理论模型

市场的本质是交易,但在信息不完备时,很多有利可图的交易无法达成。为了保证市场的正常运行,需要有相应的机制克服或者减轻信息不完备性问题。经济

---

① 杨蕙馨,冯文娜.中间性组织网络中企业间信任关系对企业合作的作用研究[J].山东经济,2008(2):5-10.

② 张喜征.资源池模式下虚拟企业信任治理模型及实例研究[J].中国软科学,2004(12):65-69.

学的研究早已表明,由于市场交易过程中存在信息不对称,会导致逆向选择和道德风险阿克洛夫(Akerlof,1970)。就商品交易来说,如果买卖双方相互不了解,买方会担心卖方在收到货款后不发货或者提供假冒伪劣商品以次充好;同样,卖方也担心发货后买方不付款。因此,在一次孤立的交易中买卖双方都有违约的动机,如果一方预期另一方事后会违约,那么自己事前最优选择就是不交易,这会导致交易的囚徒困境,产生所谓的"市场失灵"问题。

为了保证市场的正常运行,需要有相应的机制解决或者减轻信息不对称,从而纠正市场失灵。纠正市场失灵的治理机制大致有两条路径:一种观点认为,市场机制本身足以使卖方自发地借助价格(Shapiro,1983)、担保(Bagwell, Riordan,1991)、品牌和广告(Klein, Leffler,1981)、吸引消费者重复购买(Klein, Leffler,1981)等方式来解决其与买方之间的信息不对称;另一种观点则认为市场机制本身不能纠正市场失灵,必须依赖第三方正式的治理机制解决,即依靠国家强制力(如国家司法系统)确保合约实施。

本章提出引入第三方治理解决网络中交易者不能重复碰面所产生的交易信息不足问题,让第三方监督网络交易中的欺骗行为,惩罚违约及实施欺诈的用户,即在平台成员企业的博弈域引入一个独立的参与人即平台仲裁者 M,M 发挥聚集和传播信息、调解交易纠纷的作用。中国织锦网就是这样的第三方平台。本节在新制度经济学研究框架下,考察非正式第三方治理机制产生的原因、条件及可能导致有效激励的范围。

(一)平台治理分析框架

借鉴钱炳(2010[①],2012[②])的研究,本节以平台型企业即网络仲裁者 M(Merchant)为例建立研究框架。平台型企业是一个交易平台,交易双方以商品为纽带建立买卖关系,不论是一次性交易还是重复交易,都可以看作是买卖双方的博弈。我们假定交易双方是有限理性的参与人,而且交易中存在信息不对称。

---

① 钱炳,周勤.中国人真的不能相互信任吗? ——关于"韦伯命题"和淘宝案例的分析[J]. 东北大学学报(社会科学版),2010(5):409-414.

② 钱炳,周勤.声誉溢价是否总是存在? ——来自淘宝网的实证研究[J].产业经济研究, 2012(2):87-94//钱炳,周勤.降低"违约责任保证金"有利于中小卖家吗? ——基于信号传递理论的博弈分析[J].软科学,2012,26(9):60-65.

表 6-1 交易博弈的报酬结果

买家	卖家	
	H	C
H	$\Gamma/2, \Gamma/2$	$-\beta, \alpha$
C	$\alpha, -\beta$	$0,0$

表 6-1 表示交易双方的一个阶段性博弈的结果。在这个阶段性博弈中,有两个参与人,分别是买家 S(Seller)和卖家 B(Buyer);每一个参与人有两种策略,分别是〈诚实(H)、欺骗(C)〉。如果交易双方都选择 H,他们从诚实交易中获得的净收益是 Γ,每人得到其中的一半,即 $\Gamma/2$。如果卖家 S 欺骗买家 B,他得到一个大于 $\Gamma/2$ 的收益 $\alpha(\alpha > \Gamma/2)$,而给买家带来损失 β。欺骗行为会导致社会福利损失,即 $\Gamma > (\alpha - \beta)$;如果买家选择欺骗而卖家选择诚实,则两人的收益分别是 $\alpha, -\beta$。如果双方能够从不诚实的交易中获益,就会带来囚徒困境,双方都预期对方会选择欺骗,那他也会选择欺骗,如果交易只进行一次,双方都会选择欺骗,双方报酬为零。〈欺骗(C),欺骗(C)〉成为唯一的纳什均衡。

为了激励双方交易者选择诚实策略,需要有效的治理机制约束交易参与人的违约动机,我们引入网络型企业作为第三类参与人,即私人仲裁者 M。如上所述,网络型企业作为私人仲裁者 M 承担两项职能,信息中介和执行中介,即它是交易双方违约信息的储存者,也是不当交易行为的裁决者。但由于网络型企业 M 只是民间的裁判机构,无国家强制力为后盾,并不具备实施裁决、强迫被诉方赔偿的权力,因此,我们将其称为非正式的第三方治理机制。为了研究的方便,我们提出如下假设:

(1)在任何一次交易结束后,任何一方都能投诉另一方的欺骗行为,并向网络型平台企业 M 求助。

(2)假设参与交易的任何一方在签约前都能访问网络型平台企业 M,任意一方可以查询另一方先前的交易记录,但需向网络型企业 M 支付查询费 Q,如果不查询,参与人就无法获知交易对象过去的交易历史。

(3)任何寻求完美、公正裁决的一方都要向网络型平台企业 M 支付成本 C>0,但只有他在交易前查询过交易对象的历史记录,网络型企业 M 才接受投诉并展开调查①。

———————

① 这主要是为了解决调查交易参与人资质过程中的"搭便车"问题:那些在交易之前没有调查交易伙伴的参与人在遇到纠纷时将没有资格要求仲裁,这使得每位参与人在交易之前,都有查询交易伙伴交易历史的激励,并且不与没有信誉的参与人进行交易。

（4）如果网络型平台企业 M 经过调查发现，确实是被投诉方采取欺骗策略，他做出判决，要求被投诉方支付投诉方赔偿 J。

（5）网络型平台企业 M 做出裁决后，被投诉方可以向投诉方支付赔偿 J，也可以拒绝支付。由于网络型企业 M 没有法律强制力，无法强制赔偿的执行，但他可以记录未支付的裁决以供其他交易者查询。

（6）如果网络型平台企业 M 弄虚作假，那么在一个时期 T 内，网络型企业 M 只能向参与人索贿一次，做一次虚假记录，之后网络型企业 M 就必须诚实行事，真实记录所有的交易信息。

（7）虚假的记录只能存续一期。在博弈进行的下一期，参与人按其正式类型参与交易，不能通过贿赂网络型平台企业 M 更改自己的类型。

根据上述假设，我们可以建立一个扩展的序贯博弈模型（见图 6-1）。进一步假设，博弈每隔一段时间会重复一次，贴现因子为 $\delta(0<\delta<1)$。

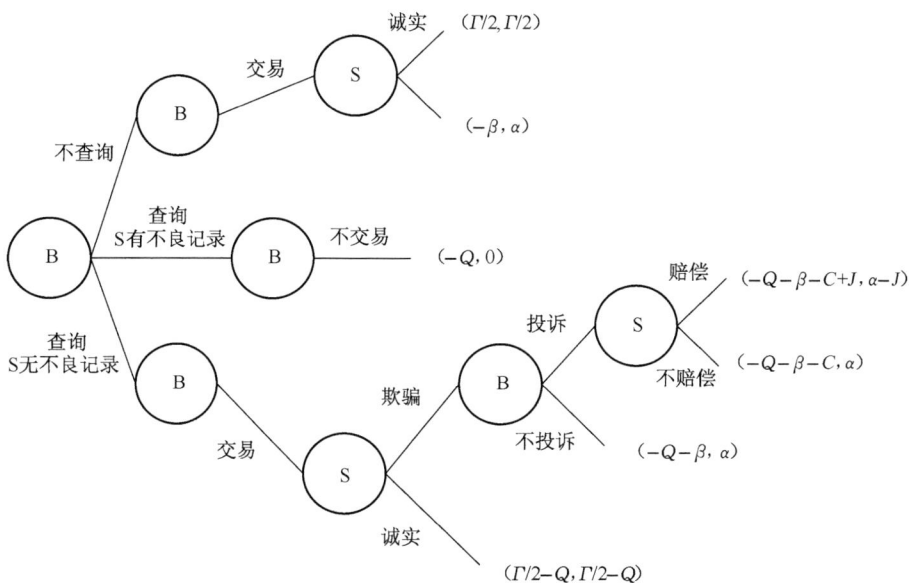

图 6-1 博弈模型框架

（二）平台企业博弈模型

首先考虑网络型平台企业 M 是一个完全公正、中立参与人的博弈结构：假定买卖双方在网络型企业平台上进行交易，在交易结束后，如果买方 B 发现卖家 S 有不正当行为（选择了欺骗战略），他会花费成本 C 向网络型平台企业 M 选择投诉。

网络型平台企业 M 是一个公正、中立的第三方,他会公正地审理和裁决此案。因为网络型平台企业 M 是非正式第三方,其治理机制所进行的裁决并不具备强制性,所以,卖家 S 可以选择支付赔偿,也可以置之不理。但是,如果卖家 S 拒绝赔偿,网络型平台企业 M 可以记录卖家 S 的未履行裁决记录,以供潜在交易者查询。整个博弈始于两个新参与者的配对,终止于网络型平台企业 M 对未履行裁决的记录。假定任意两个参与者只相遇一次,而且这个阶段博弈可以无限重复进行。那么,买家 B、卖家 S 的行动集合将由下列决策序列构成:

(1) 首先,买家 B 在与卖家 S 交易前花费 Q 在网络型平台企业 M 的交易平台上查询卖家 S 的过往交易记录,如果发现卖家 S 有未履行裁决的记录,买家 B 将不会与卖家 S 进行交易,这时,三方的收益分别为 $R_S = 0, R_B = -Q, R_M = Q$,博弈结束。

(2) 如果买家 B 在与卖家 S 交易前花费 Q 在网络型平台企业 M 的交易平台上查询卖家 S 的过往交易记录,如果发现卖家 S 没有未履行裁决的记录,买家 B 将选择与卖家 S 进行交易,博弈进入下一阶段。

(3) 交易结束后,如果双方对交易结果都满意,买家 B 在与卖家 S 获得的收益是平均报酬 $R_S = R_B = \Gamma/2 - Q$,网络型平台企业 M 从买家 B 处获得一个信息查询收益 $R_M = Q$。

(4) 如果交易双方就产品质量存在争议,买家 B 认为卖家 S 提供的是缺陷产品,买家 B 可以支付成本 C 向网络型平台企业 M 投诉,要求卖家 S 予以赔偿;网络型平台企业 M 公正审查后,做出裁决并将裁决结果通知交易双方。

(5) 如果卖家 S 接受网络型平台企业 M 的裁决,愿意向买家 B 支付赔偿 J,在支付赔偿结束后,网络型企业 M 对卖家 S 做出诚信记录。这时,三方的收益分别为 $R_S = \alpha - J, R_B = -\beta - Q - C + J, R_M = Q + C$,博弈结束。

(6) 如果卖家 S 不接受网络型平台企业 M 的裁决,拒绝向买家 B 支付赔偿 J,那么网络型平台企业 M 对卖家 S 的交易记录为"未履行裁决"。这时,三方的收益分别为 $R_S = \alpha, R_B = -\beta - Q - C, R_M = Q + C$,博弈结束。

基于上述分析,我们提出以下命题。

命题 6-1:如果满足 $J > \alpha - \Gamma/2, \delta > (2\alpha - \Gamma)/(2\alpha - Q)$,卖家的策略是选择不欺骗。

证明:如果卖家 S 选择欺骗策略,而买家选择诚实策略,卖家 S 获得的收益是 $R_S = \alpha$,他从欺骗策略中得到的净收益是 $\alpha - \Gamma/2$,因此,为了避免欺骗策略获益,公正的网络型平台企业 M 做出的赔偿裁决 J 必须大于欺骗所得 $\alpha - \Gamma/2$,故 $J > \alpha - \Gamma/2$ 成立;如果卖家选择欺骗策略且拒绝赔偿,他从欺骗策略中得到的净收益还是 $\alpha - \Gamma/2$,但是公正的网络型平台企业 M 在卖家 S 拒绝支付赔偿后会对卖家 S

做出"未履行裁决"不诚信记录,未来的潜在买家在查询交易记录后,将拒绝与该卖家 S 交易,因此,卖家 S 损失未来各期诚实交易的收益 $(\Gamma-Q)/2$,收益的现值为 $\delta(\Gamma-Q)/2(1-\delta)$。要使卖家 S 选择诚实策略,必须使得欺骗策略获得的净收益无法弥补诚实交易获得的未来收益之和,故 $\alpha-\Gamma/2<\delta(\Gamma-Q)/2(1-\delta)$,解得 $\delta>(2\alpha-\Gamma)/(2\alpha-Q)$,命题 6-1 得证。

然而,现实中第三方未必完全公正,他也是理性参与人,希望最大化他的收益。因此以下的分析我们放弃网络型平台企业 M 公正中立的假设,将网络型平台企业 M 看作是一个策略性参与人加入买家 B 和卖家 S 的博弈。在下面推导博弈的均衡解时,不仅考虑买卖双方的激励,同时也考虑网络型平台企业 M 的激励问题,这种假定可能更接近现实世界。

由于现实中网络型平台企业 M 可能会渎职。设想一种简单的情况,即网络型企业 M 向卖家 S 索贿这个行为包括两个方面的行动,一方面威胁从来没有欺骗记录的卖家 S,如果卖家 S 不给贿赂 ω,他就向前来查询的买家谎报说该卖家 S 有不良记录;另一方面,网络型平台企业 M 也可能诱惑有欺骗记录的卖家 S,如果卖家 S 愿意支付贿赂 ω,他就可以把原有的不良记录改为诚实记录。而且,一旦网络型平台企业 M 选择索贿,就暴露了他是一个腐败的仲裁者,因此,卖家 S 无论是否行贿,都不会接受网络型平台企业 M 的仲裁结果。同样的,买家 B 如果和查询结果为良好的卖家 S 交易后发现受骗,他也会意识到网络型平台企业 M 可能是一个腐败的仲裁者,因而在受骗后放弃向网络型企业 M 提起仲裁。

因此,该交换博弈的参与人就变成了卖家 S、买家 B 和网络型平台企业 M。参与人的策略分别是:卖家 S 的行动集合为〈贿赂,不贿赂〉;买家 B 的行动集合为〈购买,不购买〉;网络型平台企业 M 的行动集合为〈索贿,不索贿〉。卖家 S 的情况比以前复杂,我们分开讨论,假设卖家 S 两种类型:

S_1 = 〈一直诚实交易,从未向 M 行贿〉

S_2 = 〈一直采取欺骗策略,且一直向 M 行贿〉

分别考虑:

(1) S_1 = 〈一直诚实交易,从未向 M 行贿〉

首先,如果在某次交易前,网络型平台企业 M 选择〈索贿〉,且卖家 S_1 选择向网络型平台企业 M〈行贿〉,支付贿赂 ω,那么,网络型平台企业 M 会将 S_1 记为诚实,买家 B 查询后,选择和 S_1 进行交易。这种情况下,由于不会有仲裁发生,因此 S_1 肯定会选择欺骗。买家 B 的收益为 $-\beta-Q$,卖家 S_1 获得的本期收益 $\alpha-\omega$。此时,网络型平台企业 M 虽然能获得一个贿赂收益 ω,但也将损失受骗买家 B 未来的信息查询收益 Q。

基于上述分析,我们提出命题 6-2。

命题 6-2：如果满足 $\delta > (2\alpha - \Gamma - 2\omega)/(2\alpha - 2\omega - Q)$，卖家 S 的策略是选择不贿赂。

证明：如果网络型平台企业 M 向从未行贿的卖家 S_1 索贿，只要贿赂不大于 $\alpha - Q/2$，卖家 S_1 支付贿赂 ω。网络型平台企业 M 对卖家 S_1 做出诚实记录。因为交易结束后不会有仲裁发生，因此，卖家 S 的最优策略是选择欺骗，当买家选择诚实策略后，卖家 S_1 获得的收益是 $R_S = \alpha$，他从欺骗策略中得到的净收益是 $\alpha - \Gamma/2 - \omega$。买家 B 的净收益是 $-\beta - Q$。网络型平台企业 M 获取查询收益和贿赂 $Q + \omega$。因为网络型平台企业 M 的索贿行为只能存在一期，所以在下一期，在卖家 S_1 的交易记录将会更改为不良记录，未来的潜在买家在查询交易记录后，将拒绝与该卖家 S_1 交易。因此，卖家 S_1 损失未来各期诚实交易的收益 $(\Gamma - Q)/2$，收益的现值为 $\delta(\Gamma - Q)/2(1-\delta)$。要使卖家 S_1 选择不行贿策略，必须使得欺骗策略获得的净收益无法弥补诚实交易获得的未来收益之和，即：

$$\alpha - \Gamma/2 - \omega < \delta(\Gamma - Q)/2(1-\delta) \tag{6-1}$$

解得 $(2\alpha - 2\omega - Q)\delta > 2\alpha - \Gamma - 2\omega$，因为 $\omega < \alpha - Q/2$，所以 $2\alpha - 2\omega - Q > 0$，因此 $\delta > (2\alpha - \Gamma - 2\omega)/(2\alpha - 2\omega - Q)$，命题 6-2 得证。

如果 $S_1 = \{$一直诚实交易，从未向 M 行贿$\}$，并且在网络型企业 M 索贿时，卖家 S_1 拒绝行贿，网络型平台企业 M 从中作梗，将卖家 S_1 的诚信记录改为不良记录，买家 B 查询后，不与 S_1 进行交易。由于网络型平台企业 M 只能滥用职权一期，并在下一期如实记录卖家 S_1 的诚信记录，因此 S_1 会获得未来交易的机会，即当 $\alpha - \Gamma/2 - \omega < \delta(\Gamma - Q)/2(1-\delta)$ 时，卖家 S_1 的最优策略是不行贿。

命题 6-3：如果满足 $\delta Q/(1-\delta)^2 > \omega$，网络型平台企业 M 选择公正策略。

证明：如果网络型平台企业 M 选择索贿策略，虽然有可能在本期获得贿赂 ω，但会失去买家 B 未来的查询收入。根据假设，在交易开始前，买家 B 会对潜在交易对象卖家 S 的交易记录进行查询，并且只和有诚信记录的卖家 S 交易。因此，如果买家 B 与卖家 S 进行交易后发现网络型平台企业 M 提供的记录虚假，那么，在后面的 $n-1$ 次交易中，该买家 B 都不会选择向网络型平台企业 M 查询。所以网络型平台企业 M 如果选择索贿并提供虚假记录，将失去该买家 B 后面 $n-1$ 次交易前的信息查询收益 $\delta Q/(1-\delta)$。此后，在下一次交易中，如果又有不明真相的买家 B 查询后交易时发现受骗，该买家 B 今后也不会选择向网络型平台企业 M 查询。所以网络型平台企业 M 将失去该买家 B 后面 $n-2$ 次交易前的信息查询收益 $\delta^2 Q/(1-\delta)$。以此类推，直至最后一个买家 B 在第 $n-1$ 期交易中也同样遇到这种情况，网络型企业 M 又将损失最后一期交易的信息查询收益 δQ，将网络型平台企业 M 的信息查询收入加总，得到 $\delta Q/(1-\delta)^2$。只要未来的收益大于当期贿赂 ω，网络型平台企业 M 的最优策略就是公正。命题 6-3 得证。

因此,网络型平台企业 M 选择公正是其激励兼容的行为策略。而且,如果卖家 S 相信,网络型企业 M 选择公正策略的信念是可信的,当然也就不会选择行贿了。换言之,如果卖家为 $S_1 = \{$一直诚实交易,从未向 M 行贿$\}$,那么网络型平台企业 M 作为策略性参与人的纳什均衡为$\{$公正,不行贿$\}$。

(2)如果卖家选 $S_2 = \{$一直采取欺骗策略,且一直向 M 行贿$\}$

首先,如果在某次交易前,网络型平台企业 M 选择$\{$索贿$\}$,且卖家 S_2 选择向网络型平台企业 M$\{$行贿$\}$,支付贿赂 ω,那么,网络型平台企业 M 会将卖家 S_2 记为诚实,买家 B 查询后,选择和卖家 S_2 进行交易。这种情况下,由于不会有仲裁发生,因此卖家 S_2 肯定会选择欺骗。买家 B 的收益为 $-\beta-Q$,卖家 S_2 获得的本期收益为 $\alpha-\omega$。此时,网络型平台企业 M 的收益是 $Q+\omega$。

命题 6-4:如果 $\alpha-\Gamma/2 \geqslant \omega$,卖家 S_2 选择行贿策略。

证明:因为卖家 S_2 一直采用欺骗策略,因此,如果网络型平台企业 M 公正记录他的交易历史,他在市场上就得不到交易机会。如果通过贿赂网络型平台企业 M,他的不良交易记录将会改为诚信,这时买家 B 会与其交易。网络型平台企业 M 接受了卖家的贿赂,暴露了他是一个腐败的第三方,因此,卖家一定选择继续欺骗,而且不会有仲裁发生。卖家 S_2 获得的净收益是 $\alpha-\Gamma/2-\omega$。因为,卖家只能通过行贿改变不良记录一次,进入下期交易后,网络型平台企业 M 将如实记录卖家的类型,未来没有买家与其交易。他未来的收益为 0,预期到这样的结果,通过逆向归纳,只要 $\alpha-\Gamma/2-\omega \geqslant 0$,卖家的最优策略是行贿,命题 6-4 得证。

命题 6-5:腐败的网络型平台企业 M 选择索贿 $\omega = \alpha-\Gamma/2$。

证明:如果卖家 $S_2 = \{$一直采取欺骗策略,且一直向 M 行贿$\}$,假设网络型平台企业 M 不索贿,如实记录卖家的交易记录,将不会有后续的交易发生。他的收益只是买家的查询收益 Q。而如果选择索贿,据上文分析,卖家会行贿,网络型平台企业 M 的收益由 Q 变成 $\omega+Q$,因此通过逆向归纳,网络型平台企业 M 会选择索贿以最大化自身收益,最优的贿赂为 $\omega = \alpha-\Gamma/2$。

因此,给定卖家 $S_2 = \{$一直采取欺骗策略,且一直向 M 行贿$\}$,网络型平台企业 M 作为策略性参与人的纳什均衡为$\{$索贿,行贿$\}$。

(3)我们考虑一种更为复杂的情况,放宽上文提到的假设(7),现在我们假设每一个 T 期,卖家 S 都能通过贿赂网络型平台企业 M 将不良记录改为诚信记录。

命题 6-6:如果 $\delta Q/(1-\delta)^2 < \alpha-\Gamma/2$,网络型平台企业 M 将趋于瓦解。

证明:如果卖家每一期都有机会通过贿赂修改他的交易记录,那么,只要卖家从欺骗中获得的净收益 $\alpha-\Gamma/2$ 足够大,那么卖家每次都会选择欺骗策略,拒绝网络型平台企业 M 做出的裁决,每次通过贿赂网络型平台企业 M 获得新的交易机会。潜在的买家因为得到错误的信息,上当受骗,因而停止向网络型平台企业 M 征询信息,网络型平台企业 M 因为受贿损失的收益为 $\delta Q/(1-\delta)^2$。如果 $\delta Q/(1-\delta)^2 < \alpha - \Gamma/2$,那么网络型平台企业 M 与卖家 S 之间达成贿赂修改交易记录的秘密协议就是激励相容的。长此以往,随着了解网络型平台企业 M 的买家 B 的人数成几何级数增加,网络型平台企业 M 信用将不断下降,参与平台交易的买方日渐减少,卖家也随之减少,由网络型平台企业 M 连接的交易域日渐萎缩,网络型平台企业 M 会因为收益越来越少而趋于瓦解。

三、织锦网络平台的治理机制

(一)织锦网络平台的运行机理

织锦网络平台(简称织锦平台)的性质是专业性垄断平台。首先,除了价格非中性、交叉网络外部性和双边用户间需求的互补性这些其他双边市场所具备的特性外,由于织锦产品的非物质文化遗产的背景,织锦平台更能够区分专业参与者和普通参与者的特征,织锦平台又是一个专业平台。第二,实践经验告诉我们,区别于传统的垂直竞争战略,平台的双边特点的主要魔力在于实现网络效应,平台适用于很多行业,并不是互联网所特有,信息技术只是让实现网络效应的成本更低,效应规模更大。捕捉网络效应并激发网络效应是平台成功的关键。南京云锦作为织锦行业规模最大、市场占有率最高的企业,在聚集和吸引供应商、消费者、设计者进入平台中具有得天独厚的地位和作用。若在平台发展的过程中,织锦平台能够准确地拿捏好"各边"的增长态势,引发网络效应并推波助澜,则能够达到规模发展的正向循环,实现织锦产业的"赢家通吃"。所以,织锦网具有较为明显的垄断平台的特点。第三,平台模式中,对于用户"边"的定义,必然拥有开放性的特质,但是由于产业与市场性质的不同,有些平台会选择"用户过滤机制"来将不符合准则的用户排除在平台生态圈之外。可以想象,平台面对某一边用户的策略不只是完全开放或完全封闭两种选择。开放平台中,市场买方与卖方各成员可以自由进入平台市场;封闭平台中,现有成员可以阻止后来者进入。织锦平台建立的目的是对传统产业的现代化改造从而挽救濒临萎缩的非物质文化遗产。所以织锦平台在建设初期应该采用用户过滤机制选择织锦供应商,确保消费者能够在织锦网这个专业平台上购买到织锦真品,为织锦平台的声誉打下基础;而对于消费者这一边,则采用完全开放的策略,尽量吸引更多的织锦爱好者或潜在的爱好者。织锦双边市场中,交叉网络外部性表现出网络用户既关注织锦产品数量,又关注织锦产品质量,提高质量是提高用户忠诚度最有效的手段,是在激烈竞争中获取成功的关键,织锦生产和销售环节为了各自的生存必须不断进行创新。由此形成交易促进产品创新,产品创新促成更多交易的良性循环,达到改造非遗的平台建设的初衷。

1. 织锦平台的双边市场特征

平台商业模式是指连接两个(或更多)特定群体,为他们提供互动机制,满足所有群体的需求,并巧妙地从中赢利的商业模式[①]。互联网为平台的概念提供了前所未有的契机,传统的织锦产业链是单向的、直线的,各个环节的成本与利润层层加码,最后体现在织锦的零售价上(如图 6-2)。织锦产业链植入平台,通过对各类多媒体信息资源进行组织、整合、控制、划分,并进行有效管理。

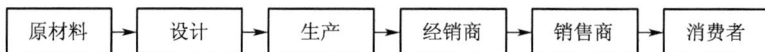

原材料 → 设计 → 生产 → 经销商 → 销售商 → 消费者

图 6-2 织锦传统产业链

如图 6-3 所示,织锦平台连接了原来处于产业链直线链条上的各个环节,使得原来单向直线的产业链发生了变化。这种变化是革命性的,消费者的爱好和需求通过平台反馈给产业链各个环节,平台"弯曲"了原来直线的产业链,连接了生产者和消费者,提供了对织锦需求方的分析,织锦需求引导供给的基础。可以说织锦平台改变了织锦产业链上各个企业的赢利的着眼点,即由传统的制造加工销售转变为寻找赢利契机的需求与供给之间的连接点。对于织锦供给者来说,平台为他们提供前所未有的机会,不同环节的供给者根据消费者的需求,在平台上交易;原来各家企业自行设计导致的资源浪费和成本过高现象也可以通过平台极大地改善。此外,平台另一个重大作用就是不仅能够吸引更多的生产者和消费者的加入,还能够吸引更多的设计者。这些体现了平台商业模式交叉网络的外部性的重要特点。

从平台建设的角度来看,平台需要利用网络外部性持续增强竞争力。如腾讯 QQ 和微信之所以能够快速增长,主要的原因是捕捉到网络的外部性。它通过人与人之间关系网络的不断增值,吸引了众多网迷,成为人们社交的必需品。平台企业不仅是提供渠道的媒介,提供机会的中间商,更重要的是需要建立一个完善的机制,让越来越多的各方利益相关者能够彼此交流、彼此互动,实现总体绩效的增长。

通过第四章的分析,可知织锦产业链主体众多,并处于不断演变中。其中织锦

① 陈威如,余卓轩.平台战略[M].北京:中信出版社,2013.

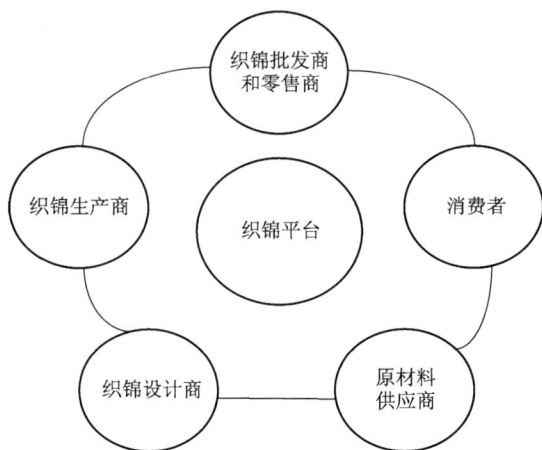

图6-3　织锦平台产业链

生产商、织锦平台、织锦用户三者的互动关系是其重点。而终端织锦设计商、原材料供应商等作为织锦平台的服务者,起着幕后支撑的作用。产业链上游是织锦生产商,中游的织锦平台在产业链中占核心地位,是"关键种群",下游主要包括网络用户。织锦产业链中,中国织锦网作为平台企业,一方面联系着数以亿计的网络用户,向用户提供信息服务和商品服务,另一方面又联系着众多的织锦批发和零售商。整个产业链中,只有最终用户提供正现金流,平台企业通过一定的价格策略努力促成他们在平台上实现交易。织锦生产商以及批发零售商不再各自为政,独立管理,而是通过平台发挥网络效应表现出明显的互补性(被称为交叉网络外部性或需求方规模经济),即一边市场用户获得的收益随着另一边用户数量的增加而增加(Armstrong,2006)。更重要的是,交叉网络外部性将带来正反馈效应(Rochet,Tirole,2006)。因此,一方面,织锦网络平台吸引的织锦批发零售商越多,给织锦消费者带来的效用越大,那么织锦消费者加入平台的积极性也越强;另一方面,织锦平台已有的消费者用户越多,对织锦批发零售商的吸引力越大,织锦批发零售商也就越愿意加入织锦平台。一旦对平台用户实施免费进入,织锦平台交易量一定会提升,平台企业存在价格结构非中性。

可见,织锦平台是一种典型的双边市场,并表现出特有的双边市场特征:一方面可以直接通过与客户、供应商等的交流来促进平台各个企业绩效的提升,另一方面可通过对获取来的相应资源进行系统的整合来间接促进平台企业绩效的提升。

2. 织锦平台的技术知识特征

织锦平台是具有知识型组织的专业服务平台,参与方中的创意设计用户不仅可以通过平台交易展示富含专业知识的设计和销售理念,也能够通过平台了解消费者的爱好、织锦生产商的需要,进一步改进和丰富自己的创意和理念。其交易过程具有知识服务过程的特点。为了有效管理这一交易过程,知识的提供方与知识的接受方之间需要签订契约。对于织锦平台而言,织锦技术平台的资产专用性,各方资源和能力的互补性,以及合作的不确定性,决定了织锦网的技术知识的特征。

首先,织锦产业具有较强的资产专用性,尤其是织锦工艺技术、织锦专业设备以及织锦创意。同时,由于织锦业本身对分工协作的内生要求,导致分工协作厂商之间的专用性投资要远高于其他的产业。按照威廉姆森(Williamson)对资产专用性形式的划分,本书认为,织锦平台的资产专用性主要是人力资本(如技术专家)的专用性和物质资本(如技术设备)的专用性。资产的专用性使得资产的拥有方具有利用契约不完全性而去占用资产使用方准租金的动机,从而产生机会主义行为。因此,织锦平台的知识服务双方必须借助法律法规、合同来约束、规范彼此的行为。

其次,织锦平台的技术在共享时,可能会出现知识共享的"社会困境",即平台成员只愿意免费使用共性技术平台知识库中的共有知识,而不乐意将自己的知识共享出来,也不愿意对知识库中的知识进行加工整理和更新。但是,如果没有有效的维护和知识共享,织锦平台知识库中的技术知识的价值将得不到有效发挥,甚至会逐渐丧失价值。此外,平台成员在进行技术知识协同创新时,会存在创新知识的产权归属、风险分担问题。这些问题要求织锦平台必须对织锦技术的供给、产出给予明确的契约规定,明确供给者和使用者的权力、义务。为了防范机会主义风险,保障各方的公平权益,平台的管理方以及交易各方必须建立尽可能完备的契约。

织锦平台的建设需要确定不同的用户群体是谁,他们的原始需要是什么。在一个商业机制成熟的社会,人们可以轻而易举地购买到任何新颖的产品。但织锦产品具有文化的特性,当特定的需求者需要购买织锦的普通产品或收藏品(如有标识的云锦),却不容易找到有效的渠道。与淘宝交易平台不同的是,织锦平台是个专业性的平台,平台对用户身份的鉴定(如实名制),可以保证供应商是专业的织锦生产和销售商,提高平台交易的可靠程度并促进织锦交易的形成。

3. 织锦平台产业链整合的特征

织锦产业链中各参与主体职能相对独立,模块化分工是该产业的一大特征。纵向分工是提高生产效率的重要途径,而且有利于整个产业链的稳定发展。关于产业链分工的具体方式主要有两种:第一种由一个企业内部实行纵向一体化完成,第二种由分散在产业链上的各个环节的主体企业独立完成。其中,各分散的主体企业可以基于长期合作关系签订纵向契约,也可以形成纵向分离(杨蕙馨等,

2007)。

在经济全球化和科学技术日新月异的今天,仅对产业链上下游进行详细分工还不能必然促进产业的发展,更重要的是对分工后如何进行组织与协调,以实现分工基础上产业链的纵向整合与协同。目前我国织锦产业上游产业链中生产商数量众多,且普遍创新力量薄弱,产品质量低下,通过大型有实力的生产商(如中国南京云锦)的改造带动实现产业链的横向整合,从而形成产业规模化、集中化是织锦网的特征之一。积极有效的产业链整合模式的采取,能够合理安排成员企业的角色与相互关系,激励各成员企业积极参与到价值创造活动中,实现一个具有协同效应的整体模块化价值创造系统,最终赢取产业链竞争的胜利。织锦产业纵向一体化能提升产业链整体竞争力,产业链上游生产商之间的横向整合能给产业链整体竞争力的提升带来正效应;织锦平台与织锦生产商、销售商建立长期深度合作关系,能促使产业链整体竞争力增强。

4. 织锦平台的"赢者通吃"特征

"赢者通吃"是双边市场的一大特征,强者愈强、弱者愈弱。速度自然是竞争的焦点,并且这种竞争类似于商业生态系统之间的对抗。平台产业中,只要以下两项条件(高度的跨边网络效应和高度的同边网络效应,高度的转换成本)的程度越高,"赢者通吃"的现象就越有可能发生[1]。

首先是织锦平台的跨边网络效应和同边网络效应。网络外部性效应可以分为跨边与同边,跨边网络效应是指某一边市场用户的规模增长会影响另一边用户使用该平台得到的效应;同边网络效应是指某一边市场用户的规模增长会影响同一边其他用户所得到的效应。织锦平台最强大的网络效应"捕捉"机制,正是符合织锦产品的特点和符合织锦用户心态的功能。跨边网络效应:织锦平台通过市场机制让买卖双方直接在网上进行交易,并构建包括信息框架、监督评价机制、承诺保证机制和第三方支付等功能机制,确保买方与卖方之间能够顺利交易。织锦平台找到了连接供给与需求间的契机,引发了织锦积压已久的跨边网络效应。织锦平台是个专业性的平台,平台对用户身份的鉴定(如实名制),可以保证供应商是专业的织锦生产和销售商,这大大地提高了平台交易的可靠程度,使得平台不仅成就了织锦的交易,更是织锦文化"传播、反馈、再传播、再反馈"的生态圈。同边网络效应:西方文化重视个人隐私,而中国文化强调群体的力量,这些差别在织锦平台的构建机制被放大后,有可能引发同边网络效应。织锦作为"小众"产品,长期以来是通过商务礼品、旅游产品和装饰用品以集团渠道销售的,织锦平台网中可以看到素

---

① 陈威如,余卓轩.平台战略[M].北京:中信出版社,2013:165

昧平生的用户就织锦产品和织锦承载的传统文化提出自己的看法并彼此支持,对同边网络效应产生正向激励。

其次是织锦平台的转换成本。转换成本是为了防止用户轻易脱离某个平台,转向竞争对手平台的壁垒。转换成本是用户离开平台时所需要承担的损失。织锦平台通过补贴定价、与供应商和设计商之间的契约协议、织锦设计联盟的设计和织锦文化传播,由此构建的织锦平台的"绑定"策略,能够提高织锦用户的转换成本。此外,织锦平台的技术知识性也增大了用户的转换成本。

(二)织锦网络平台的治理对象和治理关系

中国织锦网是一个织锦产业文化展示和产品交易的服务平台,具有第三方平台性质。南京云锦作为中国织锦行业的龙头企业,可以利用多年在行业内积累的声誉和实力构建织锦网。作为一个独立的交易平台,织锦网只提供网上开店运营平台,不直接从事商品买卖。在成功地引发织锦平台的网络效应之后,织锦网最终建设成为一个开放、共享的电子商务平台。与所有的平台一样,织锦网治理面临解决交易双方信息不对称的问题。织锦平台的治理是对织锦的生产、批发、零售、消费和服务以及平台企业和其他用户之间各种交易行为以及利益关系的治理。主要治理两类利益关系。

1. 织锦网络平台资金供给者与平台管理者之间的委托代理关系

传统的制造业企业提高竞争优势的方法是通过供应链的管理设法压低产品的单位成本。对于平台企业而言,平台初始投入的建造成本往往所占的比例非常大,之后每位客户所代表的单位成本却微不足道。织锦平台可以吸收主要织锦生产供应者的支持参与,包括以四大名锦(南京云锦、四川蜀锦、苏州宋锦、广西壮锦)为主的织锦制造业企业以及以织锦博物馆、文化馆、工艺美术研究所、织锦创意研究机构组成的织锦设计者。这些机构可以作为织锦网企业的股东,但他们的自身业务与织锦网业务是相互独立的。这个层面上形成的是织锦产品供给者与平台管理者之间的委托代理关系,詹森(Jensen)和迈克林(Meckling)将委托代理关系定义为一种契约或合同,平台的出资者即委托人,不直接参与平台的管理,而织锦网作为平台的管理者,行使管理职权,由此形成一种委托代理关系。此类委托代理关系的主要治理机制类似于传统的公司治理,限于篇幅,本书不做赘述。

2. 织锦网络平台用户与平台管理者之间的平台契约关系

织锦平台的用户包括以织锦供应商为主的织锦供应者和具有一定差异的织锦消费者(专业消费者与一般消费者)。织锦平台组织是以关系契约为主的一系列契约的联结体,织锦平台用户与平台管理者之间的关系,我们称之为平台契约关系。

建立织锦平台的第一步,就是确定平台连接的不同用户群是谁,他们的原始需要是什么。如何设计适合自己的产业与服务群体的整套机制是平台是否能够激发网络效应的关键。平台模式中网络效应有"正向"和"负向"之分,当网络响应呈现负向则意味着某些成员的加入会降低其他使用者的效用与意愿,这类不良用户的纳入,严重时会导致欺诈等行为。织锦平台管理者必须设计配套机制,避免对平台的声誉产生负面影响的情形出现。

为了激励双方交易者选择诚实策略,促使织锦平台用户与平台管理者之间平台契约关系的实施,需要有效的治理机制约束交易参与人的违约动机。根据平台治理理论模型,织锦平台作为第三方参与者,承担两项职能:信息中介和执行中介。即它是交易双方违约信息的储存者,也是不当交易行为的裁决者,织锦平台的治理属于非正式的第三方治理机制。本节将平台治理的重点放在解决平台契约关系的非正式第三方治理机制。

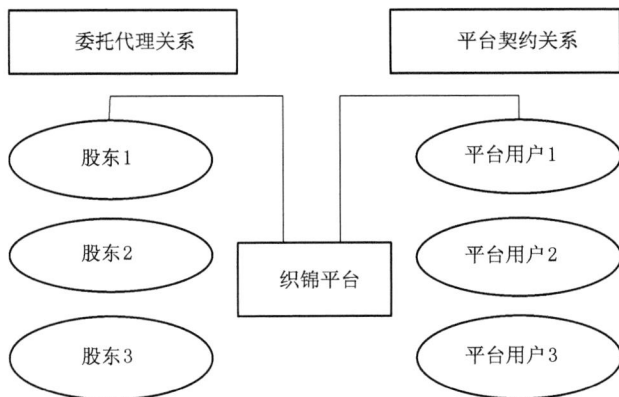

图 6-4　织锦平台治理对象和治理关系图

(三) 织锦网络平台的第三方治理机制

具有典型双边市场特点的中国织锦网主要以 B2C、C2C 的模式为买卖双方提供交易平台。织锦平台应借助淘宝商城的开放理念,可以建立一个近似完全竞争的市场:不仅开放买卖双方的数据,开放内容还应该涉及交易、营销推广、物流以及仓储业务。织锦平台将采取注册用户的形式,吸引消费者用户点击织锦平台。织锦平台打造的市场竞争机制将是有效遏制卖家的机会主义倾向、减少信息不对称的利器。

为了解决信息不对称,淘宝平台设计了两种机制,一是卖家发送保障标记的

"信号机制",二是基于买家反馈的"声誉机制"①。首先,卖家通过信号传递来消除"逆向选择"问题。信号主要有以下几种,卖家的信用等级、正品保障、如实描述商品、七天无理由退货等。卖家通过上述种种信号向买家发送自己是诚信类型的信号,买家可以根据信号对卖家进行甄别,并选择是否与其交易。其次,监督评价机制和承诺保障机制的建立是淘宝声誉机制建立的核心。声誉机制的激励作用是平台声誉治理的动因。声誉作为一种隐性的激励为卖家提供了动力机制。因为人们在寻求合作对象是否诚实的信息时,经历将起到很大的作用,也就是另一方过去的行为及其完成合约所形成的声誉是很重要的。卖家如果选择欺骗,虽然能获得短期的收益,但却会丧失所有未来收益的机会。因此,理性的卖家为了获取未来交易的收益而选择诚实,这样声誉就成了合约的隐性激励机制,使参与人之间的信任和诚信交易得以保障。织锦平台的信号机制和声誉机制类似于淘宝。

　　织锦平台是具有典型意义的平台企业,它不仅为织锦买卖双方交易提供一个市场,并且织锦平台的构建因为有类似支付宝的第三方支付的设计,通过有效的制度设计解决了网络社区中的信任问题,可以极大地降低整个平台社区的交易成本,并且治理结构对市场参与方起到监督评价、承诺保证、协调等作用,如图6-5所示。

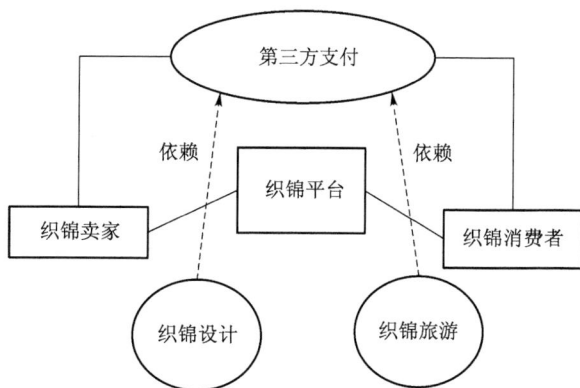

图6-5　织锦平台第三方治理结构图

　　图中的第三方支付提供了第三方担保的功能,第三方支付的存在不仅能够解决消费者对网络市场的疑虑,还能够弥补平台"赢家通吃"的条件:①高度的跨边网络效应和高度的同边网络效应;②高度的转换成本。

<hr>

　　① 钱炳,周勤.中国人真的不能相互信任吗?——关于"韦伯命题"和淘宝案例的分析[J].东北大学学报(社会科学版),2010(5):409-414.

首先,平台以自身的信用为交易提供担保,能够有效地解决传统贸易中出现的"拿钱不给货"和"拿货不给钱"的道德风险问题。市场不会因为逆向选择的存在而萎缩。如果在成交协议完成后,织锦卖家没有向买家寄送货品或者消费者收到的物品与描述不符,作为第三方监管,织锦平台将提供与货品价值等额的全额赔付;如果消费者收货后不付款且又不能证明商品有瑕疵,在设定期限过后,第三方支付将自动付款给卖家。

其次,在线支付平台能够提供贯穿织锦生产、织锦设计和织锦旅游等诸多产业的现金流,这种现金流的方向是多维的,包括卖家与消费者之间,卖家与卖家之间,消费者与消费者之间。类似于支付宝的功能,用户之间相互转账、赠送等,织锦平台生态圈提供了正向的强烈的跨边与同边网络效应,弥补了织锦平台"赢者通吃"的第一个条件。

最后,第三方平台支付是有平台声誉的代表,它的担保系统解决了多方交易者之间的"陌生人"信任问题,得到使用者信任的第三方支付能够消弭用户转换的可能性,即提高了织锦用户的转换成本,这些成本包括多种支付方式的管理问题、资金的分散以及被盗的风险。

(四) 织锦网络平台的定价实践

织锦网平台作为专业性垄断的平台,平台参与者异质性比较明显,能够比较容易区分出专业参与者和普通参与者。比如,与生产商进行交易时,专业性的消费者获取有文化价值、收藏价值的织锦得到的效用会更高,而普通消费者对此的敏感性可能不强,这表现为参与者交易价值的异质性。同时,参与者的成员价值也存在异质性,比如专业消费者参与平台服务获得的内在成员收益会比较高。区分用户异质性来源的重要性是因为市场一边的参与能够有效地决定平台另一边的质量。所以,像任何一个必须同时选择质量和数量的垄断者,平台将边际参与用户的网络效应内在化而不是平均参与用户(Spence,1974)。

根据第三章的垂直型垄断平台理论,分析织锦网平台的双边市场还可以得出类似阿姆斯特朗(Armstrong,2006)的研究结论。在该市场上,织锦网平台免费为消费者提供有关织锦产品的相关信息(如产品种类、产品原料、产品用途等),进而吸引消费者进入织锦网平台进行消费;而对运营商和服务提供商收取一定的进入费用。织锦网平台还可以在固定另一边参与者数量(如生产商)时,通过调整任何价格可以在该边(如消费者)实现任何想要的参与者数量。织锦网平台的社会最优定价为平台一边每增加一个参与者提供服务或商品的成本减去该参与者带给另一边的效应。织锦网平台利润最大化对每边的最优定价与社会最优定价相比存在两个扭曲：一是由于市场势力带来的扭曲，这和古典单边垄断市场是一样的；另一个是 Spence 扭曲，这主要看织锦网平台中专业参与者和边际参与者的平均交易价值的比较之差。而这些主要是因为织锦网平台参与者的成员价值与交易价值异质性的特点。总而言之，双边市场定价最基本的原则是市场两边的价格是相关的，即无论平台的目标是利润最大化还是福利最大化，无论收取的是注册费还是交易费，都必须要考虑一边的价格对另一边的影响，因而平台要共同决定市场两边的价格，而不是分开地、独立地制定各边的价格(Schiff,2003)。

此外，双边市场的价格监管一直是理论界与实务界非常关心的话题。事实上，庇谷定价需要解决每边的固定部分的扭曲，而不是只有一边，即网络中立或者交换费用。织锦网平台解决双边扭曲时，必须考虑到这些扭曲的大小，而私人最优定价时古典市场势力规模的大小和市场另一边斯彭斯扭曲的大小都会对扭曲的大小产生影响。因此双边市场中监管者应该更多地着眼于对具有较大扭曲的一边来降低价格。同时，价格监管需要有详细的需求信息，监管机构可能无法获取，所以如果只监管市场的一方可能更具吸引力，尤其是市场力量被认为对那边的价格特别扭曲。因此舍辛斯基(Sheshinski,1976)认为价格管制有很强的倾向会减少质量。双边市场中"质量降低"来对市场另一边用户收费的进一步价格扭曲。当然，当交互收益是负的，尤其如果斯彭斯扭曲向上，这可能是可取的：比如织锦网平台消费者的价格上限可能会涌入更多的商家，这对商家很有可能是一个制衡市场势力的方法，不过比起边际消费者，专业消费者更厌恶卖赝品的织锦织造商。但在正的交互收益和 Spence 扭曲的情况下，当价格监管特别没有吸引力，舍辛斯基(Sheshinski,1976)数量监管的建议可能更有吸引力，因为它并没有改变市场另一边的定价激励措施。有关价格监管更详细的分析则需要进一步讨论。

与我们熟悉的"熟人社会"相比，平台提供的双边市场是一个典型的"陌生人"社会：交易双方交易时并不见面，不知道对方的姓名、性别等基本信息。交易双方处于信息不对称的地位，一般来讲，卖家处于信息优势：卖家掌握商品质量、自己是否诚实等私人信息；买家只能通过卖家提供的有关商品的图片和相关介绍来了解商品的信息，处于信息劣势。具有信息优势的卖家具有选择欺骗的机会主义倾向。

本章研究织锦产业的平台治理问题，首先提出平台治理的核心是解决平台各边之间的信任问题。平台企业作为公正、独立的第三方，不仅是平台生态圈信息的储存器，也是平台交易纠纷的仲裁者，所以非正式第三方治理最契合平台解决信息不对称问题以及提高信息搜索成本稳定性的目标。其次本章第三节在新制度经济学研究框架下，考察非正式第三方治理机制产生的原因、条件及可能导致有效激励的范围。此外，由于平台定价机制对于平台引发网络效应的重要性，补贴模式是平台商业模式的关键环节。本章的第四节在第二节和第三节关于平台治理的逻辑基础上研究织锦网平台的治理机制和定价实践,回答了织锦平台如何通过建立起"陌生人"之间的信任关系的问题:一是设计引入第三方实施者,即织锦平台企业,让第三方监督欺骗行为、传递某些企业行骗的信息,通过向卖家发送保障标记的"信号机制"和建立基于买家反馈的"声誉机制",遏制卖家(也可能是买家)的机会主义倾向;二是设计平台的定价机制以吸引平台连接的多边群体,引发网络效应。

第七章
织锦产业平台治理绩效

本章主要研究织锦产业平台治理的效率问题。由于环境、市场交易属性、竞争方式和特点的变化,企业组织的边界日益模糊。平台是网络组织的一种新的形态,平台治理的根本目的是促进平台提高效率。它既不是平台上的企业的绩效,也不是平台运行的网络公司的绩效,它是平台整体"虚拟组织"的绩效,所以评价和衡量以网络外部性为特征的平台组织的绩效是十分棘手的问题。本章首先从平台的治理目的出发,提出本章的研究视角和研究思路;之后根据网络平台的治理绩效理论,构建了中国织锦产业平台的治理绩效指标体系;最后根据中国纺织电商化后的数据,分析中国织锦网的现代化改造植入平台的绩效,并用仿真方法模拟评价网络平台的绩效。

以网络经济学、信息经济学为基础的双边平台理论是随着银行卡、软件、传媒、电子商务、移动增值服务、即时通信等产业的发展而兴起的产业组织理论内一个新的研究方向。这类产业具有相似的特征,即由平台企业提供产品或服务,两端市场的用户通过平台这个媒介实现彼此的交易沟通,从而有别于传统仅由供给方与需求方二者组成的单边市场。平台企业通过吸引两端市场用户进驻平台而获得收益,并且拥有对双边用户的定价权,利用非中性的价格策略以及其他策略实现平台企业利润的最大化。

双边市场理论强调企业之间的互补共赢,但目前运用双边市场理论来研究制造业的文献很少,且双边市场理论主要研究倾斜定价(Skewed Pricing)问题,而本书研究的产业链整合以及产业链整合的绩效属于非价格竞争范畴,相关的研究较少。本书认为,产业链整合的目的是提高产业竞争力,要想有效发挥网络配置资源的独特功效,就必须要回答产业链整合、产业利用平台治理所产生的绩效。本章要讨论以下三个问题:①与传统的企业绩效相比,平台绩效有哪些特点? ②如何评价平台治理的绩效? ③中国织锦产业植入平台商业模式后绩效会发生什么样的改变?

现有研究表明,国内外学者在公司治理和公司绩效研究方面取得了丰硕的成果,大量文献资料表明优秀的公司治理可以减少股东和管理者之间的利益冲突以提高公司价值。但是,当企业集团、战略联盟等网络组织成为主流发展模式时,"企业与企业之间所形成的交集中,不仅仅是层级的权威、命令等机制和市场的价格机制在起作用,其中似乎有一种更加微妙的治理机制在发挥着效力"(郭劲光,2005)。网络平台治理的核心问题是治理机制(承诺、契约和信任),学者们定性地研究了治理与网络规则的含义等,并从任务特征、组织结构与绩效之间的关系入手,定量地研究了虚拟组织的绩效问题(Ahuja,Galletta,Carley,2003)①。

由于网络平台中高水平的整合能力有效地遏制了机会主义行为,各种由机会主义问题而产生的讨价还价行为可以在很大程度上得到避免,从而大大减少了交易成本(武志伟等,2005)。整合能力越强,交易或合作的期望目标越容易实现,从而以平台合作来代替纵向一体化,以达到资源共享、避免科层官僚成本、缓解企业自身资源瓶颈的战略初衷越容易实现(彭禄斌等,2010)。而交易双方缺乏协调能力,彼此误解并产生信任危机,会产生"机会主义行为",导致额外的交易成本产生(Wageman,Baker,1997)。因此,协调能力有助于从降低成本的角度提高平台治理的绩效。

平台治理绩效是衡量平台组织存在价值高低的重要标准,但平台治理绩效的评价尚未有明确标准,以往的研究主要着眼于网络组织的具体形式,分别采用不同的评价方法研究其绩效。如战略联盟的绩效通常被分为运营绩效、财务绩效和组织绩效三部分;供应链绩效的评价通常是确定指标的权重和方案评价法相结合;产业集群的绩效评价主要有主观赋权、客观赋权和平衡积分卡等。

一、平台绩效研究的框架和思路

本书认为,平台治理的根本目的是促进效率。平台的绩效不同于传统企业组织中的经营绩效,平台绩效也不同于平台福利,应该从全社会资源配置优化的角度去考量平台共享模式的治理绩效。平台绩效应该是平台参与各方协同效应的结果,其本质是平台组织的良性发展和成长,包括平台规模的扩大、平台企业盈利能力的增强、平台评估价值的提高和融资能力的提升等。

本章研究织锦产业平台治理的效率问题。从平台的治理绩效理论出发,提出网络平台的治理绩效理论体系,构建中国织锦产业平台的治理绩效指标体系。根据中国纺织电商化后的数据以及四个典型平台交易的增长态势,进行仿真模拟评价网络平台绩效,分析中国织锦网的现代化改造植入平台的绩效。分析框

---

① Ahuja M K, Galletta D F, Carley K M. Individual centrality and performance in virtual R&D groups: an empirical study[J]. Management Science, 2003, 49(1): 21-38.

架如图 7-1。

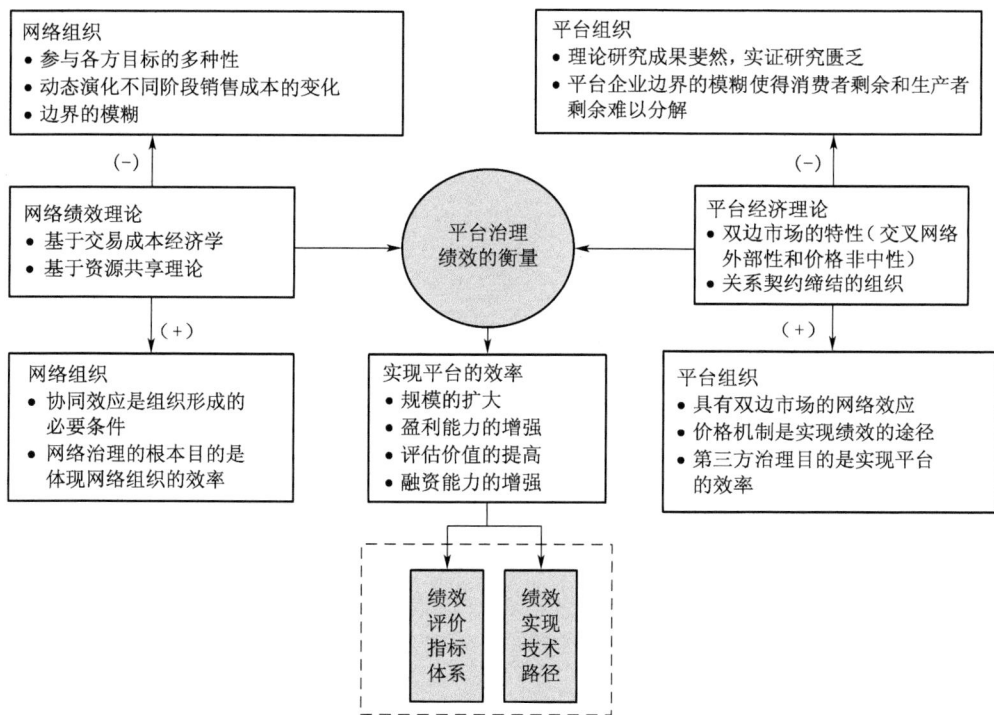

图 7-1　平台绩效研究思路

　　首先,本章从与平台绩效相关的网络绩效和平台经济理论入手,深入分析两种理论用于衡量平台治理绩效的缺陷和成果,提出从全社会资源配置优化的角度去考量平台共享模式的治理绩效的观点。鉴于织锦平台尚未开放的现实,对于织锦平台绩效的实证分析考虑从两个方面着手:一是构建织锦平台绩效的指标体系。选取最接近织锦产业的纺织行业的 15 家上市公司 2006—2012 年的数据作为算例,利用多层次模糊分析的方法研究其绩效的变化。算例的意义在于它至少能够验证计算平台绩效的一种可能的方法。我们能从算例的结果得到关于平台绩效变化与行业的环境因素相关联的启示,这为我们更好地设计适合织锦产业与服务群体的整体机制提供参考。二是平台绩效实现的技术路径和仿真分析。平台企业的特点决定了平台的成本构成与传统的制造业不同,平台的初始固定成本占全部成本的比重较大,摊平固定成本实现赢利的重要手段是用户数量的不断增长,并且尽快突破临界容量。由于平台每位用户所获得的价值可以直接复制,所以规模的发展与成长是平台获取绩效的最重要手段,而平台技术路线的构架能够满足平台"赢者通吃"的条件,是实现平台规模和绩效增长的途径。囿于织锦平台数据的空白,本章在分析织锦平台的多媒体信息平台构架、在线交易流程以及交易分析和反馈的技术路线之后,选取了能够获取数据的与织锦平台性质最接近的四个典型平台(淘宝网、京东商城、苏宁易购和当当网),分析它们的销售增长态势,模拟织锦平台规模扩张的态势来获取绩效的变化状况。

二、平台绩效理论分析

(一) 企业绩效、产业绩效与网络绩效

1. 企业绩效

《牛津现代高级英汉词典》对绩效的解释是"执行、履行、表现、成绩"。从管理学的视角看,绩效本质上是组织期望达到的结果,是组织为实现其目标而实施的有效输出。在企业组织中,经营绩效一直被看作企业管理的有机组成部分。自 19 世纪末泰勒创立科学管理理论以来,对于企业绩效管理和绩效评价的研究一直是经济管理科学关注的焦点问题。绩效管理的理论与实践大致经历了观察性绩效评价、成本绩效评价、财务绩效评价、财务与非财务结合评价、战略绩效管理以及全面绩效管理等发展阶段[①]。

研究企业绩效有以企业为参照的经营者视角和所有者视角,所有者关心的是企业的整体经营效果和发展前景,关注目标的实现情况的评价与考核,并以此为出发点对经营者的行为和业绩进行测评;而经营者则更加关注企业经营目标的实现过程与方法,关注绩效目标的实现过程与方法,更加强调对生产活动的有效指导。

企业绩效的研究经历了事后评价、事前预控到全面管理的发展过程。早期的研究几乎都是绩效评价方法和模型,评价指标以财务指标为主,注重指标的选择与优化、绩效评价的手段与方式;缺陷是缺乏全局观的事后评价。如,1990 年思腾思特(Stem Stewart)提出的 EVA(Economic Value-Added)。而基于战略的绩效理念更加强调企业的学习与发展潜力,他们不仅关注企业在外部市场环境中的竞争力,而且开始注重内部的经营过程,真正将绩效管理研究提升到战略管理的高度。"战

---

① 卢少华.企业绩效管理研究综述[J].武汉理工大学学报(信息与管理工程版),2009(1):103-108.

略绩效管理迅速成为理论界和企业界关注的焦点,成为企业经营效果提升的引擎。"[1]20世纪90年代,美国复兴方案公司总裁大卫·P.诺顿(David P Norton)和美国著名管理会计学家、哈佛大学的罗伯特·S.卡普(Robert S Kaplan)提出"平衡计分卡法"(Balanced Scorecard)[2]。然而,战略绩效管理多从系统的视角强调全面、平衡和可持续发展,只是一种方法论,对于如何实现这一目标则缺乏切实可行的具体指导。综合国内外文献表明,目前对于企业绩效的研究只解决了"做什么?""做得如何?"的问题,"怎么做?"是企业实施战略过程的指导与控制环节,企业绩效管理作为战略与实施的联接器,真正值得关注的这个环节却尚未解决。

2. 产业绩效

产业经济学关于市场绩效的定义是,市场绩效是指在一定的市场结构下,由一定的市场行为所形成的价格、产量、成本、利润、产品质量和品种以及在技术进步等方面的最终经济成果。它反映市场运行的效率,既包括在一定市场结构条件下企业市场行为的效果,也包括政府对市场进行组织与调节的结果。自从贝恩(Bain,1951)的开创性研究以来,集中度与利润率、市场份额与利润率的关系一直是产业组织关注的焦点问题。学者们以价格理论为基础,重点考察行业内部竞争、垄断与规模经济之间的矛盾与关系,分析不同产业组织结构及其变动对产业配置效率的影响,形成了著名的SCP分析范式。其核心内容强调市场结构对市场行为和市场绩效的决定性作用,以及在市场结构给定的情况下市场行为对市场绩效的决定作用,把市场结构尤其是市场份额和集中度看作产业竞争程度的核心评价标准。其中市场结构主要包括买卖双方的集中度、产品差异、政府管制等方面的因素,主要考察厂商之间、顾客之间、顾客和厂商之间以及现有厂商与潜在进入者之间相互关系的四种市场结构。市场行为主要涉及企业的策略行为,如厂商对产品价格、产量、销售费用的决策,厂商之间的串谋、联盟以及企业自身在广告、研发等方面的投入决策等。而市场绩效作为市场行为的最终结果主要体现在产品和生产工艺的进步、最大可能产出规模与实际产出规模之间的差额、相对于长期边际成本和平均成

---

① Hyland P W,Mellor R,Sloan T. Performance measurement and continuous improvement:are they linked to manufacturing strategy? [J]. International Journal of Technology Management,2007,37(3/4):237-246.

② 平衡计分卡方法从四个角度全面综合评价公司战略管理的绩效而得出的财务与非财务的评分卡片。在保留传统财务指标的基础上,它增加了客户、公司内部运营、成长与学习三个非财务指标维度,通过四个角度的相互结合和补充,把企业战略分解为具体的目标和评价指标,从而达到全面评价企业绩效的目的。

本的价格水平等①。

SCP 分析范式将完全竞争和完全垄断这两种市场结构作为现实世界市场状态中的两个极端,产品或服务仅仅由少数几家厂商供应的情况接近于完全垄断一端,而拥有众多厂商的市场则被看作是接近于完全竞争的另一端。当市场结构由完全竞争市场向完全垄断市场转变时,市场行为(厂商行为)随之发生变化,最终造成市场绩效逐渐变差。由此可见,SCP 的分析原则是,配置效率低下的市场绩效是由企业的垄断行为造成的,而这些企业的行为又是源于垄断的市场结构。因此,以 SCP 为分析框架的传统产业组织理论学派更加倾向于通过政府管制的手段,如采取积极的反托拉斯政策、严格限制厂商兼并等措施从行业结构入手以提升市场的整体绩效。

SCP 理论框架结合了产业组织理论与实践。在研究方法方面,不仅包括规范性的理论论述,也包括以企业实践为基础的实证分析,有效避免了过于理论化、抽象化的理论推演或单纯依赖经验分析的理论空心化。在研究内容方面,SCP 理论框架以清晰简洁的框架包含了产业组织研究所涉及的主要内容。虽然随着可竞争理论、交易成本理论、信息经济学、博弈论、激励机制设计等经济理论的发展不断地创新和完善,SCP 理论分析框架也受到了很多学者的质疑和挑战②,产业组织理论出现了不同的学派,但 SCP 框架至今仍是产业组织理论体系的主流理论分析框架。③

3. 网络绩效

现代企业理论中,企业和市场被看成是资源配置的两种主要的制度安排。由于环境、市场交易的属性、竞争的方式和特点发生了很大变化,企业组织的边界日益模糊,企业间的互动与合作变得必要而频繁(任志安,2008)。一种介于传统的"企业—市场"之间的双边、多边和杂交的中间组织形态(贾根良,1998),如战略联盟、虚拟企业等,在实践中大量产生,威廉姆森(Williamson,1979)从资产的专用

---

① 聂庆璞.基于产业组织理论 SCP 范式的我国网络游戏产业研究[D].长沙:中南大学,2012.

② SCP 分析存在以下几个难以克服的缺陷:第一,SCP 分析更多地注重基于实际经验的实证分析和描述,而缺乏坚实的理论基础;第二,SCP 分析的方法依赖于静态的实证分析,而实证分析本身存在数据收集误差、模型设定误差以及大量随机因素导致的伪因果关系等问题,据此得出的结论并不令人信服;第三,由于强调市场结构的决定作用,SCP 模型无法对企业的行为做出充分的解释,只能反映在既定市场结构下企业行为对绩效的影响。同时也无法对市场结构的动态变化原因和趋势进行分析。

③ 王永刚.公用事业理论研究[D].北京:北京邮电大学,2012.

性、交易频率和不确定性三个维度证明了中间组织的存在,开启了以网络组织这一新的组织形态为对象的"网络治理"的研究,网络组织作为介于市场和企业之间的一种中间性组织,它并不存在传统意义上的组织结构,而是兼有企业和市场的特征的新型组织形态,网络组织是除企业和市场之外,资源配置的一种特殊形式。

那么,网络组织最终经济成果可以用传统市场绩效的评价指标维度来度量吗?在产业经济学中,按照 SCP 的基本逻辑,市场绩效是在市场结构基础上,由一定的市场行为带来的最终经济成果。从这一意义上讲,网络组织的绩效是在一定的网络结构基础上,由网络组织中各结点企业的行为带来的最终经济成果。又因为网络组织兼具市场和企业的特征,所以对其绩效的衡量也可结合市场和企业两个方面的指标体系,从过程绩效和结果绩效两个维度来衡量(范建红,2006)。米切尔(Mitchell)指出,要从网络形态和互动关系两个角度入手理解网络化过程;费德里科和布莱拉(Federico,Bulera,1989)认为网络组织是一个能够识别组织内部的多重联系和多重结构的系统,它可以在"协调"和"共享"的共同目标以及灵活、松散的组织文化理念下促使各主体共同处理组织事务、维持组织的运转以实现组织的合作;约翰逊和马特森(Johanson,Mattsson,1987)发展了米切尔(Mitchell)的研究,开创性地提出了一个关系与互动的模型(JM 模型),将网络组织治理实践引入到逻辑过程;戴维(David)认为,网络组织是为共同的目标而在相互依赖的主体之间建立联系而形成的独立组织,这种联系既体现在价值增值系统的成员之间建立的垂直联系,也体现在现实存在以及与潜在的竞争者之间建立的水平联系;潘淑清(2005)研究了企业战略联盟的市场绩效,得出了当两个厂商之间的合作是以分担风险、实现生产要素共享和资源流动为目标而不是以限制价格和产量为目标时,合作的市场绩效就高于竞争的市场绩效的结论,即只要形成的企业战略联盟组织不以限制产量和价格为目标,这种联盟组织不仅不会减小整体的社会福利,反而可以增加社会福利,增加的社会福利来自企业间共享资源后可以节约的成本。

大多数学者所认同的任务网络组织的形成动因包括资源的共享、风险的共担、竞争优势的获取,并未涉及"以限制产量和价格为目标"。因此可以这样认为:网络组织的市场绩效高于企业之间竞争的市场绩效,即网络组织的市场绩效从资源配置角度来说是正的。罗宾逊和斯图尔特(Robinson,Stuart,2000)①认为在虚拟网络组织中,有效的治理机制的存在可抑制交易中的机会主义行为。但如果缺乏有效的治理机制,合作者的不同利益驱动将会扭曲合作行为并使战略伙伴关系失效;

---

① Robinson D, Stuart T. Network effects in the governance of strategic alliances in biotechnology[J]. Ssm Electronic Journal, 2000, 23(1):242-273.

阿胡加和卡利(Ahuja,Carley,2003)[①]认为,虚拟组织治理的核心问题是治理机制(承诺、契约和信任),并定性地研究了治理与网络规则的含义等,并从任务特征、组织结构与绩效之间的关系入手,定量地研究了虚拟组织的绩效问题;任剑新(2003)以 OEM 联盟这种非产权关联的合作生产联盟为例也证明了联盟组织在提高社会总剩余方面的有效性;孙国强(2003)将互动的结果(协同)引入,扩展了 JM 模型来研究网络组织的治理和绩效,并认为网络组织主要是追求企业间的协同效应,且关键是协同效应的产生机制,即网络组织的治理机制。因此,有效的治理机制推动着合作关系的建立、互动合作行为的产生和协同效应的获得(孙国强,2004,2007)。之后,彭禄斌和刘仲英(2010)、孙国强(2012)、石海瑞(2013)从协同视角对网络组织治理和治理绩效进行了实证或案例研究,李维安(2003)从网络组织整体视角提出"网络组织运作绩效"概念,但更多的文献是从单个企业的角度进行研究。学者们的研究基本达成一个共识:网络组织具有显著的网络协同效应,并能在能力互补、降低交易费用、扩大知识信息交流等方面具有巨大的优势。

(二)网络绩效研究的不足和发展

网络组织的治理绩效是指不同市场主体在网络化协作的框架之内,相互依赖、相互补充、资源共享、风险共担,通过一系列协同互动的交互作用,在一定时间内所增加和创造的价值总和,它包括网络协同效应的提高和网络组织成本的降低。网络绩效的研究出发点主要有基于交易成本经济学的网络治理理论和基于企业资源理论的知识共享治理观。

1. 交易成本经济学的网络治理观

针对介于市场和科层之间的网络组织,威廉姆森(1991)提出了混合治理的制度安排,但这种从资产的专用性、交易频率和不确定性需求三重维度来研究网络治理,很难将"网络组织"的重要属性——社会关系的作用考虑进去[②]。Jones 等(1997)[③]扩展了交易费用经济学理论,引入任务复杂性这一维度,使网络治理建立在四重维度的交易环境中,即:定制交易中的人力资产专用性、网络团体间的交易

---

① Ahuja M K, Galletta D F, Carley K M. Individual centrality and performance in virtual R&D groups: an empirical study[J]. Management Science, 2003, 49(1): 21-38.

② 任志安. 网络治理理论及其新进展:一个演化的观点[J]. 中大管理研究, 2008, 3(2): 94-106.

③ Jones C, Hesterly W S, Borgatti S P. A general theory of network governance: exchange conditions and social mechanisms[J]. Academy of Management Review, 1997, 22(4): 911-945.

频率、供给稳定状态下需求的不确定性和时间紧迫下的任务复杂性。琼斯（Jones）提出的模型对网络治理理论的研究做出了巨大贡献。但是具体到网络治理绩效的度量，这种治理观通过以降低交易成本为核心的治理机制的设计，解决了降低成本的问题，却无法解决绩效的另一个重要方面，即如何提升网络的协同效应的问题。

2. 企业资源理论的知识共享治理观

李维安、周健（2005）认为，在解释网络治理方面，企业战略的资源基础论（Resource-based View）更为贴切。企业资源理论认为，当企业无法通过市场和企业内部突破自身的能力或资源的约束时，必须跨越自身的边界，实现企业间资源共享。然而资源在企业之间的流动是有摩擦、有成本的，所以企业网络组织及其治理的核心就是共享资源共同进化的问题。治理绩效问题并没有迎刃而解，主要的原因是资源理论的治理观缺乏系统化和理论化的成本收益分析，且作为共享资源的知识在网络组织中的传播和交流并非没有障碍，如何设计制度以减轻知识流动的困难，并提高网络平台的治理绩效仍然是知识共享治理观需要解决的问题。

基于交易成本经济学的网络治理观通过以降低交易成本为核心的治理机制的设计，解决了降低成本的问题，但却无法解决如何提升网络的协同效益的问题。而基于资源理论的治理观缺乏系统化和理论化的成本收益分析。理论研究的不足使得学者们在网络组织的成长与发展等关键性问题上的研究匮乏。尽管已有研究在企业可以利用网络优势地位来控制利润并通过网络治理来维持其地位的优势上已经达成共识，但网络组织绩效研究与企业绩效研究相比存在明显缺陷[①]。主要体现在：①网络组织参与各方的目标的多重性增加了绩效评估的难度，因参与网络组织各企业的目标不一致，财务数据的纵向资料难以获得，网络组织治理绩效的衡量也难以统一于单一的财务指标中。②网络组织的动态演化过程需要对绩效进行动态评估，初始阶段、成长阶段和成熟阶段销售、成本的变化增加了绩效评估的难度，某一时点上的网络研究可能忽视了组织变化与网络整体的演化萨兰奇（Salancik，1995）。③对网络组织绩效的评价不应只从单个节点的绩效去判断，而需要将独立节点置于网络整体框架之内的某一特定时间进行综合把握，因此网络绩效的评价方法呈现多样化的趋势。一些研究者注重运用定性分析技巧，另一些则运用复杂的图像分析工具对调查数据进行定性研究，不同的观察角度导致"主观主义"和"客观主义"方法论的差别。④调查研究是网络组织领域经常采用的方法，而抽样调查涉及网络边界问题。如何将网络边界具体化一直是确定调查边界和发放调查问卷所遇到的问题。巴恩斯（Barnes，1979）指出，网络很有意思却难以研究，因为网络

---

①　孙国强. 网络组织前沿领域研究脉络梳理［J］. 外国经济与管理，2007，29（1）：19-24.

缺少容易界定的天然边界。

尽管现有文献对网络组织绩效的研究不足,但学者们已经认识到网络组织的形成是取得协同效应的必要条件,而不是充分条件①。网络组织资源配置的独特功能的发挥需要解决网络治理的问题。由于网络组织是跨边界合作的新型组织,因此组织理论也是网络治理研究的根基。作为组织发展的新趋势,网络组织推动着治理形式的演进,而网络治理的根本目的是要体现网络组织的效率。

(三)平台绩效与平台福利

关于平台(Platform)的研究,主要集中在 20 世纪 90 年代兴起的技术管理学范畴和 2000 年以后兴起的平台经济学范畴。平台的研究是随着双边市场(Two-side Market)的兴起而产生的,平台提供双边市场交易的途径和方法②。关于双边市场与平台的关系可以描述为:双边市场中的交易是通过某个平台进行的,平台企业向两边的用户提供相关服务以促成双边交易并从双边用户的加入和交易的实现中获得收益,一般产品供应商群体成为平台的一条"边"(Side),而平台的另一"边"由消费者群体构成。而且,双边用户中一边数量的增加会使平台的另一边用户效用提高,进而促使另一边用户规模增加。平台是一种现实的或虚拟的空间,该空间可以导致或促成双方或多方客户之间的交易③。在某种意义上,平台是指以某种类型的网络外部性为特征的经济组织,平台组织包括买方、卖方和第三方(平台方),平台方(平台企业)将产品供应商和消费者联系在一起,相对于直接销售产品大大降低了交易成本。

与传统市场一样,平台可以是完全垄断市场结构,也可以是寡头垄断市场结构,也有完全竞争市场结构。例如,我国银行卡平台就只有银联一家组织完全垄断经营,搜索引擎、传媒等双边平台市场都是寡头垄断或寡头竞争市场。平台竞争是双边市场的核心问题,关于双边市场的研究大都涉及这个问题。由于双边市场具有网络效应,规模越大带给消费者的效用就越大,竞争的结果则是导致只有少数几个企业能够活下来。平台理论围绕双边市场的竞争与竞争引起的福利问题进行了研究,学者们主要从平台福利、用户效用的角度来考虑市场的绩效。

埃文斯(Evans,2003)认为,像所有处于集中市场的企业一样,处于集中双边市

---

① 孙国强. 网络组织前沿领域研究脉络梳理[J]. 外国经济与管理,2007,29(1):19-24.

② 张阳,黄放,唐震. 多边市场的平台战略:基本结构及发展对策[C]//2012 管理创新、智能科技与经济发展研讨会论文集. 南昌工程学院经济贸易学院,2012:6.

③ 徐晋,张祥建. 平台经济学初探[J]. 中国工业经济,2006(5):40-47.

场的企业也有机会获得超额利润,因此有必要对竞争引起的福利问题进行分析。埃文斯得出这样一个结论,在竞争比较激烈时,因为竞争采取的吸引更多消费者接入平台而产生的费用可能比成熟的垄断平台所带来的福利损失还要大。阿姆斯特朗(Armstrong,2006)提出了三种不同市场的理论模型,处理的主要问题有:①什么决定市场两边定价的结构? ②产生的结果对社会有效吗? ③平台收费的细节是如何影响均衡结果的? 伯格曼(Bergman,2005)分别从竞争、片面的垄断、双侧垄断等不同的市场结构分析了双边市场的福利效应。他以银行卡双边平台为例,在建立不同市场结构模型时,主要参照了罗切特和梯诺尔(Rochet,Tirole,2003)的定价理论,并对不同市场结构下双边平台的福利效应进行了考察,在银行卡模型中,认为竞争双边平台会降低某个平台的交换费,从而商户不会接受这个平台的服务,最终降低社会福利。罗切特和梯诺尔的结论相反,埃德,尼尔森和索加德(Kind Nilssen,Sorgard,2003)发现,当媒体平台的差异化程度较低时,可能出现广告供应不足,而两个频道的合并能够提高社会福利,该文得出垄断平台能够提高社会福利。雷曼(Rsyman,2003)以黄页市场为例,通过实证分析,得出交叉网络效应会增加社会福利,同时他发现具有高竞争力的市场结构是最好的市场结构。韦尔(Weyl,2010)对罗切特和梯诺尔的定价模型做了修正,成功解决了该模型中庇古定价、利润最大化定价和拉姆齐定价与现实不相符的问题。韦尔研究了双边市场垄断平台的三级价格歧视情况,并得到四个主要结论:①单边市场的价格歧视一般会损害用户的福利,但双边市场中得到较高平均剩余的一边用户为了获取更多的外部收益,希望转移一部分剩余给另一边用户,价格歧视可能成为转移的一种有效手段;②平台如果想通过价格歧视得到更多利润,会主动降低市场另一边用户的价格,为遭受歧视的用户提供更多的交易对象;③单边市场的价格歧视对交易量的影响是不确定的,但双边市场的价格歧视通常会增加交易量;④如果允许同时对市场两边进行三级价格歧视,平台可以向他们收取一个等于其平均剩余的价格,这个价格结构十分接近于社会最优价格结构。韦尔在福利分析中指出,双边平台的每个群体的福利取决于各个群体的间接网络外部性,韦尔对社会福利的衡量考虑了双边平台的间接网络外部性,但在他的模型中没有考虑参与主体内部成员的网络外部性。

纪汉霖(2006)分析了在平台差异化程度提高的条件下,三种不同的竞争平台定价方式(两边收取注册费用、两边收取交易费用、两步收费制)中社会福利水平的比较。得出竞争平台采取两边收取注册费用不会降低社会总福利,其他两种收费方式都会降低社会福利总水平。同时该文还分析了垄断平台的六种定价方式,对双边平台不同市场结构定价模型的分析,对解释现实的双边平台有很大的帮助,但没有对垄断双边平台的社会福利进行计算,也没有给出不同市场结构下定价的福利比较。程贵孙、陈宏民(2008)以电视媒介为产业背景,基于 Salop 圆形城市模型,建立电视媒介竞争模型,得出两个结论:一是由市场竞争均衡的广告量小于社会福利最大的广告量,且市场中存在着太多的媒体企业数目;二是为了达到社会福利最大化,政府应该对征收的进入许可费给予必要的补贴。这两篇文章都得出了在平台产品差异化程度较低的假设基础上,垄断平台有利于媒介平台的发展,社会福利更高。张新香、胡立君(2010)以我国移动通信产业为对象,在分析移动通信产业的双边市场特征的基础上,提出移动通信产业链整合及绩效的三大命题,通过构建双寡头竞争模型,区分移动通信产业链的内部纵向一体化和纵向战略联盟两种整合模式,并运用双差分模型验证了兼并重组对增值服务市场份额的增长率的正效应,从双边市场的视角研究了我国移动通信网络的整合绩效。李新义、汪浩瀚(2010)采用双重差分的方法探讨了网络传媒业横向兼并的定价及福利问题,认为横向兼并对兼并发起方的定价没有显著影响,并可以显著提高兼并发起方的福利。

通过以上分析可知:①目前国内外对竞争双边平台和垄断双边平台的福利的理论分析主要以不同产业作为出发点,对不同市场结构下双边平台定价理论的研究相对成熟,而对于不同双边平台市场结构的社会福利效应的比较研究较少。②已有基于双边视角对平台企业的研究几乎都遵循数学—模型—推理论证—结论这样的理论研究范式,实证研究鲜有涉及。对研究绩效的实证分析的文献,要么是将平台作为网络组织,从网络的协同效应的角度研究网络组织的治理机制与绩效的关系,通过问卷调查和运用结构方程研究过程绩效(如学习创新能力、协调整合能力、信息沟通能力、快速反应能力)和结果绩效(如顾客满意度和技术进步等)的影响机制;要么是在建立平台福利分析的理论模型的基础上,主要通过验证平台的交叉网络效应来解释平台的绩效问题。③已有研究模糊了平台绩效和平台福利的概念,社会福利①概念的发展主要围绕公平、效益、发展三个议题,衡量方法主要还是通过货币,所以价格是衡量社会福利的一个重要工具。沿用这个标准,学者们通过价格这个工具对双边平台的社会福利进行分析。如果沿用"市场总剩余＝消费者剩余＋生产者剩余"来衡量社会福利状况,平台的主体中买方、卖方的剩余可以

① 1890 年,马歇尔的《经济学原理》一书中提出"消费者剩余"概念,并用"消费者剩余"与"生产者剩余"之和,即"市场总剩余"来分析衡量社会福利的状况。帕累托于 1898 年在《政治经济学教程》中提出"帕累托最优状态","帕累托最优"与"帕累托改进"等随后被广泛地用于有关社会福利最大化的分析。庇古(1928)在其《福利经济学》一书中最早提出了"经济福利"的概念,他认为福利有社会福利和经济福利之分,社会福利中只有"能够用货币衡量的部分"才是经济福利。伯格森(1938)的《福利经济学某些方面的重新论述》中首次对现代社会福利函数进行讨论并在萨缪尔森(1947)的《经济分析基础》中得到完善,最终形成了"伯格森-萨缪尔森社会福利函数"。

非常容易分解到消费者剩余和生产者剩余当中,但平台方(平台企业)的剩余应该属于消费者剩余还是生产者剩余? 已有文献并没有给出明确答案,进一步地,平台的属性是什么? 是企业还是隶属于企业的资产? 它的边界在哪里? 一个边界不明确的组织的绩效如何衡量? 现有的文献并没有就以上问题给出明确的分析和回答。

三、中国织锦网络平台的绩效指标体系

织锦网络平台是一种典型的双边市场,并表现出特有的双边市场特征。"赢者通吃"是双边市场的一大特征。织锦平台建设的初期我们无法获取关于平台的数据。本节从网络组织治理逻辑的视角对织锦平台绩效的评价指标做出初步设计。

(一)网络型平台绩效的研究方法

经过梳理文献,可以归纳出网络型组织绩效的研究方法如下。

1. BP 神经网络法

BP(Back Propagation)网络 1986 年由鲁姆哈特(Rumelhart)和麦克兰(Mc-Celland)为首的科学家小组提出,是一种按误差逆传播算法训练的多层前馈网络,是目前应用最广泛的神经网络模型之一。BP 网络能学习和存贮大量的输入-输出模式映射关系,而无需事前揭示描述这种映射关系的数学方程。它使用最速下降法,通过反向传播来不断调整网络的权值和阈值,使网络的误差平方和最小。但是,BP 神经网络收敛速度慢,不能保证收敛到全局最小点,网络的中间层及它的单元数选取无理论指导,网络学习和记忆不稳定,这些缺点导致运用过程中的不确定,在对绩效评价时易产生误判。

2. DEA 数据包络模型

1978 年查恩斯(Charnes)和库珀(Cooper)给出评价决策单元相对有效的数据包络分析方法(Data Envelopment Analysis,简称 DEA),同时也提出了第一个 DEA 模型——BC^2 模型。此后,DEA 模型方面的进展十分迅速,已形成较为完善的模型体系,在管理科学和系统工程中得到了很好的应用,为管理者的决策和评估等方面提供了强有力的工具。DEA 模型种类繁多,目前应用领域已十分广泛。DEA 方法是以决策单元(DMU)的相对有效性为指标,评价具有相同类型的多投入、多产出的若干个决策单元是否相对有效的一种非参数统计方法。由于 DEA 方法不需要预先估计参数,避免了主观因素在评价指标中的偏差,且运算相对简单,该方法被广泛运用于企业项目评价决策。但是,DEA 方法也存在一定的局限性:一方面,DEA 方法只适用于从投入产出角度评价企业绩效,这种度量方法不能全面反映企业绩效要素的作用;另一方面,DEA 模型忽略了决策单元之间的竞合关系,对权重的限制过于宽松,难以合理评价有效值。

3. 多层次模糊综合评价模型

1965 年,Lotfi Zadeh(罗特夫·扎德)教授在 *Information and Control* 上发表了具有开创性的论文 *Fuzzy Set*,自此,学术界对模糊集理论高度关注。1989 年,Frost&Sullivan 国际营销研究机构提出,在 21 世纪,模糊技术将成为全球最热门的十大技术之一,模糊技术越来越成为一种用来解决复杂问题的实用手段。

人们在生产实践和日常生活中经常会遇到两大类问题:确定性问题和不确定性问题。例如,气体体积、压强和温度三者之间存在着确定性关系,属于确定性问题一类。经典数学方法可以有效解决确定性问题。而类似于“高与低”“美与丑”“好与坏”,属于不确定性问题。经典数学方法对于这些不确定性问题的解决很难获得满意的结果。不确定性问题可分为两类:一类是随机不确定性问题,另一类是模糊不确定性问题。随机不确定性是指事物的发生不是确定的“一因一果”,而是出现了随机的“一因多果”。例如,对某种服装,如果款式新颖、品质优良、价格低廉,那么它就被列入好的一类;如果款式陈旧、品质低劣、价格昂贵,那么就被列入差的一类。然而,人们对服装的评价除了好与差之外,还会做出较好或较差的这些中间状态的评价,这说明不仅有好与差这两种状态,它们之间还有诸如较好、一般、较差这些中间状态。在网络营销绩效评价中,对于每个评价指标的评价结果也有“好”“较好”“一般”“较差”“差”等程度不同的模糊等级评语。即在排中律上存在破缺,属于模糊不确定性一类。我们可以采用从事物的模糊性中确定广义排中律[①]的数学方法来处理这类模糊性不确定的现象。

模糊综合评价的基本思想是利用模糊线性变换原理和最大隶属度原则,考虑与被评价事物相关的各个因素,对其做出合理的综合评价。在复杂的技术方案综合评价中,对众多因素进行评价时,由于众因素间具有不同的层次,这使得对众多因素权的分配将会出现困难,这时可以应用多层次模糊综合评价法。模糊综合评价对多因素、多层次的复杂问题评价效果较好,具有别的数学模型难以代替的优越性。

---

① 广义排中律是指模糊集论中可对一大类不确定现象进行客观数量刻画和对这些现象进行计量研究的隶属规律。

（二）织锦网络平台绩效评价方法的选择

平台企业的经营收益很大程度上依赖于网站建设，所以评价平台绩效的指标体系与企业绩效指标体系有很大差异。文献指出，平台指标体系主要是针对电子商务网站开发的消费者联盟评价体系，其中包括销售额、网络安全、网站流量、客户服务、网站内容、使用便捷性以及网络内容分类深度。雷波特·杰弗里和贾沃斯基·伯纳德（Rayport Jeffrey，Jaworski Bernard，2001）提出由用户界面和效用、商业模式、品牌化和实施、财务以及机遇共 5 类指标组成的模型，这个模型利用上述 5 个指标衡量网络业绩。雷·韦林和莱斯利·怀特（Ray Welling，Lesley White，2006）提出了包含销售收益和网站分析两方面的平角体系，其中有网站速度、信息数量、版面质量在内的 12 个指标。可见，国外学者注重网站本身的评价，却忽略了网站作为企业性质的整体绩效评价。

国内的网络平台营销评价研究起步较晚，文献表明评价网络平台的指标体系种类繁多，但缺乏统一标准。学者们往往根据自身需要从不同的视角评价网络平台的绩效。刘满凤和黎志成（2001）从营销成本、费用、产出及影响力 4 方面出发，将仓储费、广告费、销售收入、页面浏览等 17 个指标纳入评价体系，该体系考虑了投入产出对绩效的作用。高文海等（2006）把网站效果、营销效率和效益作为考察范围，建立了一个包含 11 个二级指标和 44 个三级指标的多角度评价体系。之后的学者在此基础上修正了指标体系，但总体都会囊括平台运营、企业运营和客户关系三个方面的指标。

本节认为，多层次模糊综合评价模型研究方法能够克服 BP 神经网络法容易陷入局部极小值的缺陷以及 DEA 数据包络模型只适用于从投入产出角度评价企业的营销绩效的缺陷。模糊评价在评价不确定性问题上具有的优势，是一种精确地解决不精确和不完全信息的方法。而平台绩效的评估是一个多因素、多层次和多指标的较为复杂的评估过程，且具有包含很多不确定性因素的特性。所以在织锦平台绩效的评价方法上，选择多层次模糊综合评价模型方法来构建指标体系较为合理。

（三）织锦网络平台绩效评价指标体系

1. 模糊综合评价法的步骤

模糊综合评价的具体过程是：首先确定影响评价对象的多种因素的集合，再根据这些因素设定评价评语集，组成评语的模糊集合。之后确定每个因素在评价目标中所占的权重，求出每个单一的因素对各个评语集中各个评价等级的隶属程度，即模糊评价矩阵。最后通过选取模糊算子得出评价的定量值。该过程就是模糊综合评价的主要步骤,具体过程如图 7-2。

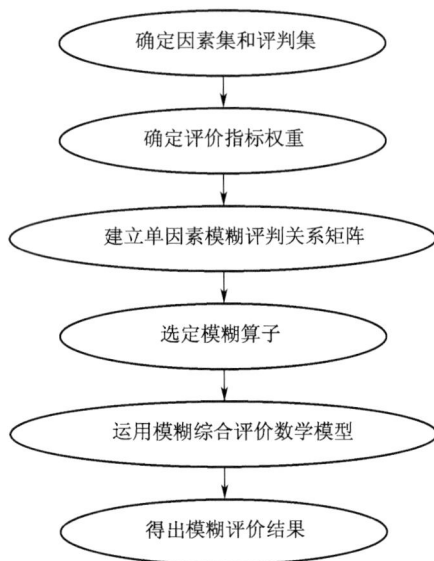

图 7-2　模糊综合评判过程

2. 织锦网络平台评价因素集和评判集

评价因素集是由影响评价对象的各个因素所组成的一个普通集合,假设有 n 个评价指标因素,分别用 $u_1,u_2,\cdots,u_n$ 来表示,则这 n 个评价因素所构成的集合称评价因素集 U:即 $U=\{u_1,u_2,\cdots,u_n\}$。

网络平台经营绩效的影响因素很多,本节中根据科学性、可操作性、系统性和独立性原则,选取了包括平台运营、企业运营和客户关系在内的 3 个一级指标,7 个二级指标以及 18 个三级指标。其中,企业运营维度刻画了构成平台的主要细胞(平台企业)财务成果和平台成长;平台运营维度刻画了平台组织神经系统的健康状态;客户关系维度刻画了平台的价值传递功能(如表 7-1)。

评价集是由评价者对评价对象的所有评价结果组成,是评价者对评价对象可能做出的各种评价结果组成的一个普通的集合。可根据具体案例的实际需要将评价结果分为 m 个等级,分别用 $v_1,v_2,\cdots,v_m$ 来表示,则构成评价集 $V=\{v_1,v_2,\cdots,v_m\}$。由于网络平台经营绩效的指标较多,为了细化评价标准,本节中用"好、较好、一般、较差、差"5 个方面来衡量网络平台经营绩效,即评价集确定为 $V=\{$好,较好,一般,较差,差$\}$。

表 7-1　织锦平台评价指标体系

目标层	一级指标	二级指标	三级指标
织锦平台经营绩效 U	平台运营 u_1	平台性能 u_{11}	功能全面性 u_{111}
			主页下载速度 u_{112}
			信息更新频率 u_{113}
		平台流量 u_{12}	独立访问者数量 u_{121}
			日均页面浏览数 u_{122}
			流量转化率 u_{123}
		平台推广 u_{13}	反向链接数 u_{131}
	企业运营 u_2	财务绩效 u_{21}	财务效益 u_{211}
			资产运营 u_{212}
			偿债能力 u_{213}
			发展能力 u_{214}
		竞争绩效 u_{22}	市场占有率增长 u_{221}
			平台知名度 u_{222}
			消费者渗透率 u_{223}
	客户关系 u_3	顾客黏性 u_{31}	满意度 u_{311}
			忠诚度 u_{312}
			用户新增率 u_{313}
		物流速度 u_{32}	承诺速度 u_{321}

3. 评价指标的权重

在绩效研究中,常用的确定指标权重的方法有德尔菲法、信息熵法以及层次分析法等。其中,层次分析法是一种计算简便、常运用于多目标、多准则的系统评价方法。运用该方法的关键是如何正确地处理专家组对同一指标属性给出的判断矩阵,并将符合专家组整体意愿的判断矩阵用于层次分析计算。由于织锦平台绩效评价指标的权重具有模糊的特性,且人们对评价对象的认识不足或偏差可能导致信息不完全,本节拟提出结合层析分析法和灰色关联法思想的模糊灰色层次综合评价分析法。灰色关联算法反映评价对象的优劣顺序,适用于系统数据资料较少和条件无法满足统计需要的情况。确定指标权重是运用层次分析法的关键步骤,层次分析法于 20 世纪 70 年代由美国运筹学家萨蒂(Satty)提出。运用层次分析法来确定指标权重时一般分为以下几个步骤：首先要对系统中的各因素之间的关系进行分析，从而确定系统的递阶层次结构；然后，对于某同一层次的各个元素对其上一层次中的准则的重要程度进行两两比较，进而构造出指标间的两两比较判断矩阵①；再利用判断矩阵来计算出被比较元素对该准则的相对权重②；最后，对判断矩阵进行一致性检验③。

（四）多层次模糊综合评价算例

由于织锦平台尚未运行，我们尝试通过以下算例说明平台经营绩效。

1. 财务指标算例

我们将平台经营绩效的核心指标"企业绩效"作为目标层，出于数据的可得性，以及寻找最接近织锦产业的样本的考虑，本节选取纺织行业的 15 家上市公司 2006—2012 年的数据进行绩效对比分析④。其中有 4 家（罗莱家纺、富安娜家纺、梦洁家纺和浪莎集团）已经开展了电子商务。我们利用多层次模糊分析的方法，重点对这几家公司在进入电子商务领域前后的绩效变化进行分析，以期为研究织锦平台的绩效提供参考。

---

① 在建立递阶层次结构以后，上下层次之间元素的隶属关系就被确定了。假定以顶层元素 U 作为准则，其所支配的下一层次的元素为 $u_1, u_2, \cdots, u_n$，要通过两两相互比较的方法获得它们对于 U 的相对重要性的相应权重 $w_1, w_2, \cdots, w_n$。依据 Saaty 提出的 1～9 标度表来对指标的相对重要性赋值，下层 n 个被比较的元素构成了一个两两比较判断矩阵 $A = (a_{ij})_{m \times n}$。

② 权重的计算方法包括幂、和积法和方根法等，这里我们采用方根法来计算权重，计算步骤如下：Ⅰ. 计算出比较矩阵中每一行的积；Ⅱ. 对步骤Ⅰ中得到的积进行分别开 n 次方；Ⅲ. 对步骤Ⅱ中所得到的积进行加总；Ⅳ. 将步骤Ⅱ中得到的值分别除以步骤Ⅲ的值得到权重 w_i。

③ 在构造判断矩阵时，由于客观事物的复杂性，判断矩阵经常伴随着误差，要求对判断矩阵进行一致性检验。用来衡量判断矩阵不一致程度的数量指标称为一致性指标，记为 $CI = (\lambda_{max} - n)/(n-1)$。$\lambda_{max}$ 是判断矩阵的最大特征值，n 是比较指标的个数。λ_{max} 的计算步骤如下：将判断矩阵的各行元素分别与权重 W 的分向量相乘之后再相加，得到 Aw_i，将 Aw_i 分别除以 w_i，得到值 Aw_i/w_i。λ_{max} 即为各 Aw_i/w_i 的平均值。$CR = CI/RI$。当 $CR < 0.1$ 时判断矩阵的一致性是可以接受的。反之，当 $CR \geqslant 0.1$ 时，判断矩阵的一致性不可接受，应该对判断矩阵进行适当修正，找相应 n 的平均随机一致性指标 c_1, c_2。

④ 文中的数据来自东方财富网、上海证券交易所以及深圳证券交易所。

表 7-2　财务评价指标体系

目标层	一级指标	二级指标
企业绩效 U	财务效益状况 u_1	净资产收益率 u_{11}
		销售利润率 u_{12}
	资产运营状况 u_2	总资产周转率 u_{21}
		流动资产周转率 u_{22}
	偿债能力状况 u_3	资产负债率 u_{31}
		已获利息倍数 u_{32}
	发展能力状况 u_4	销售增长率 u_{41}
		资本累积率 u_{42}

通过咨询专家,并参考乔均等[①](2007)、杨飞等[②](2011)、龚钢军等[③](2013)对权重的比例分配,得出不同层次指标的判断矩阵如下:

(1)一级指标权重

一级指标 u_1(财务效益状况)、u_2(资产运营状况)、u_3(偿债能力状况)、u_4(发展能力状况)相对于 U(企业绩效)的评判矩阵如下:

$$判断矩阵 \boldsymbol{A} = \begin{pmatrix} 1 & 2 & 2 & 2 \\ 1/2 & 1 & 1 & 1 \\ 1/2 & 1 & 1 & 1 \\ 1/2 & 1 & 1 & 1 \end{pmatrix}$$

根据方根法,我们得到一级指标相对于目标层的权重矩阵:$\boldsymbol{W} = (0.4 \quad 0.2 \quad 0.2 \quad 0.2)^{\mathrm{T}}$。

借助权重矩阵对判断矩阵进行一致性检验,过程如下:

① 乔均,祁晓荔,储俊松. 基于平衡计分卡模型的电信企业绩效评价研究——以中国网络通信集团江苏省公司为例[J]. 中国工业经济,2007(2):112-120.

② 杨飞,刘刚. 基于平衡计分卡与判断矩阵法的物流企业绩效评价指标体系及其权重确定[J]. 物流工程与管理,2011,33(10):64-67.

③ 龚钢军,熊琛,许刚. 基于层次分析判断矩阵的配用电通信业务模型的研究[J]. 电力系统保护与控制,2013(22):19-24.

$$AW = \begin{pmatrix} 1 & 2 & 2 & 2 \\ 1/2 & 1 & 1 & 1 \\ 1/2 & 1 & 1 & 1 \\ 1/2 & 1 & 1 & 1 \end{pmatrix} \cdot \begin{pmatrix} 0.4 \\ 0.2 \\ 0.2 \\ 0.2 \end{pmatrix} = \begin{pmatrix} 1.6 \\ 0.8 \\ 0.8 \\ 0.8 \end{pmatrix}$$

$$AW/W = (4 \quad 4 \quad 4 \quad 4)^{\mathrm{T}}$$

因此,最大特征值 $\lambda_{\max} = (4+4+4+4)/4 = 4$。

进一步, $CI = (\lambda-n)/(n-1) = (4-4)/(4-1) = 0$,所以 $CR = CI/RI = 0 < 0.1$,即判断矩阵通过了一致性检验,一级指标权重为 $W = (0.4 \quad 0.2 \quad 0.2 \quad 0.2)^{\mathrm{T}}$。

(2) 二级指标权重

二、三级指标权重的确定方法与一级指标完全相同,均是找出同级指标间的判断矩阵,运用方根法求出权重,最后进行一致性检验。具体结果用下列表格列出:

表 7-3(a)　二级指标判断矩阵及权重

$u_1(u_3)$	$u_{11}(u_{31})$	$u_{12}(u_{32})$	$w_1(w_3)$	
$u_{11}(u_{31})$	1	3/2	0.6	$\lambda_{\max} = 4$
$u_{12}(u_{32})$	2/3	1	0.4	$CR = 0$ 通过一致性检验

表 7-3(b)　二级指标判断矩阵及权重

$u_2(u_4)$	$u_{21}(u_{41})$	$u_{22}(u_{42})$	$w_2(w_4)$	
$u_{21}(u_{41})$	1	1	0.5	$\lambda_{\max} = 4$
$u_{22}(u_{42})$	1	1	0.5	$CR = 0$ 通过一致性检验

我们将这 15 家公司的绩效按照净资产收益率、销售利润率、总资产周转率、流动资产周转率、资产负债率、已获利息倍数、销售增长率和资本累积率 8 个方面分别排序,得出他们的在评价集 $V = \{好,较好,一般,较差,差\}$ 上的位置,即可得到关系矩阵。下面以罗莱家纺为例进行说明。

表 7-4　罗莱家纺 2006—2012 年指标评价表

指　标		好	较好	一般	较差	差
财务效益状况	净资产收益率(%)	2006,2007,2008,2009,2011,2012	2010			
	销售利润率(%)	2007,2008,2009,2010,2011,2012	2006			
资产运营状况	总资产周转率(次)	2006,2007,2008,2010,2011,2012		2009		
	流动资产周转率(次)	2006	2007,2008	2010,2011,2012	2009	
偿债能力状况	资产负债率(%)	2009,2010,2011,2012	2007,2008		2006	
	已获利息倍数	2006,2007,2008,2009	2012	2010,2011		
发展能力状况	销售增长率(%)	2006,2009,2010	2007,2008,2011,2012			
	资本累计率(%)	2007,2008,2009,2011,2012	2006		10	

首先找到罗莱家纺 2006 年的关系矩阵。

$$\boldsymbol{R}_1 = \begin{pmatrix} 1 & 0 & 0 & 0 & 0 \\ 0 & 1 & 0 & 0 & 0 \end{pmatrix}, \boldsymbol{R}_2 = \begin{pmatrix} 1 & 0 & 0 & 0 & 0 \\ 1 & 0 & 0 & 0 & 0 \end{pmatrix}$$

$$\boldsymbol{R}_3 = \begin{pmatrix} 0 & 0 & 0 & 1 & 0 \\ 1 & 0 & 0 & 0 & 0 \end{pmatrix}, \boldsymbol{R}_4 = \begin{pmatrix} 1 & 0 & 0 & 0 & 0 \\ 0 & 1 & 0 & 0 & 0 \end{pmatrix}$$

根据以上二级指标中各因素的模糊评判矩阵 $\boldsymbol{R}_i$ 以及对应的权重分配集 w_i,通过 $b_i = w_i \cdot \boldsymbol{R}_i$ 来计算二级指标的各因素评判结果集,可以得到罗莱家纺 2006 年在财务状况方面的企业绩效隶属度:

$$\boldsymbol{b}_1 = w_1 \cdot \boldsymbol{R}_1 = (0.6 \quad 0.4) \cdot \begin{pmatrix} 1 & 0 & 0 & 0 & 0 \\ 0 & 1 & 0 & 0 & 0 \end{pmatrix} = (0.6 \quad 0.4 \quad 0 \quad 0 \quad 0)$$

同理可得资产运营状况、偿债能力状况和发展能力状况的绩效隶属度:

$$\boldsymbol{b}_2 = w_2 \cdot \boldsymbol{R}_2 = (1 \quad 0 \quad 0 \quad 0 \quad 0)$$

$$\boldsymbol{b}_3 = w_3 \cdot \boldsymbol{R}_3 = (0.4 \quad 0 \quad 0 \quad 0.6 \quad 0)$$

$$\boldsymbol{b}_4 = w_4 \cdot \boldsymbol{R}_4 = (0.5 \quad 0.5 \quad 0 \quad 0 \quad 0)$$

将上述的评判结果集组合成第一级指标的模糊评价矩阵 $R = (b_1 \quad b_2 \quad b_3 \quad b_4)^{\mathrm{T}}$，再根据前面求出的一级指标权重集 W，通过 $B = W \cdot R$ 来计算各因素的评价集。则罗莱家纺 2006 年整体的企业绩效隶属度为：

$$B = W \cdot R = (0.4 \quad 0.2 \quad 0.2 \quad 0.2) \begin{pmatrix} 0.6 & 0.4 & 0 & 0 & 0 \\ 1 & 0 & 0 & 0 & 0 \\ 0.4 & 0 & 0 & 0.6 & 0 \\ 0.5 & 0.5 & 0 & 0 & 0 \end{pmatrix}$$

$$= (0.62 \quad 0.26 \quad 0 \quad 0.12 \quad 0)$$

进一步，采用加权平均法确定评判对象的结果。给各评价元素 $v_i(i=1,2,\cdots,5)$ 赋值，将 b_i 作为权数对评价元素的值进行加权平均，最终的均值即为评价结果。这里我们将 $V=\{好，较好，一般，较差，差\}$ 评分为 $(5,4,3,2,1)$，加权平均后，罗莱家纺 2006 年的综合绩效为：$B = (5 \quad 4 \quad 3 \quad 2 \quad 1)(0.62 \quad 0.26 \quad 0 \quad 0.12 \quad 0)^{\mathrm{T}} = 4.38$。同理可得罗莱其他年份的综合绩效，与另外 14 家公司汇总情况如表 7-5 所示。

从均值变化情况来看，这一规模下纺织企业的绩效变化较为平稳，在 2007—2009 年较高，此后有下降趋势。从不同企业的角度出发，绩效变化很难找出统一的趋势，往往上下波动较大。为寻找绩效变化的规律，我们将各企业的变化率同行业均值变化率进行比较，见表 7-6。

表 7-5　2006—2012 年 15 家纺织公司绩效汇总表

绩效年份公司	2006	2007	2008	2009	2010	2011	2012
罗莱家纺	4.38	4.68	4.68	4.70	4.26	4.70	4.62
富安娜家纺	3.72	3.94	3.74	3.88	4.06	4.08	4.60
梦洁家纺	2.42	3.04	3.46	3.86	4.04	3.84	3.84
浪莎集团	1.84	3.76	3.98	3.68	3.32	3.42	2.62
众和股份	3.12	2.60	2.74	3.08	2.52	2.42	3.00
华西股份	2.78	2.16	3.72	3.38	2.70	2.56	3.32
航民股份	3.66	3.78	3.90	4.18	3.88	4.20	4.36
华芳纺织	2.84	3.20	2.28	1.80	3.30	1.66	2.02
华润锦华	3.18	3.14	2.44	3.18	3.68	3.24	3.02
中纺投资	2.96	2.58	2.42	2.56	2.84	2.98	2.60

续表

绩效\年份\公司	2006	2007	2008	2009	2010	2011	2012
山东如意	3.52	2.90	2.56	2.36	1.82	1.38	2.06
华升股份	2.30	2.68	2.78	2.10	2.00	2.44	2.38
深圳纺织	2.66	2.18	2.44	3.14	2.56	2.68	2.28
凤竹纺织	3.18	2.30	2.20	2.04	3.32	1.42	1.80
江苏阳光	2.06	3.12	2.70	2.34	1.90	2.02	2.00
平均值	2.97	3.07	3.07	3.09	3.08	2.87	2.97

表 7-6　2007—2012 年 15 家纺织公司绩效较前一年的变化率

增长率(%)\年份\公司	2007	2008	2009	2010	2011	2012
罗莱家纺	6.85	0.00	3.91	−9.36	10.33	−1.70
富安娜家纺	5.91	−5.08	3.74	4.64	0.49	12.75
梦洁家纺	25.62	13.82	11.56	4.66	−4.95	0.00
浪莎集团	104.35	5.85	−7.54	−12.50	3.01	−23.29
航民股份	3.28	3.17	7.18	−7.18	8.25	3.81
众和股份	−16.67	5.38	12.41	−18.18	−3.97	23.97
华西股份	−22.30	72.22	−9.14	−20.12	−5.19	29.69
华芳纺织	11.25	−28.75	−21.05	83.33	−49.70	21.69
华润锦华	−1.26	−22.29	30.33	15.72	−11.96	−6.79
中纺投资	−12.84	−6.20	5.79	10.94	4.93	−12.75
山东如意	−17.61	−11.72	−7.81	−22.88	−24.18	88.41
华升股份	16.52	3.73	−24.46	−4.76	22.00	−2.46
深圳纺织	−18.05	11.93	28.69	−18.47	4.69	−14.93
凤竹纺织	−27.67	−4.35	−7.27	62.75	−57.23	26.76
江苏阳光	51.46	−13.46	−13.33	−18.80	6.32	−0.99
平均值	3.36	0.00	0.65	−0.32	−6.82	3.48

从表中可以发现,尚未进入电子商务领域的公司绩效变化有以下两种情况:一是绩效上下波动较大,增长很不稳定,如航民股份、众和股份、华西股份、华润锦华;二是在 2006—2012 年间,绩效始终维持在较低水平,且长期呈现负增长或负增长率超过 20%(如华芳纺织、山东如意、凤竹纺织)。相比之下,利用网络平台的公司绩效相对稳定。

罗莱家纺,独立注册了运营电商品牌"LOVO",并于 2009 年 3 月正式运行。2010 年,罗莱家纺又建立了另一个自营电商品牌"罗莱商城",定位相对于 LOVO 更为高端,出售主品牌罗莱和其他代理品牌的商品。从表中可以看到,2009 年罗莱家纺的绩效较前一年有了较大提升,增长率高于平均水平。而 2010 年,公司总体绩效有所下滑,但持续时间不长且销售利润率仍稳中有升,此后绩效一直维持在较高水平。

富安娜家纺,2009 年开始开展电子商务,2011 年加大电子商务投入。2012 年专门组建新渠道管理中心,把电商放在战略高度进行规划。该公司的绩效表现是进入电商的家纺企业中最好的,在 2008 年绩效的短暂下降后,公司开拓了电商渠道,此后绩效平稳增长,12 年综合评价达到 4.60。

梦洁家纺,2009 年开发全新网购品牌"觅",进军电子商务领域。表 7-5 显示,2009 年梦洁家纺的绩效增长到达历史高峰,电商方便、快捷、不受地域限制以及低成本的优势给公司带来了更高效益。此后其增长保持在平稳状态,即使在平均水平下降的情况下,其增长率下降也并不明显。

浪莎集团,是进入较早的企业之一。2006—2012 年间,除了 2007 年绩效有明显增长外,其余年份的增长状况并不令人满意。浪莎集团自 2008 进军电商后,其营业额一直以 20%～50% 的比率增长,但其净资产收益率却较低,而且资产负债率始终保持在很高水平。

以上分析并不能给我们提供纺织企业绩效变化特别是采用电子商务前后绩效变化的规律,主要的原因可能是,中国纺织业是依靠劳动力成本的比较优势发展起来的,但 2008 年之后,纺织业受到如外贸出口政策调整、人民币持续升值、节能减排要求、原材料价格上涨、《劳动合同法》的实施以及工资上涨等一系列环境变化的影响,由此产生的结果是整个纺织行业的利润率很低,许多企业亏损经营。2011 年规模以上亏损企业 2 109 家,亏损面达到 9.19%[①],而我们的算例并不能分解这些环境因素对于企业绩效的影响。此外,我们分析的四家开展电子商务的上市公

---

① 国家统计局工业统计司.2012 年中国工业经济统计年鉴[M].北京:中国统计出版社,2012.

司并不是严格意义上的平台企业,但我们的算例仍然是有意义的,它至少能够验证计算平台绩效的一种可能的方法。此外,从算例来看,企业开展电子商务后其总体绩效并不一定会提高,这不仅与行业的环境因素有关系,更进一步地,如何设计适合自己产业与服务群体的整体机制是门艰难的艺术,每个平台构建的初衷和初始条件也不尽相同。这其中的成败关键是如何运用网络效应,平台是竞争的还是垄断的? 是开放的还是封闭的? 在哪一个阶段采用什么样的定价策略? 这些都是建设平台必须考虑的问题。平台企业在连接两边以上的群体之后,首先必须确定核心的补贴政策,然后通过设计一系列机制,引发网络效应,凝聚各方成员并使其互动,促进平台生态圈的发展,固化参与各方成员的归属感。上述目标的实现才能促进平台绩效增长。

2. 平台运营及其他算例

我们选择京东和苏宁两个典型平台的指标作为算例来说明平台运营指标。

我们可以收集以下指标(1)至(7)反映平台运营的基础数据,根据附录中的评价位次确定关系矩阵,再根据模糊层次判定法评价平台的运营状况。同理,指标(8)至(10)是企业运营指标中竞争指标的基础数据;指标(11)至(14)是评价客户关系维度的基础指标。

(1)功能全面性:本节用页面分类数量来衡量网站功能的全面性。统计发现,京东商城和苏宁易购的大分类分别为 31 个和 34 个,差别并不大,但京东商城的子分类共有 985 个,而苏宁易购只有 862 个,总体来看前者每个大类下的子目录更精细。因此,我们将京东商城的功能全面性等级评价为“好”,苏宁易购评定为“一般”。

(2)主页下载速度:本节运用“Alexa 搜”①对两家电商网站的主页下载速度进行比较,结果发现,京东商城的主页平均载入时间为 1 062 ms,比 74% 的网站的访问速度要快,在国内主流购物网站中排名第 3(见附录表 1),苏宁易购主页平均载入时间为 4 081 ms,只优于 12% 的网站,排名为第 7。因此将京东商城和苏宁易购的主页下载速度分别评定为“较好”和“较差”。

(3)信息更新频率:在对这两家商城进行评价时发现,京东商城和苏宁易购均为每日更新,通过咨询专家,将两个网站的信息更新频率评价为“好”。

(4)独立访问者数量:统计发现,京东商城最近三个月的日均独立访问者排名第 2,苏宁易购仅排名第 7(见附录表 2)。因此鉴于京东商城和苏宁易购的该项指

---

① Alexa 搜网站提供全球网站排名查询服务,可查询网站流量、访问量、点击率、页面浏览量等。

标分别评定为"好"和"较差"。

（5）日均页面浏览数：同样用"Alexa 搜"对两家网站的日均页面浏览数进行统计，比较后（见附录表3）将京东商城的该项指标评定为"较好"，苏宁易购为"较差"。

（6）流量转化率：网络平台的访问转化率普遍较低，以2012年7月的数据为例，京东商城转化率为1.4%，苏宁易购为1.0%，咨询专家后将它们均评定为"较好"。

（7）反向链接数：根据附录表4的数据，将两家网站的该指标均评定为"一般"。

（8）市场占有率增长：本节用市场份额数据来度量占有率增长（见附录表5），京东商城评定为"较好"，苏宁易购评定为"一般"。

（9）平台知名度：本节用主动提及率来衡量平台知名度，该比率是受访者在未经提示下，主动提及该品牌的比例。根据附录表6，我们将京东商城和苏宁易购的该指标分别评定为"较好"和"一般"。

（10）消费者渗透率：通过比较30个城市全部网购消费者在各网站发生购物的比例（见附录表7），将京东商城和苏宁易购的该指标分别评定为"较好"和"一般"。

（11）满意度：利用《2012年中国网上购物消费者调查报告》中关于购物网站满意度的测评数据（见附录表8），将京东商城和苏宁易购的满意度分别评为"好"和"一般"。

（12）忠诚度：顾客忠诚度我们用重复购买率来衡量，从《2013年中国网上购物市场分析报告》上的数据（见附录表9）可以看出，京东商城在全国重复购买率最高的十大B2C网站中排名第5，而苏宁易购则榜上无名，因此将前者评定为"较好"，后者评定为"一般"。

（13）用户新增率：利用中国网络购物市场研究报告的数据（见附录表10），将京东商城和苏宁易购的用户新增率评定为"一般"和"较好"。

（14）承诺速度：对网站的同一商品进行考察发现，两家网站在东部地区承诺的送货时间均为一天，内陆地区则为2～3天不等，偏远地区则不予承诺。从送货时间上看，两家网站均可评定为"好"。

四、织锦网络平台技术构建与仿真分析

（一）织锦网络平台绩效仿真的思路

表7-7给出的是平台商业模式中各产业"赢者通吃"的比较。所谓"赢者通吃"，是指市场领先者所拥有的四成至六成以及更多的份额。在第六章，我们分析

了平台的交叉网络外部性以及转换成本与平台存在的"赢者通吃"的可能性,平台需要建立跨边和同边网络效应的运作机制、提高转换成本才能达到"赢者通吃",这其实是平台是否提高绩效、如何提高绩效的问题。对于织锦平台而言,我们在第六章从治理的角度分析了治理与绩效的关系,那么从实证的角度如何来研究一个建设初期的平台绩效?追溯织锦平台的本质,我们至少可以按照这样的逻辑来思考:什么是绩效?绩效本质上是规模的增长和利润的增长,利润的增长依靠收入的增加和成本的减少。在传统的制造业中,每一家传统企业销售给客户的每个产品都代表一定的单位成本,企业总是想方设法通过对供应链管理来降低单位成本以提高利润并获取竞争优势,然而平台企业的特点决定了平台的成本构成与传统的制造业企业完全不一样,平台的初始建设成本比重较大,供应链的优化对于初始成本的分担所起到的作用微不足道。由于平台每位用户所获得的价值可以直接复制,所以规模的发展与成长是平台最重要的获取绩效的手段。所以我们可以利用仿真的方法模拟织锦平台规模扩张的态势来获取绩效的变化状况。

表 7-7　各产业赢者通吃现象表

产业	领先者	市场占有率	数据所属时点
B2C 网络零售市场	天猫	50.4%①	2013 年 6 月
C2C 网络零售市场	淘宝集市	95.1%②	2013 年 6 月
PC 操作系统	微软	95%③	不详
社交	腾讯微信	71.4%④	2013 年 1 月
旅游	携程	51.77%⑤	2010 年
团购	美团网	13%⑥	2012 年 12 月

(二)织锦网络平台的技术目标与技术框架

织锦网络平台的技术是平台商业模式实现的物质基础,也是平台绩效增长的技术保证。平台的构建目标是为织锦产业链中各角色提供在线交易平台,并对交

---

① 数据来源于中国电子商务研究中心《2013 年(上)中国网络零售市场数据监测报告》。
② 同上。
③ 数据来源于陈威如,余卓轩. 平台战略[M]. 北京:中信出版社,2013:166.
④ 数据来源于微信聚网 http://www.weixinju.com/n59c8
⑤ 数据来源于第一财经周刊。
⑥ 数据来源于中国电子商务研究中心《2012 年度中国网络团购市场数据监测报告》。

易过程中各交易对象的行为进行归集分析,通过分析模型,观察织锦平台的运行特征、各交易对象的行为模式,并采用合适的方案对交易过程中的偏差行为进行纠正。

平台将系统梳理织锦和云锦织造技艺知识,收集近年相关的织锦行业的研究文献,并基于知识库技术,对信息和知识进行收集和整理,分别构建织锦知识文献库、织锦视频库、南京云锦纹样数据库和织锦技艺应用库。在织锦知识文献库中,按照织锦的发展历程以及种类设立不同的目录与子目录,完成目前关于织锦的所有相关中文文献的分类整理工作;在织锦视频库中,按照织锦的分类设立不同的目录与子目录,完成织锦音视频资料的分类整理和数字化处理工作;在南京云锦纹样数据库和织锦技艺应用库中,收录现有云锦纹样,完成云锦现有所有纹样的分类整理和数字化处理:综合考虑"传统元素"与"现代技艺"的传承创新,"西方文化"与"东方智慧"的邂逅交融,"云锦工艺"与"宋锦底蕴"的交织融合,具体从"御用复制品""装饰工艺品""现代创新品"以及"其他"四个维度展现织锦知识和技艺在云锦典型作品中的应用。图7-3描述了织锦平台的总体框架。

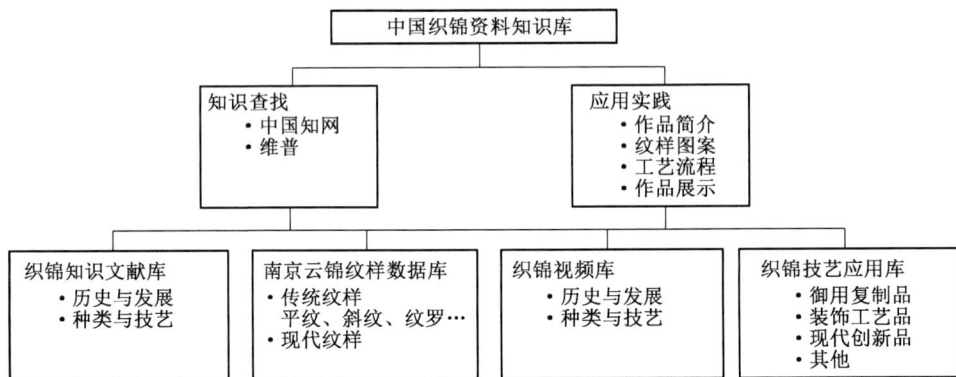

```
                    中国织锦资料知识库
            ┌──────────────┴──────────────┐
         知识查找                        应用实践
        • 中国知网                      • 作品简介
        • 维普                         • 纹样图案
                                       • 工艺流程
                                       • 作品展示
   ┌────────┬──────────┴──────┬──────────┐
织锦知识文献库  南京云锦纹样数据库   织锦视频库    织锦技艺应用库
• 历史与发展   • 传统纹样        • 历史与发展   御用复制品
• 种类与技艺    平纹、斜纹、纹罗…  • 种类与技艺   装饰工艺品
              • 现代纹样                    现代创新品
                                          其他
```

图 7-3　织锦平台总体框架

其中,关键技术包括:织锦多媒体信息平台建设、织锦在线交易平台建设和织锦交易分析与反馈建设。

1. 织锦多媒体信息平台

对织锦多媒体信息平台而言,基本需求是将织锦多媒体资料数字化管理、实现方便的查询和利用。考虑织锦多媒体资料的特点,织锦多媒体信息平台整体架构如图7-4所示。

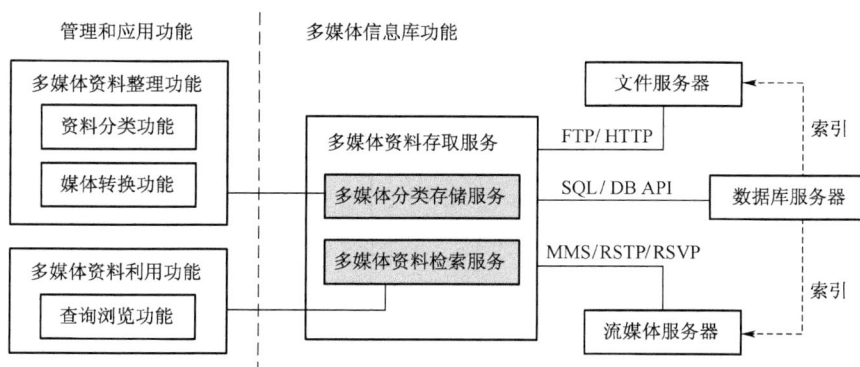

图 7-4　织锦多媒体信息平台整体架构

在上述架构中,织锦多媒体信息平台功能主要包括:

(1) 多媒体资料存取服务,提供两类服务。一是多媒体资料分类存储服务:对多媒体资料实现分类存储,按照类别,选择存入:数据库服务器、文件服务器、流媒体服务器。若多媒体资料存储在文件服务器、流媒体服务器,则需要在数据库服务器中记录索引。存储在文件服务器、流媒体服务器上的多媒体资料,需要在数据库服务器上记录多媒体资料的业务属性信息。二是多媒体资料检索服务:根据数据库中存储的业务属性信息,检索多媒体资料信息,从数据库服务器、文件服务器、流媒体服务器上获取多媒体资料。包括:数据库服务器(以关系型数据库的方式组织多媒体资料的相关信息,记录多媒体资料存储索引)、文件服务器(以文件的方式存储并提供多媒体资料)和流媒体服务器(存储并提供流媒体资料)。

(2) 管理应用功能,主要为多媒体资料提供管理和利用接口,包括多媒体资料整理功能和多媒体资料利用功能。多媒体资料整理功能对多媒体资料进行归类、转换,包括资料分类功能(按媒体类型、业务类型等对多媒体资料进行分类,附注业务属性)、媒体转换功能(若声音、视频媒体流希望存储在流媒体服务器上,则需对其格式进行转换,转换成特定媒体服务器所支持的流媒体格式)。多媒体资料利用功能主要是多媒体资料检索、浏览功能。

2. 织锦在线交易平台

和其他网上交易平台一样,织锦在线交易平台所实现的功能,是为交易用户提供线上产品发布、产品搜寻、产品交易、交易结算的能力。在线交易平台的基本架构如图 7-5。

在线交易平台提供的基本功能包括:

(1) 身份认证:对交易商户、终端客户进行身份认证;

(2) 产品发布:对交易商户,在身份认证后,可以发布其产品;

(3) 商品查询:对交易商户、终端客户,在身份认证后,可查询需要的商品;

（4）在线交易：当查询到需要的商品后，可加入购物车进行交易；

（5）交易结算：在交易完成时，对交易进行结算；

（6）交易查询：对交易商户、终端客户，可根据需要对历史已完成、正在进行的交易进行查询。

在线交易平台中，包括三类基础数据：用户数据，指参与交易的商户、终端客户；商品数据，指各类商户所登记的各类商品数据；交易数据，指各类商户、终端客户在线交易的交易数据，包括交易结算数据。

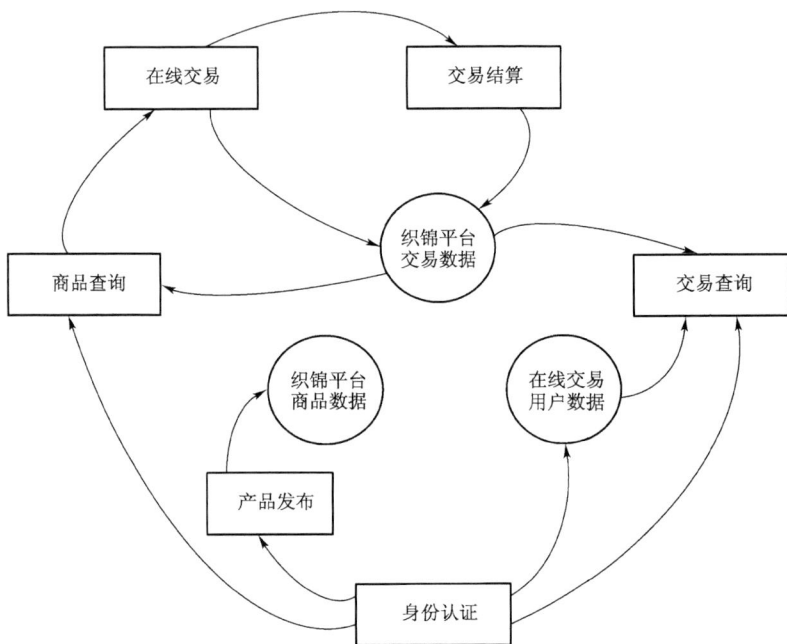

图 7-5　织锦平台在线交易流程

3. 在线交易分析与反馈

在线交易与反馈平台，其目的是根据在线交易数据，使用交易分析模型进行分析，并将分析数据输出给交易反馈模型，使用反馈结果反作用于在线交易中的参与者。图 7-6 描述了织锦平台中交易分析和反馈的基本技术框架。

图 7-6 显示织锦平台包含三大基本功能：

（1）在线交易功能：为织锦平台中各参与商户、消费者提供在线交易平台。其中，参与商户包括原材料提供商、产品设计商、产品生产商、商品经销商、终端零售商。其中，消费者既包括各类参与商户，也包括终端消费者，即个人客户。在线交易功能生成织锦交易数据。

（2）交易分析功能：该功能提取织锦交易数据，并按照交易类别、参与用户等特征，使用交易数据分析模型对交易数据进行分析，生成织锦交易分析数据。交易分析功能的一个典型作用是发现交易平台中的典型舞弊交易，比如互刷信用、恶意碰瓷等，并对相关交易对象进行标记。交易分析功能还可以对织锦交易的整体情况进行宏观识别，比如识别交易活跃度、各类商户参与度，等等。

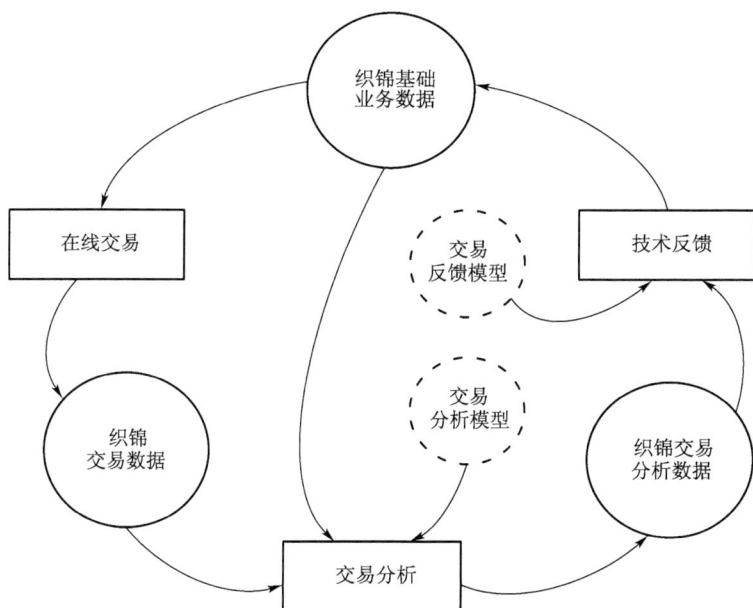

图 7-6　织锦平台交易分析和反馈的技术路线

（3）技术反馈功能：通过交易分析功能，可以将技术分析结果导入交易反馈模型中，通过交易反馈模型，可以实现对特定商户、消费者的反馈，比如对恶意刷信用、恶意碰瓷的商户和消费者降低信用等级，或者对有优良交易记录的商户和消费者增加信用等级，等等。

针对网上交易的特点，可以使用交易分析模型对织锦平台交易数据进行分析。典型的，可针对交易中的恶意行为进行分析。一是互刷信用行为。商户为了增加自己信誉度，有可能会联合起来互刷信用，而并没有真实交易发生。这种行为一方面损害了平台信誉制度，另一方面对平台交易数据统计引入了错误。二是恶意差评行为。商家间出于竞争，可能雇佣网上交易手，专门对某个商家实行恶意差评，这种行为导致不公平竞争，对被施以恶意差评的商家来说打击极大。三是恶意碰瓷行为。某些商户、消费者出于某些目的，会主动、积极地执行无理索赔，即恶意碰瓷行为。这可能存在于商家间的相互竞争间，也可能存在于某些恶意终端消费者间。

另外,也可对普通商户的信誉进行统计,识别信誉优秀商户,对这类商户可以有倾向地实现政策性保护,降低恶意商户对优秀商户的攻击影响力。交易分析所产生的结果,可以通过交易反馈模型反作用到交易参与者上,比如对于恶意刷信用的商户,可以自动降低其信用度,而对于信誉优秀的客户,可标记其为优秀商户。

(三)典型平台交易增长态势分析与云锦平台绩效预测

技术目标和框架是织锦平台实现绩效的技术保证,但是,由于织锦平台尚未开放,我们无法获取真实数据。我们选取了与织锦平台有类似性质的平台数据,通过对其增长态势的分析以获取织锦平台的数据基础。

2013 年中国网络零售市场交易规模达 18 851 亿元,较 2012 年 13 205 亿元的交易规模,同比增长 42.8%,占到社会消费品总额的 8.04%。网络零售平台交易排名前三位的分别是淘宝网(包括天猫商城)、京东商城、苏宁易购。我们选取了四个典型的平台,淘宝网、京东商城、苏宁易购和上市公司当当网进行分析。

表 7-8 平台交易数据汇总[①]

年份	淘宝网	京东商城	当当网	苏宁易购
	交易额(亿元)	交易额(亿元)	营业收入(亿元)	交易额(亿元)
2003 年	0.227 1	—	—	—
2004 年	10	0.1	—	—
2005 年	80	0.3	—	—
2006 年	169	0.8	—	—
2007 年	433	3.6	4.468 64	—
2008 年	999.6	13	7.660 6	—
2009 年	2 083	40	14.576 52	—
2010 年	4 000	102	22.816 8	20
2011 年	6 321	210	36.189 72	59
2012 年	10 007	600	51.938 09	183.36
2013 年	—	1 000	63.249 98	218.9

---

① 淘宝网(包括天猫商城)2003 年至 2012 年的交易数据,均来自新闻报道,并非官方公布的精确数字。当当网于 2007 年上市,营业收入的数据来源于当当网公开的报表。

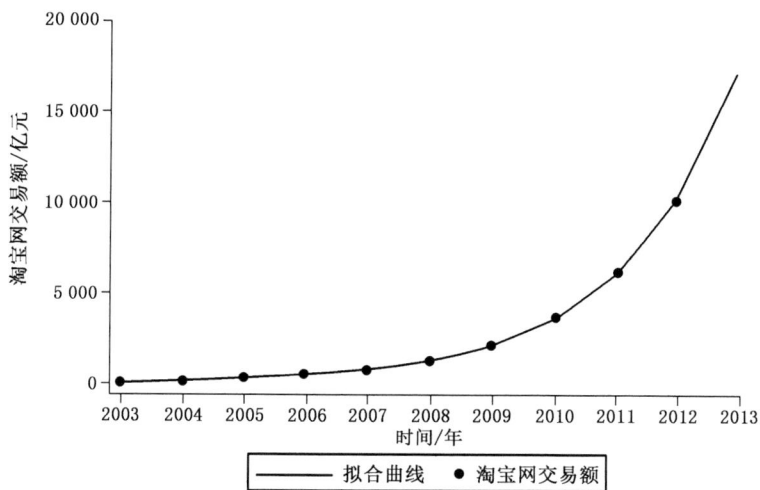

图 7-7　淘宝网交易额增长态势拟合曲线

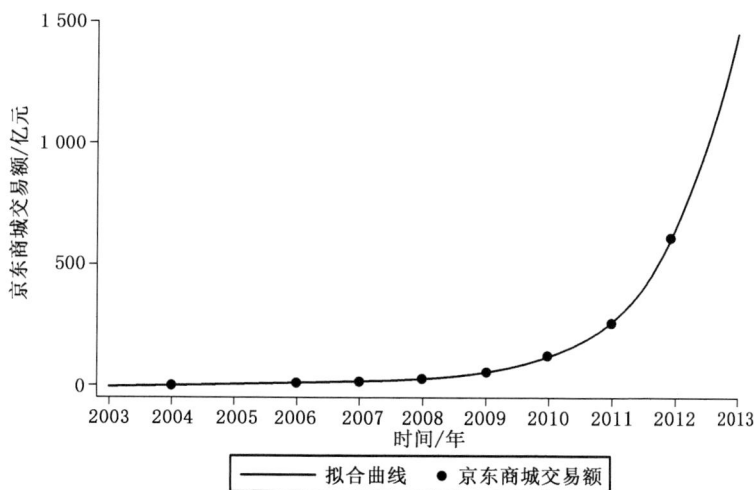

图 7-8　京东商城交易额增长态势拟合曲线

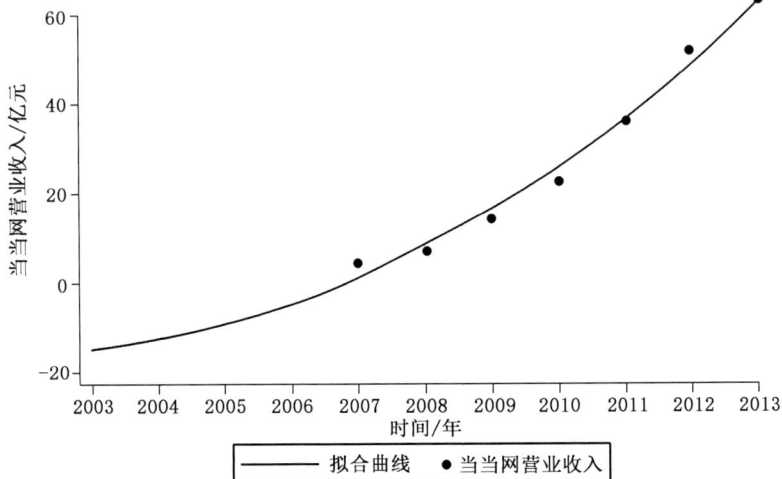

图 7-9　当当网营业收入增长态势拟合曲线

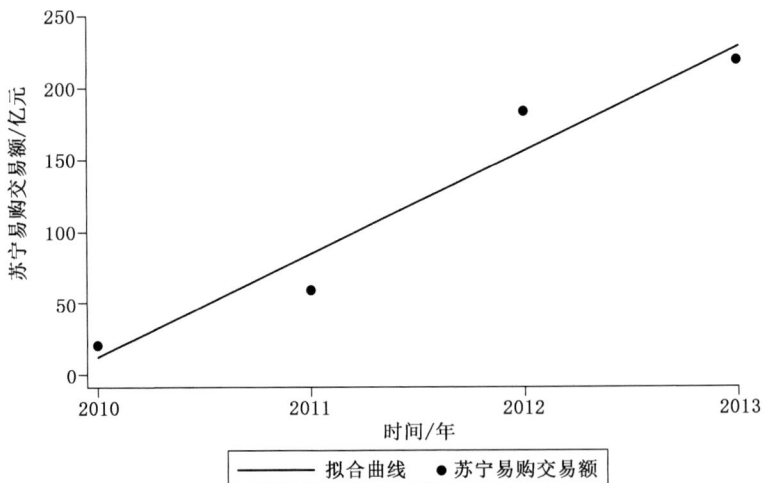

图 7-10　苏宁易购交易额增长态势拟合曲线

从图形可以看出,淘宝网 10 年间交易额的增长近似指数型增长,根据 Stata 提供的指数型函数进行拟合,得到交易额与时间的函数关系 $y = 56.159 \cdot 1.682^t$ (交易额

y 单位为亿元);从京东商城交易额随时间的变化图可以看出,京东商城自 2004 年以来交易额呈指数型增长,根据 Stata 提供的指数型函数进行拟合,得到交易额与时间的函数关系 $y = 0.084 \cdot 2.429^t$(交易额 y 单位为亿元);当当网的营业收入增长近似于抛物线,二次曲线拟合结果为 $y = -15.176 + 0.645t^2$,苏宁易购 2010 年 2 月 1 日正式对外发布上线,上线时间较短,对其增长进行线性拟合,拟合结果为 $y = -564.692 + 72.106t, t \geqslant 8$。

淘宝网于 2003 年成立,2008 年上线。从上线开始,淘宝网就延续了阿里巴巴集团构建开放式平台的理念,它整合了品牌商、淘品牌、渠道商、垂直 B2C 企业,兼具第三方服务提供商为商家提供支持,为消费者和商家提供多元化的服务。淘宝网的开放平台不只是流量型开放平台(即开放买卖双方数据),其开放内容还涉及开放交易、营销推广、物流以及仓储等业务。2010 年 11 月 11 日,淘宝网联合 150 个品牌做促销,单日交易额高达 9.36 亿元,使人们看到了 B2C 电子商务的巨大潜力。2011 年 6 月,天猫从淘宝网拆分出来,开始以独立公司身份运营。随后 9 月 19 日进一步明确其开放策略,同一天,38 家自营 B2C 平台宣布进入天猫。经过几年的发展,天猫的商品种类和数目日益增加,从家电类到图书、服饰、家具用品,品类齐全,实现了其打造一站式购物平台的目的。同时,通过淘宝网的引流,天猫吸引了大量用户注册,由于平台交叉网络外部性效应的存在,天猫在短短几年内平台规模得到了快速扩张,天猫拥有 4 亿多买家,5 万多商家,2012 年成交额达 2 000 亿元,并且在资本推动型电子商务遇冷的情况下保持了盈利。截至 2013 年上半年中国网络购物市场上,天猫依靠其影响力牢牢占据第一的位子,占 50.4%。

与淘宝网一开始就采用的开放平台模式不同,京东商城在创立之初采取自营模式,通过购销差价来赚取利润。但是,京东商城的低价策略,虽然充分发挥了网络经济的交叉网络外部性,使其平台上的商品种类和用户数量在短时间内得到了大量增加,但是这只是平台建立初期的一种策略,当平台的双边用户达到一定规模后并不适合再采用这一策略。根据京东商城历年的财务数据,京东商城一直处于亏损状态。2011 年,京东商城的毛利率为 5.5%,配送费用率为 6.6%,广告费用率为 2.3%,技术和管理费用率为 1.5%,与之形成鲜明对比的是天猫的毛利率高达 50%,从图 7-8 可以看到,京东 2010 年 12 月开始开放其 B2C 平台后,销售额激增。

天猫的盈利模式显然更有效率。在扩大平台规模方面,京东商城通过买断商品所有权并以低价售给消费者来促使消费者注册其平台,而天猫通过淘宝网的引流和品牌效应大大缩短了双边用户积累的时间。虽然京东商城对双边用户积累的策略与天猫有所不同,但是根据具有双边市场特征的产业发展周期,京东商城经历了萌芽期和成长期,在通过"分而治之"的策略解决了"鸡和蛋"问题积累大量双边用户之后,已经渐渐过渡到了成熟期。在这一阶段,双边用户的交叉网络外部性的作用显得更为重要,双边用户之间的依赖性也更强,平台要想将流量转化为成交量来实现盈利目的,更有效的方式是采用开放策略。

本书研究的织锦平台,是具有典型双边市场特征的商业平台。平台的建立目的是在挽救濒临萎缩的非物质文化遗产基础上实现对传统产业的现代化改造,我们将其定义为专业性的垄断平台。捕捉网络效应并激发网络效应是平台成功的关键,织锦平台的成立,为传统的制造加工转变为从产业需求与供给之间的连接点寻找到赢利的契机。南京云锦作为织锦行业规模最大、市场占有率最高的企业,在聚集和吸引供应商、消费者、设计者进入平台上具有得天独厚的地位和作用。若在平台发展的过程中,织锦平台能够准确地拿捏好"各边"的增长态势,引发网络效应并推波助澜,则能够达到规模发展的正向循环,实现织锦产业的"赢家通吃",提高织锦产业的绩效。开放后成功运营的织锦平台规模和销售势必按照淘宝、京东等这类典型网络平台获取平台增长态势。

第八章
研究结论与政策建议

一、本书的主要结论

本书借鉴纵向一体化、双边市场、平台经济、私序治理、网络绩效的研究成果，研究织锦产业链重构和平台商业模式改造的逻辑机理，具体研究基于双加成模型、垄断性平台模型以及平台治理即"非正式第三方治理"发挥作用的前提和条件，并且研究平台型企业定价策略和福利。在经验研究的层面，力图研究织锦产业链的整合和平台商业模式的改造，平台治理的基本构成以及植入平台后织锦产业绩效的变化和评价。

针对本书篇首提出的问题，本研究的主要结论有：产业链整合与平台经济的结合可以构建新的商业模式，在保护"非遗"的基础上实现织锦传统产业的改造。中国织锦网是织锦产业文化展示和产品交易的服务平台，是垄断性专业平台，具有交叉网络外部性和差别定价的特点。和传统的商业模式相比，织锦网络平台扩展了交易的对象和范围，在交易对象之间构建了"陌生人信任"，织锦网络平台能够有效地遏制交易中的机会主义倾向，扩大织锦产业的规模和绩效。具体结论有：

（1）传统织锦产业的产品竞争存在生产者众多且规模受限，产品同质化程度较高，织锦的原材料成本上升、销售渠道单一带来的利润减少等过度竞争的现象，亟须对传统的经营模式进行现代化改造。过去改造不成功的主要原因是织锦产业缺乏对需求方规模的分析，缺乏织锦产业链的整合和分析，而产业链重构与平台经济的结合提供了弥补这两个"缺乏"的契机。通过对织锦产业链的重构和织锦平台商业模式的构建，可以在挽救"非遗"的基础上实现织锦传统产业的改造。

（2）本书提出中国织锦网构想。中国织锦网是织锦产业文化展示和产品交易的服务平台，是织锦产业进行现代化改造适宜选择的商业模式。它的性质是专业性垄断平台，通过一个网络多媒体信息资源中心，提供对织锦各类多媒体信息资源进行组织、整合、控制、划分的功能，并能够展示中国织锦文化的灿烂历史而更好地保护这一非物质文化的有效传承。织锦产业可以借助于中国织锦网络平台对其自身进行全方位的改造，降低成本，实现产业链的增值，通过对产业链各个节点问题的有效处理,最终实现织锦产业链的重构。

(3)平台治理的核心是解决平台各边之间的信任问题,平台企业作为公正、独立的第三方,不仅是平台生态圈信息的储存器,也是平台交易纠纷的仲裁者,所以非正式第三方治理最契合平台解决信息不对称问题以及提高信息搜索成本稳定性的目标。和传统的商业模式相比,织锦平台扩展了交易的对象和范围,在交易对象之间构建了"陌生人信任",织锦平台的治理机制和定价实践回答了织锦平台如何建立起"陌生人"之间的信任关系的问题:一是设计引入第三方实施者,即织锦平台企业,让第三方监督欺骗行为、传递某些企业行骗的信息,通过向卖家发送保障标记的"信号机制"和建立基于买家反馈的"声誉机制",遏制卖家(也可能是买家)的机会主义倾向。二是设计平台的定价机制以吸引平台连接的多边群体,引发网络效应。

(4)平台的绩效不同于传统企业组织中的经营绩效,平台绩效也不同于平台福利,应该从全社会资源配置优化的角度去考量平台共享模式的治理绩效。平台绩效应该是平台参与各方协同效应的结果,其本质是平台组织的良性成长,包括平台规模的扩大、平台企业盈利能力的增强、平台评估价值的提高和融资能力的提升等。对于平台企业而言,摊平平均成本实现赢利的方法是用户数量的不断增长。由于平台每位用户所获得的价值可以直接复制,所以规模的发展与成长是平台最重要的获取绩效的手段,所以我们可以利用仿真的方法模拟织锦平台规模扩张的态势来获取绩效的变化状况。

二、本书的政策建议

对转型期中国现实问题的关注是本研究的出发点,中国正处于由计划经济向完全的市场经济转型的重要时期,对现实的思考是引发本书研究平台商业模式和平台治理的一个重要原因。经济研究的使命不仅是解释现实的经济问题,而且还要研究和发展解决问题的经济理论。本研究基于双边市场理论,聚焦于传统产业的现代化改造,对纵向链与平台经济的结合、平台解决"陌生人"信任的机理以及平台的绩效等问题进行了研究。

从织锦产业的生存和发展来看,织锦产业链必须进行链条解构和价值分析,重新挖掘其价值创造和增值的机制,在织锦产业内实现原材料供应商、织锦织造商、服务提供商、终端运营商以及消费者等构成的上中下游多元主体的互动共赢。从织锦产业所处的现实环境来看,各式各样的信息产品和服务充斥着社会的各个角落,电子商务平台引领着网络经济的发展。平台市场,尤其是信息服务平台,连接着多类客户群体,加速了资源的流动,提高了经济效率,有利于经济循环和产业升级。平台的出现,绝不是社会资源的浪费,例如二手房买卖双方通过房屋中介公司能够更有效地达成协议,出售者找到合适的买者有利于实现资产产权的转移,回笼资金后,又可以进行再投资等经济活动。因此,织锦产业可以通过搭建织锦网电子商务平台,通过整合上中下游企业各自拥有的信息、知识、设备、资金、人才和政策等不同的要素,为整个产业链各方利益主体提供合作机会,实现信息的快速传递和资源共享。平台在未来的自身发展过程中以及在政府的政策导向下必须注意到以下几点:

(1)双边市场的网络外部性以及规模经济是平台定价机制的重要决定因素,平台企业的价值来源于其信息价值或技术价值,如果说其定价高于信息、技术本身的内在价值,那么双边市场会通过交叉网络外部性和相互需求依赖进行有效调节,使市场价格能更好地反映其内在价值。织锦网平台可以采取倾斜式定价来吸引平台两边的用户,比如在价格方面更偏重于补贴消费者,对商家收取较高的费用,织锦网平台在交易过程中更关注平台的交易总量。平台可以通过免费为消费者提供有关织锦产品的相关信息(如产品种类、产品原料、产品用途等),吸引消费者进入织锦网平台进行消费;通过交叉网络外部性,进而吸引合作生产商进入织锦网平台进行交易,并对运营商和服务提供商收取一定的进入费用。此外,织锦产品的差异化也会影响织锦网平台的定价,一般来说,交易平台将对差异化程度较小的、间接网络外部性较强的一边收取低价甚至免费。

(2)织锦网平台的定价要以平台双边用户数量和平台的交易总量为基础,借助于交叉网络外部性实现利润最大化。具体有:平台努力提高用户数量和平台交易总量,借助网络外部性提高平台企业利润;提高织锦产品的差异化程度,形成品牌优势,为织锦产业带来直接利润。差异化经营还有助于提高交叉网络外部性,给平台企业带来间接利益。此外,鉴于我国当前电子商务平台市场整体服务水平不高、服务内容雷同、个性化服务严重缺失的现实,织锦网平台还可以通过提高卖家信誉和搜索匹配度提高织锦网平台的信誉,增加用户数量和交易总量,从而提高企业的利润。当织锦网平台发展成为竞争性平台时,还需要考虑到对用户的接入方式的影响,平台可以鼓励和维持双边用户的多平台接入,适当降低多方持有用户的收费水平;或者通过提供交易信息推送、在线支付、诚信认证、广告、安全服务以及站内搜索等多样化的服务,提高整体的服务水平和效率,从而提高织锦网平台的盈利能力。

(3)从双边市场定价的角度考虑,双边平台市场的规制存在很多难点,用传统单边市场的产业规制理论和方法来分析,容易出现错误的结论和政策,导致平台企业难以持续健康地发展。双边市场中,不能仅仅孤立地考察一边用户市场,要注意到双边用户需求之间的相互依赖性对平台企业运行的影响。在双边市场中,双边平台企业通常会采用对平台的一边群体收取较低价格甚至负价格,用于培养一边群体(客户)进而带动双边平台另一边群体增长的模式,即始终存在一个"鸡蛋相生"的困境。双边市场的倾斜式定价方式让垄断规制者很难界定平台企业是否实行了掠夺性定价;其次,双边平台之间的竞争更为复杂,这让规制者更难取证。

拉姆塞定价与私人最优定价最主要的区别是:拉姆塞定价考虑了市场一边增加一个参与者对另一边产生的平均剩余,拉姆塞定价一定程度上将交叉网络外部性内部化。此外,拉姆塞定价是以需求为基础的差异化加成,垄断平台对接入服务进行成本加成的原因在于以间接费用或共同成本的形式弥补在位者的亏损。此外,拉姆塞定价考虑到了边际成本及其成本加成的因素,还考虑到了双边市场的网络外部性因素。平台需求弹性越敏感及用户和边际用户的平均交易价值越高的一边,平台对其收取较低的价格。拉姆塞定价保证了织锦网平台能够收回成本,那么平台会不会更热衷于扩大自身资产,而不顾及社会福利最大化?织锦网平台本身是追求自身利益最大化还是社会福利最大化?不管何种定价机制,双边市场的监管都值得关注。首先,旨在模拟庇谷或拉姆塞定价最优基准的监管应该解决双边的扭曲。事实上两种定价机制需要解决平台两边的扭曲,而不是只有一边,即网络中立或交换费规定。所以古典市场势力规模的大小和 Spence 扭曲都是很重要的。其次,对拉姆塞定价的监管也需要充分的需求知识,监管机构并不一定能够获取。尤其当市场力量被认为对某边价格扭曲特别明显时,那么只监管市场的一方可能更优。所以,舍辛斯基(Sheshinski, 1976)认为价格管制有很强的减少质量的倾向,因为双边市场中"质量降低"来自对市场另一边的用户收费的进一步价格扭曲。不过,由模型中我们可以知道,织锦网平台中存在着正的交互收益和 Spence 扭曲,所以借鉴舍辛斯基(Sheshinski, 1976)数量监管的建议可能更具有吸引力,因为它并没有改变市场另一边的定价激励措施。监管机构可能要求 ISP 网站上有一些部分可用的服务,而不是禁止网站的收费。这可能鼓励招募更多的互联网用户作为一个自然的方式,来增加网站参与率而没有降低价格以增加用户的数量。

因此,双边价格的制定受到多种因素的影响,政府产业规制者要充分注意到双边市场用户间的需求互补性和依赖性特征,只要能促使平台交易量最大化的价格行为,其社会效率就应是最好的。

(4)织锦本身的保护和开发,是一个任重而道远的课题,进行生产性保护,走向文化产业是其发展的必然选择。在非物质文化保护和大力发展文化产业的热潮下,织锦产业的生产发展仍然很艰难,主要依赖于政府的采购、政府项目的支持和资金的补贴。政府保护非遗的具体举措:帮助织锦产业引入市场机制,全面推进织锦的产业化发展;广泛吸收民间资本,利用织锦产业化的价值调动相关各方面的积极性,帮助织锦工艺的传承和人才的培养;为确保织锦产业的发展有充足的资金来源,创造良好的投资环境,实施必要的政策扶持,引入社会资本,与财政投入进行有效的整合,推进织锦文化的宣传和技术的研发,加快织锦产业的深度发展;树立织锦产业全局观,统一协调发展,让政府在规制建设方面有所作为,为织锦产业的传承发展提供有力的制度性保障。织锦网平台的发展不仅有利于织锦产业链的重构,实现织锦文化的传播和织锦产品的销售,而且有利于平台企业自身创造更多的利润,去发掘更多的资金来源,在政府有关政策的支持指导下(如人才培养政策、电子商务等方面政策的支持),从依赖于政府补贴转向自我盈利为政府财政创造收益,实现织锦产业新的发展。

(5)对中国电子商务发展的政策建议上,可以分为微观和宏观两个层面分别阐述。在微观层面上,主要的政策建议如下:织锦网平台要注重维护信誉。电子商务服务包括物流服务、商品退换货服务、对客户投诉的反馈服务、二次营销的服务以及其他有助于促进和再次购买的服务。此外,织锦网平台的良性信誉既提高了网站的标准化,也增加了消费者黏性。织锦网平台应该更注重客户体验,注重服务创新。织锦网主页上可以显示顾客评论、商家反馈机制,以增强信息传递和交流作用。信息的公开透明,有助于形成良好的氛围,有利于平台的发展。同时,平台企业内部建立鼓励创新的企业文化,为行业的发展注入新的增长点和活力,为消费者和商家提供最新和最周到的服务,最大化自身价值;平台两边的用户相互良性互动、提高交叉网络外部性的同时,消费者应当注重提高自我保护意识、理性消费,提高对织锦产品的认知能力;生产商应当要以自律为原则,遵纪守法、诚信经营,不能因追求眼前的利益最大化而做出损害消费者的行为,这样不仅损害了自身利益,而且对平台的信誉也会造成伤害。在宏观层面上,主要通过监管机构和协会的监督,促进织锦网电子商务平台健康有序地发展,具体如下:①进一步完善电子商务相关法律法规。目前,我国国家和地方立法主要集中在计算机和网络管制方面,缺少对网络交易活动的规范。制定网络交易的详细的规章制度,以调整和规范电子商务行为。②推进社会诚信体系建设的动态化、常态化、透明化,降低交易中的信任成本,从而促进电子商务活动健康、持续、有序地发展。

三、研究展望

1. 平台型企业的发展研究

平台型企业在促进网络交易快速发展的过程中发挥了重要的作用。但现有关于平台研究的局限性很大程度上囿于对平台属性的认识,平台是企业还是隶属于企业的资产？它的边界在哪里？一个边界不明确的组织的绩效如何衡量？对于平台的属性的研究必将是一个有趣的课题,在产业政策层面,国家如何出台相应的政策法规支持和扶持类似的组织发展也是一个现实问题。

2. 正式的和非正式治理机制的互补研究

如果片面强调非正式第三方治理,也可能使交易参与人由于来自正式制度治理的威慑力不足以抵消投机性收益选择欺骗,进而引起整体市场治理的不稳定。如果单方面提高正式的第三方治理程度会在一定程度上挤出(Crowding-out)非正式第三方治理的作用,因为正式制度治理的提高,往往容易导致人们贸然地将信任扩展到他们所处的长期关系之外。因此,在法律制度尚不完善的中国,如何建立起良好的市场治理,既能利用各治理层次间的互补,又能充分避免它们之间的挤出,是未来值得研究和关注的课题。

附　录

图1　纺织业产品销售收入占工业企业产品销售收入的比例

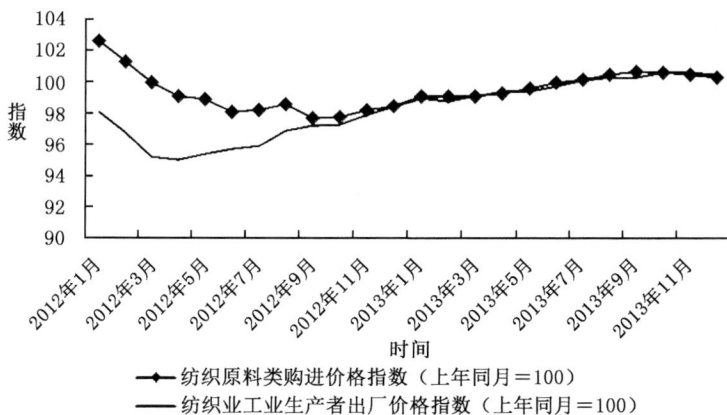

图2　纺织原料类购进价格指数和工业生产者出厂价格指数

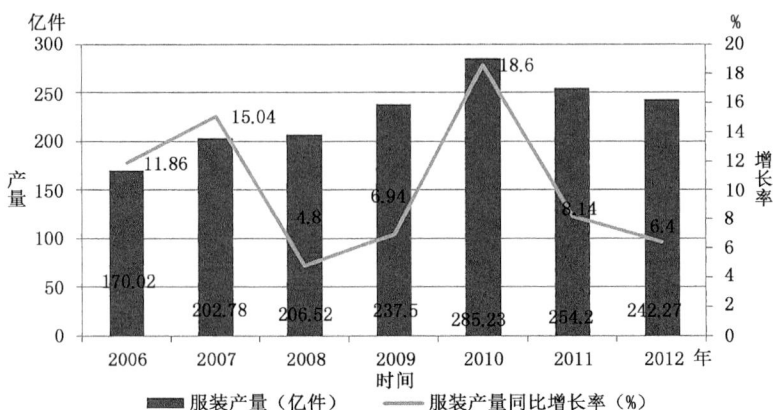

图 3　国内服装产量及增速走势

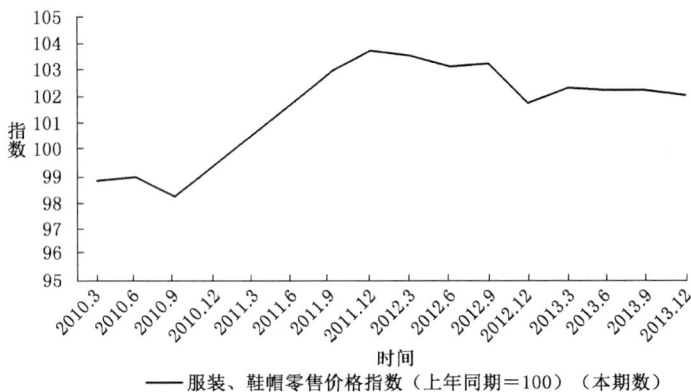

图 4　服装、鞋帽零售价格指数趋势

表 1　典型购物网站的主页下载速度

网站名称	主页下载速度
1 号店	1 044 ms/75 分
易迅网	1 055 ms/74 分
京东商城	1 062 ms/74 分
淘宝网	1 299 ms/64 分
亚马逊	1 686 ms/50 分
当当网	2 117 ms/38 分
苏宁易购	4 081 ms/12 分
国美在线	4 128 ms/12 分

注:数据来源于"Alexa搜"。1 044 ms/75 分表示页面平均载入时间为 1 044 ms,优于 75% 的网站。

表2　典型购物网站的日均独立访问者数量

网站名称	日均独立访问者数量
淘宝网	36 072 000
京东商城	3 012 000
亚马逊	1 406 400
易迅网	657 600
当当网	553 200
1号店	284 400
苏宁易购	47 400
国美在线	23 820

注:此处为"Alexa搜"提供的日均IP访问量的近三个月平均数据(下同)。

表3　典型购物网站的日均页面浏览数

网站名称	日均页面浏览数
淘宝网	362 523 600
京东商城	31 686 240
亚马逊	9 915 120
当当网	4 160 064
易迅网	3 728 592
1号店	1 558 512
苏宁易购	215 670
国美在线	102 426

表4　典型购物网站的反向链接数

网站名称	反向链接数
淘宝网	118 691
亚马逊	13 169
当当网	12 684
京东商城	9 171
苏宁易购	5 170
1号店	1 646
易迅网	1 086

注:数据来源于"Alexa搜"。

表5 主要购物网站的市场份额

网站名称	市场份额(%)	同期增长(%)
淘宝网	50.9	−2.7
京东商城	5.4	+1.1
拍拍/QQ商城	3.5	+0.0
当当网	1.9	−0.1
亚马逊	1.7	+0.3
凡客	1.9	+0.6
其他网站	17.5	+0.7

注:数据来源于《2012年中国网上购物消费者调查报告》,北京正望咨询有限公司。

表6 主要购物网站的品牌认知

网站名称	第一提及率(%)	主动提及率(%)
淘宝网	80.8	91.6
京东商城	8.5	31.8
拍拍/QQ商城	2.4	14.3
当当网	2.0	14.3
亚马逊	1.4	10.8
凡客	0.9	8.6
梦芭莎	0.2	1.6
唯品会	0.3	1.4
苏宁易购	0.1	1.1
麦网	0.1	1.1
1号店	0.1	1.1

注:数据来源于《2012年中国网上购物消费者调查报告》,北京正望咨询有限公司。第一提及率是指受访者在未经提示下,第一个主动提及该品牌的比例;主动提及率是指受访者在未经提示下,主动提及该品牌的比例。

表7 不同网站在网购消费者中的渗透率

网站名称	京沪穗深(%)	东部城市(%)	中部城市(%)	西部城市(%)	30城市总体(%)	相对前一年变化(%)
淘宝网	84.4	93.1	92.7	90.0	91.0	−1.1
京东商城	47.2	18.5	20.0	25.2	25.5	+12.8

续表

网站名称	京沪穗深（%）	东部城市（%）	中部城市（%）	西部城市（%）	30城市总体（%）	相对前一年变化（%）
拍拍	14.6	15.3	15.9	16.7	15.5	−1.0
当当网	22.0	12.2	16.8	13.0	15.3	−2.4
亚马逊	13.3	8.1	11.2	9.1	10.0	−0.8
凡客	23.9	9.9	10.2	11.2	12.9	+4.0

注:数据来源于《2012年中国网上购物消费者调查报告》,北京正望咨询有限公司。

表8　主要购物网站总体满意度评分

网站名称	分数
京东商城	8.71
亚马逊	8.18
天猫	7.70
当当网	7.90
淘宝网	7.43
苏宁易购	7.18

注:数据来源于《2012年中国网上购物消费者调查报告》,北京正望咨询有限公司。满意度评价采用10分制,1分表示非常不满意,10分表示非常满意。

表9　主要购物网站用户重复购买率

网站名称	月重复购买率(%)
唯品会	82.41
好乐买	68.60
1号店	59.52
聚尚网	57.89
京东商城	54.98
当当网	53.48
麦包包	51.49
优购网	51.46
中粮我买网	50.91
乐蜂网	47.65

注:数据来源于《2013年中国网络购物市场分析报告》,iCLICK。

表 10　主要购物网站用户新增率

网站名称	用户新增率(%)
易迅网	27.6
唯品会	22.2
苏宁易购	14.3
拍拍/QQ 商城	13.9
凡客	12.4
1 号店	12.3
京东商城	11.1
当当网	11.0
天猫	9.9

注:数据来源与《2013 年中国网络购物市场分析报告》,iCLICK。

参考文献

[1] Afuah A，Tucci C L，2000. Internet business models and strategies：text and cases[M]. New York：McGraw-Hill Higher Education.

[2] Ahuja M K，Carley K M，1999. Network structure in virtual organization[J]. Organization Science,10(6):741-757.

[3] Ahuja M K，Galletta D F，Carley K M，2003. Individual centrality and performance in virtual R&D groups：an empirical study[J]. Management Science，49(1)：21-38.

[4] Akerlof G A，1970. The Market for "Lemons"：Quality uncertainty and the Market Mechanism[J]. Quarterly Journal of Economics，84(3)：488-500.

[5] Amit R，Zott C，2000. Value drivers of e-commerce business models[M]. INSEAD.

[6] Armstrong M，2006. Competition in two-sided markets[J]. The RAND Journal of Economics，37(3)：668-691.

[7] Arrow K J，1975. Vertical integration and communication[J]. The Bell Journal of Economics，6(1)：173-183.

[8] Bagwell K，Riordan M H，1991. High and declining prices signal product quality [J]. The American Economic Review，81(1)：224-239.

[9] Bain J S，1995. Relation of profit rate to industry concentration：American manufacturing，1936—1940 [J]. Quarterly Journal of Economics，65(3)：293-324.

[10] Bair J，Gereffi G，2003. Upgrading, uneven development, and jobs in the North American apparel industry[J]. Global Networks，3(2)：143-169.

[11] Bell M，Albu M. Knowledge systems and technological dynamism in industrial clusters in developing countries[J]. World Development，1999，27(9)：1715-1734.

[12] Bergman M. Two-sided network effects, bank interchange fees, and the allocation of fixed costs [J]. Sveriges Riksbank Working Paperseries (185)：321-352.

[13] Bernstein L, 1992. Opting out of the legal system: extralegal contractual relations in the diamond industry[J]. The Journal of Legal Studies,21(1): 115-157.

[14] Caillaud B, Jullien B, 2003. Chicken & egg: competition among intermediation service providers[J]. The RAND Journal of Economics,34(2): 309-328.

[15] Carlton D W, 1979. Vertical integration in competitive markets under uncertainty[J]. Journal of Industrial Economics, 27(3): 189-209.

[16] Chesbrough H, Rosenbloom R S, 2002. The role of the business model in capturing value from innovation: evidence from Xerox Corporation's technology spin-off companies[J]. Industrial and Corporate Change, 11(3): 529-555.

[17] Chesbrough H W, 2003. Open innovation: the new imperative for creating and profiting from technology[M]. Oxford: Harvard Business Press.

[18] Coase. R H, 1937. The Nature of the Firm[J]. Economica, 4(16): 386-405.

[19] David T R, Toby S, 2000. Network effects in the governance of strategic alliances in biotechnology[R]. Working Paper,University of Chicago.

[20] David W C, Shannon H S, Craven K S, 1994. Reforming the traditional organization: the mandate for developing networks [J]. Business Horizons,37 (4): 19-28.

[21] Dixit A, 2003. On modes of economic governance[J]. Econometrica, 71(2): 449-481.

[22] Doganoglu T, Wright J, 2010. Exclusive dealing with network effects [J]. International Journal of Industrial Organization, 28(2): 145-154.

[23] Eisenhardt K M, 1989. Agency theory: an assessment and review[J]. Academy of Management Review, 14(1): 57-74.

[24] Evans D S, 2003. The antitrust economics of multi - sided platform markets [J]. Yale Journal on Regulation, 20(2): 325-381.

[25] Eylan Sheshinski. Price, quality and quantity regulation in monopoly situtions [J]. Economica, 1976, 43(170): 127-137.

[26] Fama E F, Jensen M C, 1983. Agency problems and residual claims [J]. Journal of Law and Economics, 26(2): 327-349.

[27] Gereffi G, Humphrey J, Sturgeon T, 2005. The governance of global value chains[J]. Review of International Political Economy, 12(1): 78-104.

[28] Giuliani E, Bell M, 2005. The micro-determinants of meso-level learn-

ing and innovation: evidence from a Chilean wine cluster[J]. Research Policy, 34 (1): 47-68.

[29] Gordijn J, 2003. Why visualization of e-business models matters[C]. 16th Bled Electronic Commerce Conference eTransformation, slovenia.

[30] Greenhut M L, Ohta H, 1976. Related market conditions and interindustrial mergers[J]. The American Economic Review,66(3): 267-277.

[31] Greif A, 1989. Reputation and Coalitions in Medieval Trade: Evidence on the Maghribi Traders [J]. The Journal of Economic History, 49(4): 857-882.

[32] Grossman S J, Stiglitz J E, 1980. On the impossibility of informationally efficient markets[J]. The American Economic Review,70(3): 393-408.

[33] Hagiu A, 2006. Pricing and commitment by two-sided platforms[J]. The RAND Journal of Economics, 37(3): 720-737.

[34] Hagiu A, 2009. Two-sided platforms: product variety and pricing structures [J]. Journal of Economics & Managements Strategy, 18(4): 1 011-1 043.

[35] Hagiu A, Jullien B, 2014. Search diversion and platform competition [J]. International Journal of Industrial Organization, 33: 48-60.

[36] Hamel G. Waking up IBM: how a gang of unlikely rebels transformed Big Blue[J]. Harvard Business Review, 2000, 78(4): 137-146.

[37] Harmaakorpi V K, Pekkarinen S K, 2002. Regional development platform analysis as a tool for regional innovation policy[C]. 42rd Congress of the European Regional Science Association.

[38] Hill C J, Lynn L E, Proeller I, et al. Introduction to a symposium on public governance[J]. Policy Studies Journal, 2005, 33(2): 203-211.

[39] Hirschman A O. The strategy of development[M]. New Haven: Yale University Press, 1958.

[40] Hirshleifer J, 1992. The analytics of uncertainty and information[M]. Oxford: Cambridge University Press.

[41] Humphrey J, Mansell R, Paré D, et al, 2003. The reality of e-commerce with developing countries[R]. London School of Economics and Political Science Working Paper.

[42] Hyland P W,Mellor R, Sloan T, 2007. Performance measurement and continuous improvement: are they linked to manufacturing strategy? [J]. International Journal of Technology Management, 37 (3/4): 237-246

[43] Johanson J, Matisson L G, 1987. Interorganizational relations in industrial systems: a network approach compared with the transaction cost approach [J]. International Studies of Management & Organization, 17(1):34-48.

[44] Jones C, Hesterly W S, Borgatti S P, 1997. A general theory of network governance: exchange conditions and social mechanisms[J]. The Academy of Management Review, 22(4): 911-945.

[45] Kind H J, Nilssen T et al, 2005. Advertising on TV: under or over-provision? [R]. Working Paper, Memoranda, University of Oslo.

[46] Klein B, Leffler K B, 1981. The Role of Market Forces in Assuring Contractual performance [J]. Journal of Political Economy, 89(4): 615-641.

[47] Mahaed Van B, 2000. Business models for Internet-based e-commerce: an anatomy[J]. California Management Review, 42(4):55-69.

[48] MeMillan J, Woodruff C, 2000. Private order under dysfunctional public order [J]. Michigan Law Review, 98(8): 2421-2458.

[49] Milgrom P R, North D C, et al, 1990. The role of institutions in the revival of trade: The law merchant, private judges, and the champagne fairs [J]. Economics & Politics, 2(1): 1-23.

[50] Mitchell J C, 1969. Social Networks in Urban Situations [J]. Manchester: Marchester University Press: 88-95.

[51] Morris M, Schindehutte M, Allen J, 2005. The entrepreneur's business model: toward a unified perspective[J]. Journal of Business Research, 58 (6): 726-735.

[52] Rappa M A, 2004. The utility business model and the future of computing services[J]. IBM Systems Journal, 43(1): 32-42.

[53] Rayprot J F, Jaworski B J, 2001. e-Commerce[M]. Columbus, OH: McGraw Hill.

[54] Rey P, Seabright P, Tirole J, 2001. The activities of a monopoly firm in adjacent competitive markets: economic consequences and implications for competition policy[R]. IDEI Working Paper: 132.

[55] Roberts M J, Spence M, 1976. Effluent charges and licenses under uncertainty[J]. Journal of Public Economics, 5(3): 193-208.

[56] Robinson D, Stuart T, 2000. Network effects in the governance of strategic alliances in biotechnology[J]. Ssm Electronic Journal, 23(1):242-273.

[57] Rochet J C, Tirole J, 2003. Platform competition in two-sided markets

[J]. Journal of the European Economic Association, 1(4): 990-1029.

[58] Rochet J C, Tirole J, 2006. Two-sided markets: a progress report [J]. The RAND Journal of Economics, 37(3): 645-667.

[59] Rochet J C, Tirole J, 2008. Tying in two-sided markets and the honor all cards rule[J]. International Journal of Industrial Organization, 26(6): 1333-1347.

[60] Rochet J C, Tirole J, 2004. Defining two-sided markets [R]. IDEI University of Toulouse Working Paper.

[61] Rysman M, 2009. The economics of two-sided markets[J]. The Journal of Economic Perspectives, 23(3): 125-143.

[62] Salancik. G, 1995. Wanted: A good network theory of organization [J]. Adminstrative Science Quarterly, 40(2): 345-349.

[63] Salop S C, 1979. Monopolistic competition with outside goods[J]. The Bell Journal of Economics, 10(1): 141-156.

[64] Schiff A, 2003. Open and closed systems of two-sided networks [J]. Information Economics and Policy, 15(4): 425-442.

[65] Shapiro C, 1983. Premiums for high quality products as returns to reputations [J]. The Quarterly Journal of Economics, 98(4): 659-680.

[66] Sheshinski E, 1976. Price, quality and quantity regulation in monopoly siituation [J]. Economica, 44(170): 127-137.

[67] Simaan M, 1974. Stackelberg vs. Nash Strategies in Nonzero-Sum Differential Games[C].

[68] Spence A M, 1974. Competitive and Optimal Responses to Signaling: Analysis of Efficiency and Distribution [J]. Journal of Economic Theory (8): 296-332.

[69] Spengler J J, 1950. Vertical integration and antitrust policy[J]. Journal of Political Economy, 58(4): 347-352.

[70] Stackelberg J R, 1974. The politics of self-congratulation: a critique of völkisch idealism in the works of Stein, Lienhard, and Chamberlain [D]. UMass Amherst.

[71] Stiglitz J E, Weiss A, 1981. Credit rationing in markets with imperfect information[J]. The American Economic Review, 71(3): 393-410.

[72] Thomas R C, 2001. Business value analysis: coping with unruly uncertainty[J]. Strategy & Leadership, 29(2): 16-24.

[73] Wageman R, Baker G, 1997. Incentives and cooperation: the joint

effects of task and reward interdependence on group performance[J]. Journal of Organizational Behavior, 18(2): 139-158.

[74] Welling R, White L, 2000. Website performance measurement: promise and reality [J]. Managing Service Quality, 16(6):654-670.

[75] Westfield F M, 1981. Vertical integration: does product price rise or fall? [J]. The American Economic Review, 71(3): 334-346.

[76] Weyl E G, 2010. A price theory of multi-sided platforms[J]. The American Economic Review, 100(4): 1642-1672.

[77] Williamson O E, 1975. Markets and hierarchies[J]. Challenge, 20(1): 26-30.

[78] Williamson O E, 1991. Comparative economic organization: The analysis of discrete structural Alternatives [J]. Administrative Science Quarterly, 36 (2): 269-296.

[79] Williamson O E, 1979. Transaction-Cost economics: The Governance of Contractual Relations [J]. Journal of Law & Economics, 22(2): 233-261.

[80] Williamson O E, 1985. The Economic institutions of Capitalism[M]. New York: The Free Press.

[81] Working H, Hotelling H, 1929. Applications of the theory of error to the interpretation of trends[J]. Journal of the American Statistical Association, 24(165A): 73-85.

[82] 阿克洛夫,谢康,乌家培,2002. 柠檬市场:质量的不确定性与市场机制 [C]//阿克洛夫、斯彭斯和斯蒂格利茨论文精选. 北京:商务印书馆: 2-3.

[83] 曹建海,2000. 过度竞争论[M]. 北京:中国人民大学出版社.

[84] 陈朝隆,2007. 区域产业链构建研究[D]. 广州:中山大学.

[85] 陈福民,1995. 加长产业链,变自然优势为经济优势[J]. 经济纵横, (9): 19-21.

[86] 陈潭,2013. 多中心服务供给体系何以可能——第三方治理的理论基础 与实践困难[J]. 人民论坛,学术前沿(17):22-29.

[87] 陈威如,余卓轩,2013. 平台战略[M]. 北京:中信出版社.

[88] 程贵孙,陈宏民,2008. 基于双边市场的传媒产业政府规制[J]. 上海交通 大学学报(9): 1 479-1 482.

[89] 程宏伟,冯茜颖,张永海,2008. 资本知识驱动和产业链整合研究——以 攀钢钒钛产业链为例[J]. 中国工业经济(3):143-151.

[90] 邓正来,1997. 哈耶克的社会理论[J]. 中国社会科学季刊(20): 67.

[91] 杜龙政,汪延明,李石,2010. 产业链治理构架基本模式研究[J]. 中国工业经济(3):108-117.

[92] 范建红,2006. 企业间网络组织治理绩效研究[D]. 太原:山西财经大学.

[93] 冯鹏义,2003. 对客户忠诚创造价值问题的探讨[J]. 山西财经大学学报,25(1):56-58.

[94] 高文海,苏宇,曹阳杰,2006. 基于多层次模糊方法的网络营销综合评价模型研究[J]. 商场现代化(27):102-103.

[95] 龚勤林,2004. 论产业链构建与城乡统筹发展[J]. 经济学家,3(5):121-123.

[96] 谷娜米,2009. 传媒创意产业价值链重构[D]. 厦门:厦门大学.

[97] 国家统计局工业统计司,2012. 2012 年中国工业经济统计年鉴[M]. 北京:中国统计出版社.

[98] 哈特,1998. 企业、合同与财务结构[M]. 上海:上海三联书店/上海人民出版社.

[99] 韩廷进,钱志新,2009. B2B 电子商务平台商业模式的深度开发[J]. 江苏商论(4):55-57.

[100] 侯庆,2013. 物联网产业链架构及业务和商业模式分析[C]. 第十五届中国科协技年会第 10 分会场:信息与农业现代化研究会论文集.

[101] 贾根良,1998. 网络组织:超越市场与企业两分法[J]. 经济社会体制(04):14-20.

[102] 蒋国俊,蒋明新,2004. 产业链理论及其稳定机制研究[J]. 重庆大学学报(社会科学版)(1):36-38.

[103] 劳本信,2010. ERP 环境下的动态目标成本管理[J]. 中国管理信息化(1):70-72.

[104] 李钢,2004. 产品关系与产品竞争研究[J]. 中国工业经济(2):107-112.

[105] 李杰义,2008. 农业产业链城乡间延伸的动力和路径——农业产业链区域延伸在新农村建设实践中的运用[J]. 科技进步与对策(9):81-84.

[106] 李维安,曹廷求,2005. 股权结构、治理机制与城市银行绩效——来自山东、河南两省的调查证据[J]. 经济研究(12):4-15.

[107] 李维安,2001. 中国公司治理原则与国际比较[M]. 北京:中国财政经济出版社.

[108] 李维安,周建,2002. 面向新经济的企业战略转型:网络治理的视角[J]. 当代财经(10):61-64.

[109] 李维安,周建,2005. 网络治理:内涵、结构、机制与价值创造[J]. 天津社

会科学(5)：59-63.

[110] 李想,芮明杰,2008. 模块化分工条件下的网络状产业链研究综述[J].外国经济与管理,30(8)：1-7.

[111] 李晓义,李建标,2009. 不完备市场的多层次治理——基于比较制度实验的研究[J].经济学(季刊),8(4):1407-1434.

[112] 李晓义,李建标,2013. 治理的功能、结构与演化:一个概念模型[J].天津社会科学(2):72-77.

[113] 李新义,汪浩瀚,2010. 双边市场横向兼并和定价及福利研究——以中国网络传媒业为例[J].财经研究,36(1)：27-33.

[114] 刘波,王莉,王华光,2011. 地方政府网络治理运行稳定性与关系质量研究[J].西安交通大学学报(社会科学版),31(6):63-73.

[115] 刘贵富,2007. 产业链的重构、打造与整合[J].集团经济研究(06X):146-149.

[116] 刘满凤,黎志成,2001. 网络营销绩效评价指标体系研究[J].科技进步与对策(8)：19-20.

[117] 刘志彪,1996. 产业经济学[M].南京:南京大学出版社.

[118] 卢少华,2009. 企业绩效管理研究综述[J].武汉理工大学学报(信息与管理工程版)(1):103-108.

[119] 鲁佳雯,2013. 基于商业模式创新的网络金融研究[D].南京:南京大学.

[120] 罗珉,2003. 管理理论新发展[M].成都:西南财经大学出版社.

[121] 罗珉,李永强,饶健,2003. 公司战略管理:理论与实务[M].成都:西南财经大学出版社.

[122] 马丽,刘卫东,刘毅,2004. 经济全球化下地方生产网络模式演变分析——以中国为例[J].地理研究(2):87-96.

[123] 迈克尔·迪屈奇,1999. 交易成本经济学——关于公司的新的经济意义[M].北京:经济科学出版社.

[124] 孟韬,2006. 网络治理与集群治理[J].产业经济评论,5(1)：80-90.

[125] 聂庆璞,2012. 基于产业组织理论 SCP 范式的我国网络游戏产业研究[D].长沙:中南大学.

[126] 潘淑清,2005. 企业战略联盟的市场绩效分析[J].当代财经(4)：64-69.

[127] 彭禄斌. 刘仲英,2010. 物流公共信息平台治理机制对治理绩效的影响[J].工业工程与管理,15(1)：11-16.

[128] 钱炳,周勤,2012. 降低"违约责任保证金"有利于中小卖家吗?——基于信号传递理论的博弈分析[J].软科学(9):60-65.

[129] 钱炳,周勤,2012. 声誉溢价是否总是存在? ——来自淘宝网的实证研究[J]. 产业经济研究(2):87-94.

[130] 钱炳,周勤,2012. 中国人真的不能相互信任吗? ——关于"韦伯命题"和淘宝案例的分析[J]. 东北大学学报(社会科学版)(5):409-414.

[131] 钱德勒,1999. 企业规模经济与范围经济:工业资本主义的原动力[M]. 北京:中国社会科学出版社.

[132] 秦兴俊,张雨,宋泾溧,等,2012. 多元化战略、公司治理与绩效:一个理论综述[J]. 河北经贸大学学报(6):26-31.

[133] 青木昌彦,周黎安,2001. 为什么多样性制度继续在演进?[J]. 经济社会体制比较(6):30-39.

[134] 任剑新,2003. 层次分析法在我国中小企业竞争力评价中的应用[J]. 系统工程理论与实践(8):91-95.

[135] 任志安,2006. 企业知识共享网络理论及其治理研究[D]. 重庆:西南交通大学.

[136] 任志安,2008. 网络治理理论及其新进展:一个演化的观点[J]. 中大管理研究,3(2):94-106.

[137] 芮明杰,刘明宇,2006. 产业链整合理论述评[J]. 产业经济研究(3):60-66.

[138] 邵昶,李健,2007. 产业链"波粒二象性"研究——论产业链的特性、结构及其整合[J]. 中国工业经济(9):5-13.

[139] 沈立军,2012. 网络环境下的出版产业链重构及出版社战略转型[J]. 出版发行研究(5):51-54.

[140] 盛洪,1994. 分工与交易[M]. 上海:上海三联书店/上海人民出版社.

[141] 石海瑞,2013. 网络组织绩效评价指标体系初探——基于治理逻辑和视角[J]. 物流工程与管理,35(05):190-192.

[142] 孙国强,2003. 关系、互动与协同:网络组织和治理逻辑[J]. 中国工业经济(11):14-20.

[143] 孙国强,李维安,2003. 网络组织治理边界的界定其功能分析[J]. 现代管理科学(3):3-4.

[144] 孙国强,2007. 网络组织前沿领域研究脉络梳理[J]. 外国经济与管理,29(1):19-24.

[145] 孙国强,2004. 西方网络组织治理研究评价[J]. 外国经济与管理,26(8):8-12.

[146] 王波,彭亚利,2002. 再造商业模式[J]. 工厂经济世界(7):88-89.

[147] 王伟毅,李乾文,2005.创业视角下的商业模式研究[J].外国经济与管理(11):32-40.

[148] 王艺,王耀球,2004.构建新型农业产业链[J].中国储运,(5):29-31.

[149] 王永刚,2012.公用事业理论研究[D].北京:北京邮电大学.

[150] 文娉,赵艳,2008.全球价值链治理中的技术标准研究——以移动通信产业为例[J].地域研究与开发,26(6):6-12.

[151] 吴金明,邵昶,2006.产业链形成机制研究——"4+4+4"模型[J].中国工业经济(4):36-43.

[152] 吴晓露,史晋川,2011.非正式的第三方产品责任治理机制研究[J].浙江社会科学(2):2-10.

[153] 吴勇、冯耕中、王能民,2013.我国典型物流公共信息平台商业模式的比较研究[J].商业经济与管理(10):14-21.

[154] 武志伟,茅宁,陈莹,2005.企业间合作绩效影响机制的实证研究——基于148家国内企业的分析[J].管理世界(9):99-106.

[155] 小宫隆太郎,1988.日本的产业政策[M].北京:国际文化出版公司.

[156] 肖叶飞.,2012 媒介融合语境下广播电视经济性规制研究[D].武汉:华中科技大学.

[157] 徐晋,张祥建,2006.平台经济学初探[J].中国工业经济(5):40-47.

[158] 杨公朴,夏大慰,2005.现代产业经济学[M].上海:上海财经大学出版社.

[159] 杨蕙馨,冯文娜,2008.中间性组织网络中企业间信任关系对企业合作的作用研究[J].山东经济(2):5-10.

[160] 杨小凯,黄有光,1999.专业化与经济组织——一种新兴古典微观经济学框架[M].北京:经济科学出版社.

[161] 叶林祥,2007.信息不完备与市场合约执行机制——以转型经济为背景的文献综述[C].年全国法经济学论坛论文集.山东大学经济研究院(中心)、浙江大学经济学院.

[162] 于立,吴绪亮,2007.关于"过度竞争"的误区与解疑——兼论中国反垄断立法的"渐进式"思路[J].中国工业经济(1) 5-13.

[163] 郁义鸿,2005.产业链类型与产业链效率基准[J].中国工业经济(11):35-42.

[164] 原磊,2007.商业模式体系重构[J].中国工业经济(6):70-79.

[165] 詹姆期·M.布坎南,1989.自由、市场与国家[M].上海:上海三联书店.

[166] 张雷,2007.产业链纵向关系治理模式研究[D].上海:复旦大学.

[167] 张立波,陈少峰,2011.文化产业的全产业链商业模式何以可能[J].北

京联合大学学报(人文社会科学版)(9):94-98.

[168] 张喜征,2004.资源池模式下虚拟企业信任治理模型及实例研究[J].中国软科学(12):65-69.

[169] 张小蒂,曾可昕,2012.基于产业链治理的集群外部经济增进研究——以浙江绍兴纺织集群为例[J].中国工业经济(10):148-160.

[170] 张新香,胡立君,2010.数据业务时代我国移动通信产业链整合模式及绩效研究——基于双边市场理论的分析视角[J].中国工业经济(6):147-157.

[171] 张阳,黄放,唐震,2012.多边市场的平台战略:基本结构及发展对策[C].管理创新、智能科技与经济发展研讨会论文集,南昌工程学院经济贸易学院.

[172] 石鉴,2011.基于价值网的C2C平台商业模式创新研究[D].天津:南开大学.

[173] 赵琼,2012.基于中粮屯河案例的全产业链商业模式研究[D].北京:北京交通大学.

[174] 赵冉,2010.C2C第三方电子商务平台的商业模式研究[D].北京:首都经济贸易大学.

[175] 赵绪福、王雅鹏,2004.农业产业链的增值效应与拓展优化[J].中南民族大学学报(人文社会科学版)(4):107-109.

[176] 周勤,2004.企业纵向关系论[M].北京:经济科学出版社.

[177] 周勤,2003.纵向一体化趋势和市场竞争力关系研究——以江苏制造业的实证为例[J].中国工业经济(7):40-45.

[178] 周新生,2006.产业链与产业链打造[J].广东社会科学(4):30-36.

[179] 祝小江,2011.从云计算产业链探讨中国云计算商业模式[J].经济视角(9):61-64.

[180] 曹兴,司岩,2013.协同视角下的网络组织治理:一个文献综述[J].湖南工业大学学报(社会科学版),18(5):45-52.

[181] 左超,2011.基于价值网的物联网产业商业模式研究[C].融合与创新——中国通信学会通信管理委员会第29次学术研讨论文集:95-99.